JN174845

ヘレン・ピアソン

ライフ・プロジェクト

7万人の一生からわかったこと

大田直子訳

みすず書房

THE LIFE PROJECT

The Extraordinary Story of Our Ordinary Lives

by

Helen Pearson

First published by Allen Lane, London, 2016
Copyright © Helen Pearson, 2016
Japanese translation rights arranged with
Helen Pearson c/o Wylie Agency (UK) Ltd, London

私のライフ・プロジェクトである
アシュビーとリントンとエドウィンに。

ライフ・プロジェクト▒目次

著者注

本書のテーマであるイギリス出生コホート研究は、数世代の赤ん坊を誕生から死亡まで追跡する、得がたい連続縦断研究である。このコホートはイギリス史および科学史の70年をカバーし、さまざまな分野でじつに幅広い書籍および学術論文を生み出し、何百人もの科学者を巻き込んできた。本書はその成果の雰囲気をもっぱら伝えるものである。下敷きになっているのはおもに、私が5年間にわたって行なってきた、科学者や科学行政官、コホートメンバー、その他研究にかかわる人たちへの150回を超えるインタビューである。さらに、学術刊行物や新聞の切り抜き、古文書、その他の研究も幅広く参考にしている。

コホートメンバーの身元は極秘で、科学者によって厳重に守られている。私が話すことができたのは、すでに自分がコホートメンバーであることを明かしていた人、あるいは本書のためにそうしてもかまわないという人で、自分について私が書くことを許してくださった、数少ない人たちである。彼らの求めに応じて、名前など細部を変えている場合もある。コホートメンバーに関するデータは、すべて慎重かつ安全に保管されており、本書でも触れている提供された生体サンプルも同様である。サンプルは、政府規制機関であるヒト組織局の認可を受けた施設に保管されている。

便宜上、プロジェクトや研究に関してはコホートリーダーやプロジェクトリーダーの名前しか出していないことが多いが、科学はほぼつねにグループの努力であり、その仕事にきわめて重要な役割を果たした人たちがほかにもいるだろう。各コホートの人数に関して、私は開始時の子どもの数を提示しているが、使われる数字は科学文献によって異なり、メンバーが亡くなったり、脱退したり、逆に加わったりするので、時とともに変化する。

イギリスおよび世界の出生コホート研究は巨大な科学事業であり、本書は一冊の本にすぎない。いろいろな部分を省略していることを許してほしい。もっと詳しく知りたい方には、数多くの学術文献を探るか、科学者――本物の専門家――自身と話をすることをお勧めする。

はじめに

　1985年、一人の若い女性がどうしても知りたい疑問の答えを求めて、イギリス中をめぐる長旅に出発した。その疑問とは、なぜ人生で成功する人もいれば、苦労したり失敗したりする人もいるのか、だ。発想はけっして新しくはなかった。科学者や学者は何世紀にもわたって、私たちの人生を決定して特定の道に進ませる、あらゆる要因を理解しようとしてきた。しかしこの若い女性、ドリア・ピリングには、ごく単純なのに解決できそうもないこの疑問に答えるための、格別に効果的な手段があった。何千人という人々を生まれた瞬間から追跡し、その人生を微に入り細に入り記録している、異例の研究である。

　その研究が始まったのは1958年のこと、科学者が3月のある週にイギリスで生まれたほぼすべての赤ん坊、合わせて1万7415人を手間暇かけて記録したのだ。彼らはそれ以降、その子どもたちの生涯をじっくり追いかけ、身長、健康状態、知能、学業成績、社会階級、のちには職業や結婚など、ほぼあらゆることについて記録した。そうすることによって、科学者はすでに重大なことを発見していた。最も不利な境遇に生まれた子どもたち――両親が貧しく狭苦しい家に住む子どもたち――は、それからずっと苦しい生活を送る傾向にあり、しだいに問題行動、病気、そして学業成績不振を蓄積していくのだ。その子どもたちはあまりに多くの問題を抱えていたので、科学者は落胆するしかないレッテルを貼った――「生まれながらの落後者」と。

しかし、さいわい、人生はそれほど単純ではなく、一般化されたレッテルがすべての結末に当てはまるわけではない。「生まれながらの落後者」の子どもたち全員が、本当に落後するわけではないことを、科学者たちは知っていた。逆境に打ち勝つ者がいる可能性は非常に高く、科学者はそれが誰なのか、その人たちはどうやって予測された結果を避けることができたのか、知りたいと思っていた。状況を逆転させるのに役立つのは、どんな出来事、決断、そして状況の組み合わせなのか？　１９８０年代には、研究者たちは答えを知る格好の立場にいた。その段階で子どもたちは20代に達しており、十分に成人期を過ごしていたので、学歴や所得、職業にもとづいて、成功や失敗についての判断を下すことができる。これが当時まだ科学者の仕事を覚え始めているところだった、ピリングに与えられたプロジェクトだった。最も困難な状況で育ったにもかかわらず、人生がうまくいっている研究対象者を見つけることが、彼女の仕事になった。

ピリングは「生まれながらの落後者」の子どもたちを特定する、厳密な基準を定めた。ひとり親または子どもが5人以上の家庭で、なおかつ子どもが無料の学校給食または児童手当を受けられるほど世帯所得が低く、なおかつ給湯設備がない家または1室当たりの住人が１・５人より多い家に住んでいる場合のみ、その基準を満たすと決めた。最後の条件を具体的にすると、キッチンと居間があって、一つの寝室に両親、もう一つの寝室に4人の子どもが一緒に寝ている家族は基準を満たさないが、5人の子どもが一つの寝室で寝ている家族は基準を満たす。ピリングはこの研究で、そのようなひどく不利な環境にある子どもを386人見つけた。

その子どもたちの大半は、たしかに学歴がない、あるいは所得が低い、あるいは無職であるなど、なんらかの苦労をしていた。ピリングはその人たちをまとめて非達成者グループとした。* しかし「達成者」を特定することもできた――この困難な出発点から抜け出して、ある程度の成功を収めた人たちだ。グループ全体の平均をはるかに上回るような、たとえば教育修了一般試験合格などの資格を取得したり、とくに高収入の仕事やスキルの必要な仕事を確保したり、マイホームを買えるくらい暮らしぶりが良い人たちである。386人のうち、達成者グループに入る人が83人見つかった。ピリングの次の課題は、達成者と非達成者の両方と話をして、彼らの生活が実際にどんなふうかを知ることだった。そこで彼女は、人生の方向が劇的に変わった人たちに会い、その理由は正確に何だったのかを知るため、イギリス中を列車とバスとタクシーで巡る旅を始めた。

ピリングがすべてのインタビューを行なうのには約1年かかった。1980年代のことだったので、すべてカセットテープに録音された。インタビューを終えると、彼女は何十時間にわたる録音を分析しなくてはならなかっただけでなく、その時点までに集められていたデータもすべて見直す必要があった。この若者たちが生まれてからずっと、手間暇かけて蓄えられてきた質問票の束やインタビューなどの記

＊　このグループは研究に固有の基準で非達成者とされたが、彼らが全面的な落後者であるという意味ではない。困難な状況にもかかわらず、自力で安定した生活を築くという意味で多くを達成していた人は大勢いるし、その後の人生で達成した人も大勢いる。

録である。彼女は、達成者が共通してやったこと、そしてほかの人たちがやらなかったことはいったい何だったのかを知ろうとした。

そして重要な特徴がいくつか浮かび上がってきた。第一に、典型的な達成者には、子どもの教育に関心を抱き、子供の将来に夢をもつ親がいた。たとえば、高学歴を達成した人たちの56パーセントは、親が学校に通い続けることを望んだのに対し、非達成者では親がそのような意欲を言葉にしたことがある人は11パーセントにすぎないことを、ピリングは明らかにしている。

しかし彼女の分析は、成功にはそれ以上のものがあることを示した。達成者には意欲的な親だけでなく、意欲的な学校も味方している傾向が強かった。子どもの成功に関して言えば、関心があって意欲的な親と学校は最強の組み合わせのようだ。典型的な達成者は、病気の親、失業中の父親、両親の離婚のような、家庭の問題も少ないようだった。もうひとつ重要な因子は、居住地である。達成者は就職の機会がある地域に住んでいる傾向があり、非達成者は産業が斜陽化したことで親も、のちに子どもも、職を見つけるのに苦労するような地域に住んでいる（ピリングが国中を旅したのはサッチャー首相の時代で、当時は製造業が衰退しつつあり、失業率が急上昇して、１９８４年にはピークの12パーセント近くまで達していた）。

このような状況は、子どもたちにはどうすることもできない。子どもは親も、学校も、家庭の事情も選べない。しかし、達成者がほかの人たちとちがう重要な点が、ほかにもうひとつあった。それは自分で実際にコントロールできること、すなわちモチベーションだった。典型的な達成者は、学業をきちんとやって教育を受け続けたいと願う傾向が高い。そして、子ども時代に経験した境遇より良い環境に抜け出そうと、固く決意していることが多い。ある達成者は、どうしても見習の仕事を見つけたかったので、自分を雇うことに前向きな会社が見つかるまで、職業別電話帳を順番にすべての会社に当たってみた。しかし、モチベーションだけでは十分でない。非達成者グループにも同じように抜け出そうと決意している人は大勢いるが、親と学校の励まし、家庭の安定、就職の可能性など、ほかの要因との組み合わせがないために、自分の育った不利な環境と決別できないのだ。

ピリングは調査結果を『不遇からの脱出 *Escape from Disadvantage*』という本にまとめた。本は１９９０年に出版されたが、「ネグレクトされたような本」だと、彼女は回想している。なぜなら世に出た当時、その本はほとんど波紋を呼ばなかったからだ。毎年出版される何千冊もの学術書に埋もれ、すぐに絶版になった。しかし今日、科学者たちは彼女の研究を、１万７４１５人を対象としたこの異例の研究から生まれたなかでも、とりわけ力強く建設的な成果と見ている。彼女の研究は、一般的に出生時の不利な境遇はその後の人生の展開に深い影響をおよぼすという考えを、けっして否定しているわけではない。しかし、不利な境遇に生まれた人が落後するとはかぎらないことをはっきり示し、困難な幼少期を耐え抜いた子どもが——というか、実際にはどんな子どもでも——力強く成長し、大人になって成功できる具体的な方法を特定している。

とくに重要なこととして、ピリングの本は、科学者が人を生涯にわたって注意深く見守るだけで非常に興味深い発見が生まれることを示している。この手法は「出生コホート研究」と呼ばれる——世界についての真実を明らかにし、変化をもたらす真の力をもった手法だ。

イギリスには驚異的な連続出生コホート研究がある。科学者が5世代の子どもたちの人生を注意深く見守っている。このような研究は科学界において類がなく、世界にほかに並ぶものはない。同じ規模で同じようなことをしている国はないのだ。その研究成果は６０００件を超える発表論文と40冊の学術書

——ピリングのものはそのうちの薄い1冊にすぎない——となり、今日、ほぼあらゆるイギリス国民に波及効果をおよぼしている。さらにこれらの研究は、イギリスで最もよく守られている秘密でもある。私たちの生活に静かに溶け込んでいるが、それを必死に存続させようとしている科学者のほかは、誰も知らないようだ。

最初のコホート研究は、第二次世界大戦が終わってわずか数カ月後に始まった。1946年3月のある寒い1週間に生まれたほぼすべての子どもの誕生を、科学者が記録したのだ。彼らはそれ以来、そのうちの5362人を追跡しており、いまではその種の研究として世界で最も長く続く偉業になっている。2016年に70歳になるこの人々は、地球上で最も深く研究されている人たちである。この出生コホート研究の話は、それだけですぐに本が1冊書けるが、それは始まりにすぎなかった。その成功に支えられて、研究者たちは1958年3月のある1週間に生まれた、別の1万7415人の子どもを追いかけ始めた。最初の研究が始まってから、ちょうど12年後のことである。そしてさらにその12年後、1970年4月の1週間に生まれた1万7196人を追跡する、第三の研究が始まった。科学者は1991年に第四の研究を、さらに五番目を世紀の変わり目に開始した。つまり、イギリス諸島全土に散らばる5世代にわたる7万人あまりの人々が、本格的な科学的調査の対象になっているのだ。

これらの研究は大量の情報を蓄積している。いくつもの部屋をふさぐほどの質問票、何テラバイトものコンピューターデータ、冷凍庫数台分のDNA、そして慎重に保存されている指紋、赤ん坊の歯、へその緒の詰まった大量の段ボール箱。胎盤を溶液に漬けているプラスチック製のバケツ9000個を収めた貯蔵庫まである。これらの記録を総合すると、第二次世界大戦後の激動の数十年を生きてきた、ふつうのイギリス人の生活が克明に描き出される。

これらの研究の成果は豊富で広範囲におよんでいる。1940年代には、新しい国民健康保険の実現を助け、その結果、妊婦がより良いケアを受けられるようになり、それ以降のあらゆる出産が改善された。1950年代、60年代、70年代にかけて、労働者階級出身の聡明な子どもたちは学校で落ちこぼれるとは限らないことを示し、両親の離婚が子どもに与える長期的影響を明らかにした。子宮内での成長と発達が、数十年先の疾患リスクだけでなく、人の寿命にさえ影響する可能性があることも示された。

しかし何より、人生の最初の数年がそれに続く数十年すべてに深く影響することを、出生コホートは示している。裕福な家庭や上流の家庭に生まれた子どものほうが、学校の成績が良く、高学歴を得て、良い職に就き、スリムな体形を維持し、心身ともに健康で元気だ。それに引きかえ、不利な境遇に生まれた子どもたちは、あらゆる点で苦労する傾向が強い。要するに、親の事情が子どもの事情に長期的な影響をおよぼし、そのことは1946年生まれの子どもと同じように、2000年生まれの子どもにも当てはまるようだ。しかし同時にコホート研究は、ドリア・ピリングの研究が実証したとおり、不利な境遇を抜け出す道がたしかに存在することを明らかにしている。親が子どもと話をする、子どもに読み聞かせをする、子どもの将来に夢をもつ、といった単純なことが、不利な出発点にともなう困難の、すべてではないにしても一部を改善するのに役立つ可能性がある。このような研究結果は、これまでと同じくらい現在も当を得ている。なぜなら不利な環境が消え去る兆しはないからだ。

これらの研究を始めたときの科学者の洞察力と、そこからあふれ出てくる成果のおかげで、イギリスの出生コホート研究は世界中の研究者の羨望の的になっている。「赤ん坊のコホートを追跡し、揺りかごから墓場までに起こるすべてのことを観察するイギリスの大規模な長期的調査ほど、価値のあるものはない」と、ジャーナリストで社会評論家のポリー・トインビーが、2008年のある報告書に書いている。

私がこの出生コホートについて初めて知ったのは、2010年、最初の対象となった赤ん坊が生まれてから64年後のことである。私はニューヨークで科学ジャーナリスト兼編集者として働いており、人間の物語に興味をもっていた。そしてアイデアを求めてネットをあちこち検索していたとき、一連の研究の元祖である1946年生まれコホートを見つけた。研究の現リーダーであるダイアナ・クーに電話をかけ、1時間ほど話をした。そのとき彼女は、終戦からわずか数カ月後に画期的な出生調査として始まった研究の発端から、研究対象の大勢の人々が引退する年齢に近づいている現在の調査まで話してくれた。「私の見たところ世界最高の研究です」と、彼女は言った。私はすぐに、これは語るべきすばらしい物語だと考えた。

しかし、それを書く時間が自分にはないこともわかっていた。自分自身の人生――そして自分自身の世代――の難題に対処していたからだ。私は1973年にコルチェスターで生まれ、科学と書くことが好きなのでジャーナリズムを仕事としていたが、科学誌の仕事と2人の幼い子どもの子育てという、フルタイム以上の仕事に疲れ切っていた。さらに、その電話の翌週にはニューヨークでの生活を終わりにして、イギリスにもどる予定だった。新しい家、新しい保育園、新しい学校を探し、8年前に離れた国とは大きく変わったように感じるイギリスに、再びなじむ必要がある。新しい政権に代わったばかりで、重大な緊縮財政計画の影響が出ており、学生たちは授業料導入に抵抗していた。イギリスのコホート研究についての長大な記事のために、調査する時間もエネルギーも私にはない。これ以上果たすべき義務を負うなど、狂気の沙汰だ。

しかし私もあとで学んだように、出生コホートには人をとりこにする力がある。そのため結局、私はその話を語ることに決めた。夜遅くまで、そして朝早くから、1946年生まれコホートについての長い特集記事の執筆に取り組み、記事は2011年3月第1週に掲載された。同じ週、私はクーがそのコホートのために催した65歳の誕生日パーティーに出席した。ほとんどの人がそこで初めてほかのコホートメンバーに会い、みんなワインに酔い、研究がそんなに長く続いたことに興奮していた。彼らはみな、ふつうの生活を送るふつうの人々だったが、結果的に異例の科学研究を担うことになり、そこから生まれたとてつもない遺産は、もっと広く知られるべきものだと私は実感した。そしてその考えのもとに、この本の企画が生まれたのである。

その誕生日パーティーを出発点に、私は5年にわたって図書館や研究室、そして家庭の居間を訪ねることになった。コホートの歴史を調査するにあたって、遺伝学者、経済学者、疫学者、統計学者と話をした。人間の歯が詰まった箱や、尿でいっぱいの冷凍庫をのぞき込み、コホートのデータがかつて大変な努力で保存されたパンチカードの山に目を通した。

私自身が知らずに研究の恩恵に浴していることもわかった。コホート研究が妊婦の権利と医療の向上を先導する役割を果たしたことについて学んでいたちょうどそのとき、私は妊娠して三男を出産し、科学者たちの努力のおかげで生まれた医療と産休を経験した。私が妊娠中にアルコールを控えて魚を食べたのは、この重要な出産前情報に、コホート研究の結果が貢献していたからでもあった。毎日子どもたちに読み聞かせをしたとき、それをするのが一般にすばらしいことだとわかっていたのは、コホート研究のおかげだった。そして仕事と子育てのバランスが難しいことや、マイホームを買えないことについて心配したときにも、このような懸念はすべて私と同じ1970年代生まれの人たちに典型的なものだと知っていたのも、コホート研究のおかげだった。コホート研究に関する仕事は、自分の人生を見るときの新たな視点になっていたのだ。

同時に、これらの貴重な研究は開始以来ずっと、資金不足のため、あるいは科学の流行や政治的支援の風向きが変わるために、消滅の瀬戸際にあることも知った。つまりイギリスの出生コホートの物語は、生存競争の話でもあり、その物語のヒーローは存続のために闘ったすばらしい科学者たちだった。そしてその多くに私はこの数年で面会する幸運に恵まれた。彼らの信念、献身、一途さ、魅力、そして奇抜さがあったからこそ、コホートはその恩恵を世界にもたらすことができたのである。ただし、世界全体はその成果の規模に気づいていない——いまのところ。

この出生コホートはイギリスの最も貴重な宝のひとつである。とっぴで、時にこっけいで、安上がりに運営され、いつも継ぎ目がほころんでいるが、言い換えれば、いかにもイギリスらしい努力である。そしてもっとずっと前から称賛を受けるべきだったのだ。

ヘレン・ピアソン

二〇一五年一〇月

第I部

この世に生まれる

1 ダグラス・ベビー

方法論の誕生

1946年3月5日、時刻は誰にも思い出せないが、ガートルード・メアリー・パーマーの体内から赤ん坊がベッドへとようやく出てきた。パトリシアと名づけられることになったこの女の子は、体重4140グラムとたくましかった。パーマーはこれまでに4人の子を産んでいたが、出産の痛みは激しかった。ものすごく痛くて死にそうだったのよ、とパーマーはのちに娘に話したものだ。

彼女は保健師にもそう話した。保健師はパトリシアの出産について話を聞くため、出産の2、3週間後に彼女の家にやって来たのだ。チェルトナムのウーズレー・テラス3番地の立派な正面玄関にまちがって行ったあとに、ガートルード・パーマーが住んでいる地下のアパートメントに呼び鈴がないことに気付き、家の裏に回って、がらくただらけの通路に面した低くて重いドアにようやくたどり着いたのかもしれない。保健師はなかに入って大きなキッチンテーブルの前にすわると、かばんを開け、軟らかい鉛筆と、数枚の筆記用紙を取り出した。紙にはいくつか質問がタイプされ、「極秘」というマークがついている。保健師はパーマーに、国中の何千人という母親がこの質問をされており、それにできるだけ正確に答えることによって、彼女の経験が将来の妊産婦サービス改善計画に役立つ、と話した。そして彼女は腕時計を確認し、質問を読み上げ始めた。パーマーは律儀にすべての質問に答えた。

はい、赤ちゃんは嫡出子です。いいえ、この赤ちゃんを身ごもったときには働いていませんでした。子育てと家事をして、家賃を援助してもらう代わりに上階にある電話交換局を暖房するボイラーの火の番をする夫を手伝っていただけです。自宅出産でしたから、産婆さんがお産を助けに来てくれました、などなど。次の質問に対するパーマーの説明によると、赤ん坊が生まれて約2日後には、彼女は1日中家事ができるくらい元気だったという。病院で出産する女性が2週間は寝ているように言われることを彼女は知っていたが、そんなことは無意味だと思っていた。いいえ、お手伝いさんは一人もいません。自分でやるほうがよほどうまくできます。パーマーは小さいころから奉公に出ていた。ボイラー用の石炭と薪が運び込まれれば、アパートにほこりが入ってくるが、すべてきちんと手入れしていると彼女は話した。保健師は尋ねた。あなたが床《とこ》についているあいだ、誰がご主人の世話をしたのですか。自分で自分の面倒を見るしかありませんよ、とパーマーは答えた。

次に保健師はほかの子どもたちについて知ろうとした。パーマーは、生きている子が2人、死んでしまった子が2人いると話した。ケンはもう16歳になっていますが、デレクは12歳のイースターのころにリウマチ熱で命を落とし、その思い出のせいでいまだにその季節になると涙が出ます。3番目は7歳のエディス、4番目は死産、そのあと5番目にパトリシアが生まれました。このあとはもう生まれないといいのですが。アパートには炊事場と洗い場を除いて部屋がいくつあるのですか？　三つです――寝室が二つと大きな居間が一つ。お風呂は炊事場にあって、トイレは外です。妊娠中はミルク1パイント

（570ミリリットル）の特別配給をもらっていましたか？　はい、もらっていましたし、オレンジジュースとタラ肝油の割り当ても必ず受け取るようにしました。

質問の終わり近くに、保健師は妊娠と出産で実際にいくらの出費があったか尋ねた。赤ちゃんのために肌着、おむつ、ペティコート、靴下、帽子、ショール、ズロース、おねしょシーツをどれくらい買いましたか？　それぞれにいくら払いましたか？　パーマーは、ほとんど出費はなかったと答えた。お姉ちゃんのおさがりの赤ちゃん用品一式で、赤ちゃんは完璧に清潔で快適ですから。自分のためのスモック、コルセット、寝間着、ズロース、ブラジャーにも、ほとんどお金を使わなかったと彼女は言い、それを保健師は注意深く書き留めた。質問の最後に保健師は、夫がどんな仕事をしているのかと尋ねた。建設会社の作業員です。しかし彼女は、夫が家に帰る前に給料をパブや賭博場で使ってしまうので、自分の手元にお金がないときもあることは口にしなかった。

二人の会話は30分ほどだった。保健師は質問票を閉じ、書類をかばんにしまった。二言三言あいさつを交わし、パーマーは保健師を見送った。保健師が去ると、パーマーは日課にもどった。いつもやっているように、目を覚ました赤ん坊に乳をやっておとなしくさせ、ボイラーをチェックし、床を磨き、夫のために夕食をつくらなくてはならない――たぶん冷肉と薄切りポテト、そしてお得意のプディング、おいしい干しブドウ入りプディングにしよう。

1946年、春風がイギリスにそよ吹くころ、保健師の面談を受けた産婦はガートルード・パーマーだけではなかった。ほんの数カ月前、ロンドンの科学者グループが、イングランド、スコットランドおよびウェールズで同じ週に生まれたすべての赤ん坊の母親に面談しようと決めていた。当時、つまり第二次世界大戦終結から10カ月後に、妊娠・出産することがイギリス人女性にとってどういうものかを、科学者は理解したいと考えたのだ。

1週間分の出生の調査にはかなりの数の赤ん坊がかかわることは、科学者にもわかっていた――実際には約1万7000人だ。科学史上、それほど大きな母子の集団について、これほど詳細な情報を収集しようとした人はいなかった。それどころか、これほど大規模な集団に面談しようと試みた科学者すらいなかった。この研究の規模も目指すものも、まさに前代未聞だった――順調にスタートさせることができれば、の話だが。その仕事はジェームズ・ダグラスという31歳の医師に任された。彼の拠点はロンドン・スクール・オブ・エコノミクスにある小さなオフィス。ダグラスには忠実な助手のグリセルダ・ロウェントリー以外、スタッフはほとんどいない。研究資金も乏しく、調達された現金は2年で底をつきそうだった。助けになる電子計算機、コンピューター、電子メールのような贅沢品もない。なぜなら、そのどれもまだ発明されていなかったからだ。しかし彼にはたっぷりのやる気と、壮大な出生調査をうまくやり通せるという固い信念があった。

何よりもまず、実務的な決定が必要だった。とくにダグラスに差し迫って必要なのは、母親たちの面談に行ってくれるかなりの数の人員だった。理想を言えば、産婦と会いやすく、その健康記録を入手でき、「母親の悩み」について詳しく知っている人がいい。母親の悩みとは、彼に言わせれば妊娠と出産にともなう気まずい不愉快な状況の婉曲表現であり、そのほとんどが、当時は人前で話すべきでない下品な話題と考えられていた。さいわい、保健師はすべての条件を完璧に満たしていた。保健師は、ほとんどが訓練された看護師または助産師であり、当時イギリス中の産婦全員の健康をチェックするために派遣されていた。つまり、好都合なことに、彼女たちは自分の職務を果たす合間に、調査の仕事ができるのだ。

次に、ダグラスは調査の日にちを設定する必要があった。彼と科学者たちは、ある1週間のすべての出生を調査すると決めていた。それが全国の全出生の無作為サンプルを迅速に入手できる方法だからだ。しかし1年のどの週を選ぶべきか？　記入済み質問票を分析する手伝いに学生を安価で雇いたかったので、1年の前半、学生が夏休みでいなくなる前にしなくてはならない。そこで選ばれたのが1946年3月3日―9日の週だった。さらに、保健師は出生からおよそ8週間後に、母親に面談することも決めた。8週間あれば、「母親が自宅に帰り、新生児用品一式やベビーカーなどを購入し、分娩費用の請求書を受け取り、赤ん坊を乳幼児福祉センター*に連れて行く手はずを整えるのに、十分だと考えられた。同時に、妊娠、出産の出費や細かな経験も、まだ頭のなかに鮮明に残っている」と、ダグラスはのちに書いている。ダグラスは質問票のテスト版を作成し、ブリストル、ロンドンのケンジントン地区、スコットランドのインバネス市の保健師に試行を依頼した。自分の「悩み」に関心をもっている人がいることを喜びそうな母親で試すように頼んだのだ。このときには、今後規模を拡大することさえできれば、調査はすこぶる順調にいきそうに思えた。

この時点で1946年2月になっていた。調査の出生週は目前だ。しかしダグラスはプレッシャーを顔に出さなかった。彼はイギリス中の458の地方自治体に文書を送った。宛先は保健医官。出生の記録をつけて保健師を監督している担当者だ。「本調査に協力できるかどうかを、なるべく早くお教えいただければ幸いです」という、当時としては簡便な調子だった。また、迅速に返事をもらえるよう、切手を貼って住所を書いた返信用はがきを同封した。医官のほぼ全員の返事は喜んで協力するというものだった。ダグラスは、質問票の包みに詳細な「手順メモ」を添えて発送した。メモには、保健師が調査をどう遂行するべきかが正確に説明され、赤ん坊が亡くなったという、よくある悲惨な理由から、通常は保健師と会わないような人も含めて、すべての母親と接触するよう、とくに気をつけてほしい、と記されていた。

これですべてが整った。ダグラスは数千人の赤ん坊が姿を現すのを待てばいいだけだった。そして赤ん坊は姿を現した。指定週のイギリスは身を刺すような風に襲われ、イングランド南部は雪で覆われた。しかしもちろん、赤ん坊は誕生する日の世界の状態など気にしない。自分の出生に関するすべてがダグラスの質問票に記録されることも気にしない。この質問票が、かつてないほど詳しく科学者によって分析される人生の始まりであることも気にしなかった。そうして8週間後、保健師の大群がイギリス全土に散り、母親たちの家の扉をノックした。そのうちの一人がガートルード・パーマーだったのだ。

網の目から抜け落ちた母親もいた。保健師が現れる前に、兵士の夫とともにアメリカに移住した戦争花嫁がかなりいた。保健師が追い返される場合もあった。赤ん坊を養子に出した母親や、出産をなんとしても隠したがった未婚の母親がとくにそうだった。ある女性は、爆撃による家の被害と世話の焼けるほかの7人の子どものせいで暇がない、と語った。しかしほとんどの母親は、拒否することなど夢にも思わなかった。みな戦争中に身についた、言われたことをやる習慣に慣れっこになっていて、引き続き本分を尽くすのが義務だと感じていたのだ。

結局、保健師はなんと1万3687人の母親と面談した。これはその週に生まれた赤ん坊の91パーセントに達する。記入された用紙は保健医官にもどされ、医官はそれをダグラスに送り返した。6月末に

＊　一般に寒くてほこりっぽいホールで、そこに女性は赤ん坊を連れて行って保健師に健康診断をしてもらい、ミルク、オレンジジュース、タラ肝油の配給を受け取ることができる。

は、質問票が彼のデスクと床の上で紙のタワーをつくり始めた。「この記録をつけるのはとても興味深いと思いました」と、質問票の束に添えられたハル市の医官からの手紙に書かれていた。「非常に価値あるものになりそうな研究に貢献しているのだと感じて、保健師たちはこの仕事をとても積極的に引き受けました」。

この医官は自分がどれだけ正しいか知らなかった。この桁外れに野心的な産婦調査が引き起こした一連の出来事は、イギリスのあらゆる人々の生活に影響し、やがて世界中の科学者に敬服されることになったのだ。

ダグラスの産婦調査は、何もないところからいきなり出現したわけではない。その発端は、1936年6月15日にロンドンで初めて顔を合わせた思想家の集まりにまでさかのぼる。それは人口調査委員会と呼ばれ、当時、最も熱く議論されていた科学的・政治的問題、すなわちイギリスの少子化について、話し合うために集まっていた。

1800年代半ばまで、イギリスの平均的な女性は4—5人の子どもを産んでいたが、そのあと出生率が下がり始め、1930年代には2—3人しか産まなくなった。これをグラフにし、線を伸ばして推定すると、問題は明らかだった。この傾向が続けば、イギリスには大英帝国を維持して治めるのに十分な人間がいなくなるだろう。大英帝国は当時、世界人口のおよそ4分の1を占めていた。この懸念は人口について研究していた1930年代の人口統計学者による議論の重要なテーマであり、『家族計画のたそがれ *The Twilight of Parenthood*』（1934年）や『人口をめぐる闘い *The Struggle for Population*』（1936年）などの出版物で取り上げられた。「国民が家族をもっと増やすと決心しなければ、人口は減り続け、しまいに誰もいなくなるだろう」と、あるヒステリックな評論家は警告した。

出生率低下の結果として、イギリス人の絶滅は考えられるが可能性はかなり低いのに対し、もうひとつ考えられるのは国の知力低下が進むことだった。なぜなら、子どもの大部分を産んでいるのが労働者階級の人々であり、彼らはとかく知能が低いと見なされていたからだ。懸念されるのは、聡明な中流から上流階級がだんだんに減少していき、労働者階級の愚者が過剰に増えて幅を利かせるようになることだった。これは優生学運動の主要な関心事であり、その運動の目的は、身体的または精神的に好ましくないとされる人々に、子づくりをやめさせることだった（これは当時ではけっして極端な考えではなく、イギリス優生学協会は１９３０年代に盛んに活動していて、多くの政治家や有力な学者もメンバーだった）。少子化は医師や医学研究者の関心の的にもなっていたが、彼らにとって理由は別のところにあった。出生率問題は、イギリスで生まれる赤ん坊の憂慮すべき死亡率の高さにあったのだ。これは子どもを失った家族にとって悲痛なことであり、赤ん坊を無事に取り上げることが仕事である産婦人科医にとって国家の恥だった。

これらの懸念の結果生まれたのが、人口調査委員会だった。そのねらいは「グレートブリテン島および大英帝国領の人口の動向を検討し、その動向の原因を精査して、とくに出生率低下について説明すること」だった。グループは優生学者と密接なつながりがあったため、エクルストン・スクエア69番地にある優生学協会の上品な白壁の建物で定期的に会合を開いた。この委員会には、一方に人口統計学者と社会学者、他方に医師と医学者がいた。これは興味深いことだった。なぜなら、委員会が二つの広い学術研究分野、すなわち社会科学（人間の行動と社会の研究）と生命科学（人間を含めた生命体の研究）の橋渡しをしていたからだ。現代の科学者なら、この委員会を学際的と言うだろう。

委員会では、出生に関する懸念で社会科学者と医科学者の意見が一致した。しかしその専門知識の幅広さにもかかわらず、この会合で出生率について話すのは大変だったにちがいない。なにしろセックスや避妊や中絶について議論することが、ひどく気まずかった時代である（これらの問題に関することは最終的な産婦調査にいっさい含まれなかったが、現在、これらを生殖に関する調査から除外することは、ほとんど不合理に思える）。そのため委員会では、ほかの選択肢が論じられた。たとえば、女性たちは病院のベッド不足や陣痛など、「満足できない出産事情」にうんざりしたのだろうか？ あるいは、子どもを産むための費用に手が出ない状況に陥っているのだろうか？ 「今日、出産にともなう医療その他の費用が、子づくりの深刻な障害になりうると考える理由がある」と委員会は報告している。

しかし、どれくらいの障害なのか？ 出産の総費用を計算しようとした研究はほとんどなかった。戦前も戦時中も、医療費は自己負担と公的資金と慈善資金のつぎはぎでカバーされていた。つまり基本的に、人々はとにかく自分に支払える範囲の医療を受け、支払えなければ受けずにすませることが多かったのだ。多くの妊婦は約2ポンドの政府の出産補助金と、ほかにいくつかの援助金を受ける資格があったが、スズメの涙ほどの金額と思われていた。委員会は出生率の問題について戦争中もずっと話し合いを続けたが、結局ある時点でメンバーは悟った。何が親たちの意欲をそいでいるのか知るための情報がないと気づいたのだ。現場に出て、全国津々浦々の貧困層と富裕層両方の母親と実際に話をする必要がある。全国的な産婦調査、つまりイギリス人の出生に関する大規模調査が必要である。

終戦が近くなると、そのような調査の企画に弾みがつき、委員会のメンバーは研究をスタートさせるための数千ポンドを大々的に募った。委員会のために調査をコーディネートする人材として、デイヴィッド・グラスという若い人口統計学者が雇われていた。彼はすぐに社会科学サイドの主要な研究推進者になった。しかし、調査を行なうために現場の指揮を執る優秀な人間も必要だった。医者なら妊娠と出産に関する問題をすべて理解しているので適任だろう。理想を言えば、大規模な社会調査を実施した経験もある人がいい。グラスには心当たりがあった。オックスフォードで共通の友人を通じて会ったことのある有望な医師だ。医師であり、科学者であり、魅力的な理想主義者であるダグラスは、条件にぴったりだった。

ダグラスは聖職者の息子として日に数回の礼拝に出席して育ち、司祭か伝道者になることを期待されていた。しかし彼はどちらにもなりたくなかった。検証不可能な宗教の考えよりも、科学と数学が示す冷徹な事実のほうに、はるかに魅了されたのだ。1932年、彼は生理学と医学を学ぶためにオックスフォード大学マグダレン・カレッジに入学し、そこで刺激的な仲間に引き込まれたことで、科学に対する信念を固め、社会的理想を育んだ。スパゲッティのように太い、ダイオウイカのニューロンの電気パルスについて研究を始めたばかりの若き生物学者、J・Z・ヤングに教えを受け、のちに免疫系の研究でノーベル賞を受賞したピーター・メダワーと親しくなった。左派の思想家と交流し、ビオラを演奏し、そして恋多き若者だった。ダグラスの手足の長い体、若くして後退していく髪の生え際、知性、そして心をとらえるカリスマ性には、女性を一目ぼれさせる何かがあった。大勢いた女友だちの一人の言葉を借りれば、彼は「めちゃくちゃ魅力的だった」。

しかし医学訓練を終えるころまでに、ダグラスは自分の選んだ専門職には解決の難しそうな問題がつきまとっていることに気づいた。病人のなかには不愉快で自分勝手でうんざりさせられる人もいるし、医療現場は階級組織的で重苦しいことを知ったのだ。彼は資格を取得したあと数カ月、ロンドンのイーストエンドで赤ん坊を取り上げて過ごした。「貧困地獄」と言われるほど荒廃した地域だったが、その経験のおかげで、大勢の赤ん坊が生まれるとすぐに死亡してしまう、悲惨な環境に目を向けることになった。そして、こんな不快な惨状の片づけに人生を費やしたくない、と確信するようになった。そうではなく、人々を病気にするものを見つけ出し、そもそもそうなるのを防ぎたいと思ったのだ。それを実現させるのは、応用医療を離れて医学研究の世界に入ることだった。

ダグラスはオックスフォードでソリー・ズッカーマンに出会っていた。精力的な南アフリカ出身の動物学者で、彼が催すディナーパーティーにはインテリが詰めかけていた。ズッカーマンは哺乳類の生殖系を理解しようと動物実験を行なっており、ダグラスはしばらく彼の窮屈な実験室で、サルの月経周期や間性ブタなどを一緒に研究していた。戦争が始まったとき、ズッカーマンをはじめとする有力な科学者は、軍事的行動が科学的研究によって正しく裏づけられていないことを懸念するようになった。科学的研究は、優れた戦車をつくり、傷を治し、農業を改善するなど、多くのことに役立つのだと彼らは主張した。ズッカーマンは1939年、本国保安省から研究実験支部（のちに局）を始める許可を受けた。オックスフォードを本拠地として、戦争の問題に科学的分析を取り入れるために組織された、科学者の精鋭チームである。ダグラスは平和主義者だった。兵役免除審査局で良心的兵役拒否を宣言していたうえ、医師なので戦う必要はない。その代わり、彼はズッカーマンのチームに参加した。

ダグラスが調査の経験を積んだのはここでのことだった。だが、それは出生ではなく死亡の調査だった。支部が行なった大規模な空襲犠牲者のフィールド調査は、爆弾が正確にどんな被害をもたらすかを理解することを目的とする、まさに異例の科学事業だった。空襲後の朝、ロンドン、バーミンガム、およびハルの選ばれた被爆地に調査チームが送られ、地域の応急処置所、病院、葬儀場をまわって、死者と負傷者を分類して数え、その原因を詳しく調べる。当然、ひどい惨状だったにちがいない。心が折れないように対処する方法のひとつが、残酷なユーモアだった。人の体から頭が切り離されていることもあって、でも見ろよ、ヘアクリームで固めた髪は完璧にそのままだぞ、と調査員たちは言うのだ。

ダグラスはおもに数字を扱う側にいて、入ってくるデータをすべて照合し分析していた。支部は空襲の報告すべてを「標準化死亡率」と「標準化死傷率」に換算することによって、爆弾は爆風によって人を殺すという、一般に信じられている通説を打ち砕き、代わりに、犠牲者は屋根や壁の崩落など、さまざまな悲惨な理由で「まったく行き場をなくす」ことによって死亡するリスクのほうが、はるかに高いと結論を下した（これは研究者たち自身が爆発物とウサギとヤギを使って行なった実験と、ぴったり合致する）。ダグラスはすべてを詳細な機密扱いの報告書にまとめ、「厳重保管」の印を押して、陸軍省に送った。彼が望んでいたのは、その報告書が空襲中に人命を助ける方法を考え出す政治家の役に立つことだった。そのため、より破壊的に敵国を爆撃する方法を編み出すためにも使われていることを知ったときには愕然とした。科学的データは強い力をもちうるが、いったん科学者の手を離れると、それが政治家によってどう使われるかを科学者はコントロールできないのだと、ダグラスは学んだ――死亡ではなく出生の調査を行なったとき、再び目にすることになる事実である。それでも彼は、感じた幻滅を表に出さなかったようだ。ズッカーマンはダグラスが「目覚ましい貢献をした」とし、「関心を寄せるどんな新規事業も確実に成功させる」と書いている。

その新規事業が、結果的に１９４６年の産婦調査になった。経験豊富なダグラスは、この調査を指揮する資格のあるほとんど唯一の人物であり、彼はその仕事に就いた。調査は彼の理想にぴったりだった。乳幼児死亡率低下を助けることによって、自分がロンドンのイーストエンドで見た不健康と惨状を防ぎ、貧困層と富裕層の格差を少しでも埋められるかもしれない。医師のダグラスと人口統計学者のグラスは緊密に連携して調査を立案したが、最終的にはおのおの自分なりにのめり込んでいった。ダグラスは戦争中に被爆地域を調査するのに用いた意欲、スピード、そしてやればできるという心がまえで、出生調査の計画に取りかかった。そして2、3カ月後、記入済みの質問票がどっと押し寄せてきた。

ダグラスにとって、1万3687件の質問票を集めることは、出発点にすぎなかった。そこから情報を抽出し、すべてが何を意味するか、真意を理解しなくてはならない。これは控えめに言っても骨の折れる仕事だ。まず、安く雇われた学生たちが手書きで記入された用紙一枚一枚に目を通し、すべての答えをあらかじめ割り当てられた数字に変換し、それを用紙上に書き留める。次にダグラスは用紙を女性チームに回す。彼女たちの仕事は情報をパンチカードに移すことだ。パンチカードは1ドル札大の小さな長方形の厚紙で、特定の場所に穴を開けることによって情報を表す。* 質問票1件でカードが6枚以上埋まるのだから、赤ん坊が1万3687人となると、カードの枚数は膨大だ。ダグラスはそれをずらりと並んだ木製のファイルキャビネットのなかに並べ、次にそのカードをタビュレーティングマシンに入れていく。このマシンはうるさい音を立てるピアノくらいの大きさの装置で、穴を使ってカードを仕分けてから数え上げる。

たとえば、社会階級について考えてみよう。階級はこのカード上でとくに重要であることが判明した情報だ。ダグラスはこれを母親の夫の職業にもとづいて割り出したが、それが標準的なやり方だった。** 専門職と月給取り――医師、弁護士、ビジネスマン、経営者――が階級の最上層に位置し、次が事務職の賃金労働者、たとえば書記の仕事をして毎週給料を家に持ち帰る人たちである。肉体労働者と農業労働者は階級の最下層を占める（少数の未婚の母親は、夫がいないので社会階級を指定できないため、わかりやすく別に分類され、のちに別個の現象として研究された）。

ダグラスは驚くべき熱心さで取り組み、調査を始めて2年とたたないうちに『イギリスの出産 *Maternity in Great Britain*』という注目すべき赤い本を出版し、何万枚というパンチカードの穴すべてが実質的に何を意味するのかを説明した。集めたデータのおかげで、彼はそもそもこの調査のきっかけとなった疑問に取り組むことができた。なぜ、国の出生率は下がっているのか？　ただし、1948年には――おそらく読者の多くはそろそろお気づきだろうが――出生率は減少していなかった。天井知らずに上がっていたのだ。

1945年、大勢の男性が戦争から妻やガールフレンドのもとに帰ってくると、現在ベビーブームと呼ばれている出生急増を引き起こした。この急増はアメリカでとくに劇的だったが、イギリスでも出生率が急上昇し、1946年の調査ははからずも、まさに最初のベビーブーマーをとらえたのである。ダグラスが報告書をまとめ上げているころまでに、赤ん坊はどんどんあふれ出てきていたので、国の出生率に関する懸念はすっかり葬られていた。しかしそれでも、ダグラスの本が1948年11月に出版されたとき、国中が衝撃を受けた。なぜなら、彼のデータは単純な数字のなかに、イギリスに生まれることが本当はどういうことなのかを示したからだ。そこに浮かび上がった実態は、お世辞にもすばらしい国

＊　コンピューター界の伝説によると、最初のパンチカードはアメリカ財務省向けにつくられたので、かつて新札を保管するのに使われていて不要になった箱に合うように、1ドル札の大きさになったという。カードはベージュ色の大きめの荷札に似ていて、長辺に沿って1～80の数字が印刷され、その数字それぞれの下に0～9の数字が縦に印刷されている。

＊＊　ダグラスは国の王立人口委員会と同じ社会階級の分類を使った。現在、科学者は人々の社会経済的地位を分類するのに、最新の職業リストと学歴および所得の尺度を使っている。

とは言えなかった。

ダグラスのタビュレーティングマシンから出てきた結果のほぼすべてが、階級によって分断されている国を示していた。最下層の赤ん坊のほうが最も富裕な層の赤ん坊より死産になるリスクが70パーセント高く、未熟児として生まれるリスクもはるかに高かった。*問題の一部は、労働者階級が受けるお粗末な妊婦ケアから生じているようだった。労働者階級の母親は妊娠が進んでから医療機関を利用し、出産のために医師の診察を受けることが少なく、病院や医療施設で出産することも少ない。理由は明白、そのための経済的余裕がないのだ。「妊産婦ケアのあらゆる側面において、富裕な母親のほうが貧しい母親よりも配慮されている」と、ダグラスは書いている（中流以上の家族は一般に富裕でもあるので、ダグラスは報告書をまとめているとき、一般にお金と社会階級は密接に関連していると考えていた）。

最上層と最下層の対比ははっきりしていた。富裕な女性は通常、出産のために2週間入院する。これは必ずしも楽しいことではない。責任者の看護師長は非常に厳しいので、父親による赤ん坊との面会を週に一度しか許さない場合もあり、産婦がベッドから出ていないことを確認するために、足の汚れをチェックすることが知られていた。しかし、自宅で出産する貧しい女性は世界がちがう。調査対象のある女性は、家族のベッドで赤ん坊を産み、そのあいだ夫と3人の子どもたちは隣の部屋で待っていた。5人家族で2部屋しかないため、ほかに行くところがないのだ。

妊娠と出産の費用を合計して、ダグラスは衝撃を受けた。赤ん坊を産むのには涙が出るほどお金がかかることがわかったのだ。赤ん坊の服や風呂や移動のため、最新式の商品に法外な金額を費やす現代の親にとっては目新しい話ではないかもしれないが、ダグラスは初めてその費用を合計していたのであり、

70年前にも買うべき高額の身の回り品がたくさんあったことを明らかにした。最上層の社会階級である専門職や月給取りの妻はだいたい、初めての子どもを産むために医療費、薬代、新生児用品一式、ベビーベッド、ベビーカーに、47ポンドほど出費する。一方、最下層の農業労働者の妻はその半分も使わない。富裕層でも貧困層でも、出産の総費用は世帯所得の約6週間分になる。これはかなりの負担であり、ほとんどの貧困家庭に払える額をはるかに超えている。2ポンドの国の出産補助金では、ごく基本的な費用にさえまったく足りない。科学者は調査を開始するとき、出産費用のせいで親は子づくりを思いとどまるのかどうか問うつもりだった。いまやその答えが出たのであり、しかも意外なひねりが加わっていた。そう、費用は過酷なまでに高いが、そのせいで親は子づくりをやめないことがベビーブームによって明らかにされた。出産費用は子どもをつくるたびに人々を貧しくするだけである。

このことから、貧困は逃れられない罠のように思われるが、結果に関して最も注目すべきはおそらく、それが広範囲の懸念を引き起こさなかったことだろう。誰も気にしなかった、あるいは誰も気づかなかったからではない。なにしろ数カ月間、政策立案者や政治家はダグラスの本を大々的に振りかざしていた。そうではなく、国にはすでに事態を収拾する手段があったからだ。イギリスは改革されようとしていた――社会保障制度によって。

数年前の1942年11月、経済学者のウィリアム・ベヴァリッジが、戦後イギリスをどう再建するべ

＊　ダグラスは未熟児を体重2500グラム以下で生まれてきた赤ん坊と定義した。これは現在使われている用語と異なる。早産は通常の妊娠期間が40週であるのに対して37週より前に出産することであり、低出生体重児は体重が2500グラム未満の赤ん坊である。

きかについて、急進的な報告書を発表していた。「窮乏、疾病、無知、不潔、怠惰」という悪を激しく非難し、全市民を対象として、彼らが苦しいときに助ける国民皆保険制度を導入することによって、五つの悪を滅ぼすよう政治家に強く求めた。彼の考えが熱狂的に支持されたのは、誰もが目指して奮闘しているものを要約しているように思えたからだ——貧困と階級が深くしみついている戦前の世界を終わらせ、代わりにいっそう望ましい公平な世界を打ちたてようというのだ。ダグラスは心から賛成していた。

この著名な報告書に刺激された改革が、いまだにイギリスを支える社会保障制度を構築した。報告書が公表されて間もなく、ウィンストン・チャーチル政権が1944年の教育法で「無知」に取り組み、教育制度の不平等さえもなくそうとした。翌年、労働党のクレマン・アトリー首相が権力を握り、その政府はすべての人々に無料の医療を提供する国民健康保険（NHS）構想で「疾病」に挑戦した。NHSは1946年に策定されて成立し、1948年に実際に始動した。産婦調査の結果は、妊娠と出産の支援向上にどれだけの資金を費やす必要があるかを示していたが、それをNHS構想に組み込むのにちょうどいいタイミングだった。調査は妊産婦ケアの深い不平等を暴いたかもしれないが、NHSをはじめとする社会保障制度によって根絶できるという希望があった。ダグラスの報告書は「それ以降、私たちが行なってきた妊産婦サービスの青写真だった」と、ある産科医がのちに語っている。

NHSが1948年末に始動して、妊娠と出産に関連する医療は無料になり、同じころ、もっと手厚い出産手当が導入されて、支給は出産後13週まで引き延ばされ、のちにさらに拡張された。ダグラスはそれでも十分でないと考え、もっと手厚い助成金によって、あるいは赤ん坊の服、ベビーベッド、ベビーカーの価格を小売店が下げることによって、さらに出費を減らしたいと考えた。後者は実現しなかったが、前者は実現した。ダグラスは妊産婦ケアにスポットライトを当てることによって、妊産婦は国による支援に値するというしっかりした信念を生み出し、それがやがて、現代の家族が享受している産休や出産給付金に発展したのである。

ダグラスの研究は富裕層と貧困層のさまざまな分断を明らかにしたが、とくに興味深い発見は、出産時の痛みの緩和に関係したものである。驚いたことに、鎮痛をまったく受けていない女性が大勢いて——自宅出産では、受けた人がわずか20パーセント——最も苦しむのは下流階級の女性たちであることがわかった。女性たちは陣痛からのつかの間の解放を求めて長いあいだ闘ってきていたが、その闘いにはまだ勝利していないことが、調査で明らかになった。何十年にもわたって、陣痛の緩和に対する反対が広まっていたのは、それが神の言葉に反することだと思われていたからだ（創世記3章16節で「あなたは苦しんで子を産む」と、罪深いイブは言われている）。しかし二つの出来事が事態を逆転させ始めた。ひとつは、クロロフォルムに麻酔性があることの発見である。もうひとつは、ヴィクトリア女王が１８５３年、８番目の子であるレオポルド王子の出産にこっそり医師を呼び、陣痛に耐えるためにその最新式のクロロフォルムの投与を命じたのだ。* 王室は数年間、その出来事を否定していたが、それでも陣痛の緩和は容認できることだという考えが広まるのに役立った。ダグラスの調査のころまでに、陣痛を和らげる手段は、クロロフォルム、「トワイライト・スリープ」と呼ばれる強力な薬、頭をクラクラさせる亜酸化窒素と酸素の混合物（「笑気ガス」とも呼ばれる）など、いろいろと利用可能になっていた。そのため、

＊　その医師はジョン・スノウだが、１８５４年にコレラ大流行の原因がロンドンの送水ポンプであることを突き止めた研究によって、疫学の父となったことのほうが知られている。

ほとんどの女性がどれもまったく使っていないことは衝撃だった。

その理由のひとつは、医師と助産師が下流階級を差別していて、彼女たちの痛みを一顧だにしていなかったことにある。もうひとつ、もっと実際的な理由は、助産師が笑気ガスを投与するのはとても難しかったことである。多くはその資格をもっていなかった。また、医師の立ち会いのもとでしか使用できず、できる者でも器具が重すぎて出産場所まで運べないことが多かった（助産師の自転車で運ぶことは不可能であり、自宅出産に届けるために救急車が呼ばれることもあった）。ダグラスの本でこのようなことがすべて明るみに出ると、女性団体や新聞が騒ぎ立てた。新聞には「無用の痛み」といった見出しが躍り、数年後、すべての女性に出産時の痛みを緩和する法的権利を与える議員立法法案が、下院に提出されることになった。法案は最終的に否決されたが、それはＮＨＳによってすでに女性のケアは改善されているという主張があったからである。しかしこの一連の出来事によって、それからの数年で規則が変わることになり、その結果、助産師は笑気ガスを投与しやすくなり、出産の痛みを緩和する女性の権利は確立された。

ダグラスの本が出版される1週間前、１９４８年11月14日の晩、バッキンガム宮殿でエリザベス妃に男の子が生まれた。フィリップ殿下は妻が出産しているあいだスカッシュをしていたが、そのあと赤ん坊——チャールズ王子——が無事に生まれると、カーネーションとシャンパンを届けたそうだ。当時、未来の国王の誕生と、１９４６年産婦調査の対象となったどこかの貧者の誕生が比べられることはなかっただろう。しかしダグラスの本が出る直前の著名な赤ん坊の誕生は、妊娠という話題を世間の人々の心に突きつけることになり、ダグラスの研究結果の影響を強めることになったのかもしれない。ダグラスはこの野心的な産婦調査にこれ以上ないほどの力を注いだが、結局、この調査にふさわしい注目を集めるのに、はからずも力を貸したのは英国王室だったのだ。

産婦調査の結果をまとめているダグラスとグラスには、あるアイデアがあった。この考えがどこからともなく現れたとは考えにくい。科学物語はすばらしいアイデアを、電球や稲妻のような突然のひらめき、あるいは風呂で経験するインスピレーションの瞬間として表現したがるが、実際のところ、ほとんどのアイデアの発生は有機的であり、既存の知識の土壌から種のように芽生え、時間を肥料にして育つ。そのため、この非常に重要な特別なアイデアについて、数年後、二人はそれぞれが独自に同時に思いついたのだと対外的に言いたがった。そのアイデアとはこうだ。この一万数千人の子どもたちを一生涯見守り続けるのはすばらしいことでは？　つまり、この産婦調査をコホート研究に変えることは可能だろうか？

「コホート」とは、何か共通点のある人々の集団である。由来はラテン語のコホルスで、ローマ時代に数百人からなる軍隊を指すのに使われた。* ダグラスは１９４６年の調査を行なったとき、実質的に出生コホート、すなわち同時に生まれた集団を特定していたのだ。しかし最初の目的は、彼らについての情報を一度だけ集めることだった。科学者はこの種の研究を「サーベイ」、あるいは横断調査と呼ぶ。なぜなら、母集団をある瞬間で切り取ったときの情報を把握するものだからである。スナップショットと呼べるかもしれない――そのデータは瞬間的に動きを止めたかのような群衆の実態を描き出す。

イギリスには、このように国民を調査してきた長く豊かな歴史がある。１０８６年に編纂された「ド

＊　コホルスが10隊でレギオ（軍団）となりユリウス・カエサルに率いられた複数のレギオが、ガリア――現在のフランスとベルギー――の地元部族を平定し、ローマ帝国をヨーロッパ中に拡大した。

ゥームズデイ・ブック」は、国王ウィリアム1世の命令でイングランドおよびウェールズの大半を大規模に細かく調査したもので、当時としては前代未聞だった。ウィリアム1世は、どれだけの税と兵役を課すべきか把握できるように、みんながどれだけの土地と財産を所有しているか知りたいと考えた。調査は非常に詳細で、ロバやヤギの1頭まで記録される場合もあった。「ドゥームズデイ」は、すべての人間が審判を下され、それに対する上訴はできない神による最後の審判の日を指すと考えられる。誰がその土地を所有するかについての最終決定権は、ドゥームズデイ・ブックにあったということだ。

ウィリアム1世の調査は最初の国勢調査だとよく言われるが、イギリスで初めて近代的な国勢調査が行なわれたのは、何百年もあとのことである。1801年、増えていく人口を国が支えられないという懸念から、単純な人口調査が行なわれている。それ以降、ほぼ10年ごとに国勢調査が行なわれてきた。1800年代に人口に関するデータ収集への関心が爆発的に高まったこともあって、総数、年齢、性別から、何人が誕生して何人が死亡したかまで、幅広いデータが集められた。

しかし、これらはすべてサーベイの形態だった。コホート研究がサーベイと異なるのは、病気、死亡、その他の結果の発生率を把握するために、科学者が特定した集団を長年にわたって追跡するところである。1946年のサーベイから生まれつつあったような出生コホート研究では、集団が全員同じ時期に生まれているが、ほかの特徴を使って追跡したいコホートを決めることもできる。全員が特定の地域に住んでいる、あるいは同じ種類の仕事に就いている、あるいは特定の行動をする、といった集団もありうる。長年にわたって行なわれるコホート研究は、「縦断研究」とも呼ばれるようになる。

人間の調査に時間軸を加えると、ほかの方法では対応しにくい問題に取り組めるので効果的である。たとえば明日、ある町に行って、新生児全員と5歳児全員を別々にスナップショット調査し、そのうち貧しいのは誰か、病気なのは誰かを分析するとしよう。これで、新生児と5歳児それぞれのうち何人が貧しいグループまたは病気のグループに入るか、よくわかる——が、貧しい赤ん坊が大きくなって病気の子どもになるかどうかについては何もわからない。それを知るための唯一の方法は、新生児を長年にわたって追跡することだ。コホート研究のおかげで科学者は、ある時点で生じている事象および特徴と、のちに生じる事象および特徴とを関連づけることができる。

じつをいえば、地球上のすべての人がすでに、ある種のコホート研究にかかわっている。私たちは自分の子どもが、きょうだい、いとこ、そして友人のコホートと一緒に成長していくのを見守り、そのプロセスを日記、身長表、写真、そして成績表にこつこつと記録する。それより一世代前には、私たち自身が仲間に囲まれて成長しながら、自分のコホート研究を始めていた。そしていまだに仲間を見守っていて、自分の人生は彼らの人生とずいぶん方向が分かれてしまったと考えたりする。人生が展開するのを見守ることには、深く果てしない魅力がある。

コホート研究は、母集団における健康と病気のパターンを研究してその原因を理解する、疫学と呼ばれる医学研究分野にとって、とくに強力なツールになる。この分野では、コホート研究は長年にわたって人々を追跡し、誰が、なぜ、病気になるかを調べるのに使われる。したがって、この方法論の歴史は疫学のそれとからみ合っている。疫学者は、母集団中の異なる集団——たとえば貧困者と富裕者——の有病率や死亡率を計算して、二つの集団の差異が有意であることを示す必要がある（たとえば、ダグラスが発見したように、私たちの研究によって貧しい子どものほうが裕福な子どもより幼少期に死亡することが多いとわかったとしよう。私たちが調査を行なったその町、あるいは週に、貧しい赤ん坊の死者数が異常に多かったという単なる偶然もありうる——何回かコインをトスしたら、たまたま表が出ることが極端に多いこともありえるのと同じように。貧困と乳幼児死亡率のこの関係は偶然では説明できそうもないことを証明するには、数学を使う必要がある)。

死亡および疾患の発生率を異なる集団どうしで比較するという考えは、1830年代のウィリアム・ファーという独学の統計学者にまでさかのぼることができる。彼は戸籍庁で初の「摘要編纂者」として働いていた。そしてそこで彼が行なったことに、疫学者は永遠に感謝することになる。ファーは人口動態統計、つまり出生と死亡を記録する綿密なシステムを確立したのであり、さらに疾病分類システムも構築し、これに由来する分類がいまもあらゆる医師によって使われている。* このようなシステムは疫学者にとってきわめて重要である。というのも、そのデータのおかげで誰が、いつ、どこで、なぜ死亡しているのか、パターンを探り出すことができる。1946年の出生コホートの原動力はファーの遺産に端を発していたのであり、最終的に、それが出生率と乳幼児死亡率についての疑問に答え、イギリスでは前者が減っているのに後者は減っていないことがわかった。

ファーはデータを深く掘り下げて、特定の社会階級、宗教、または職業の人々、あるいは特定の病気にかかった人々の死亡率——一定期間の死者数——を計算し始めた。そして「生命表」の先駆けを作成している。特定の年齢の人がその年に死亡するリスクを示したものだ(1841年には赤ん坊のなんと14パーセントが生まれた年に死亡していた)。しかしファーは、一つの集団を長年にわたって追跡する疫学のコホート研究を、最も初期に行なったとも言える(真の「初」はない。初のコホート研究を教えてほしいと20人のコホート研究者に尋ねたら、20のちがう答えが返ってくるが、ファーの研究がその称号を得る見込みは十分にある)。彼は1841年3月15日にロンドン統計学会で、「狂人の死亡率に関する報告書」という研究を発表した。

ファーに報告が委託された理由は、議会がロンドンの狂人――当時、深刻な知的障害または精神疾患のある人に使われた用語――を収容する病院の状況に関心を示すようになったからだ。彼らはたいてい、生涯、精神病院に入れられていた。ファーはロンドンの精神病院に10年近く入れられている狂人を数え、そのあと彼らを追跡して、誰が回復し、誰が悪化して死亡したかを分析した。貧窮者の27パーセントがいずれかの精神病院で死亡していることがわかり、ファーはショックを受けた――「ペストがロンドンを空き家だらけにしたとき、ロンドンの人口に」示されたのと同じくらい高い死亡率である、と彼は書いている。彼の先駆的分析は先進の統計手法を用いて、異なる人口集団の死亡率を比較し、それらの集団を長年にわたって追跡した。

それ以降、科学者たちはコホート研究にあれこれ手を加えてきた。19世紀が終わりに近づくころ、人の数だけでなく、身長や体重、発達、知能など、心身のもっと詳しい面も測定することに興味をもつようになった人もいた。アメリカでは１９２０年代から30年代にかけて、成長と発達の軌跡を把握できるように、幼い子どものコホートを追跡する小規模な研究がいくつか始められた。おそらく現在最も有名なのは、知能テストの開発にかかわったスタンフォード大学の心理学者、ルイス・ターマンが１９２１年に始めたものだろう。ターマンは最高の知能をもつ子どもを育てることに関心のあった優生学者で、その研究の目的は、そういう超聡明な子どもを青白くて奇妙な社会のはみ出し者としてイメージするのが、まちがいであることを示すことだった。彼は「天才の遺伝学的研究」の名のもとに、学校を探し回

＊　国際疾病分類（ＩＣＤ）は疾病を分類するのに世界中で使われている標準ツールである。このシステムのおかげで、たとえば医師がＩＣＤの最新版でコードＩ21とされている心筋梗塞（心臓発作）に言及するとき、誰もが必ず同じものを指していることになる。

って並はずれて聡明な子ども1500人を見つけ、そのあと彼らの心身の発達を追跡した。研究は現在まで続いている（ただし、「ターマイト」と呼ばれる研究対象者のうち、まだ生きているのはほんのわずかである）。ターマンはその子どもたちがおおむね健康で精神的に安定しており、大人になって成功していることを明らかにした。しかしこの研究の問題は、子どもたちが世間一般を映し出していないことだった。大半が白人で、裕福な家族の出身だったのだ（ターマンは自分の子どもも研究に登録していた）。このころ始まったほかのコホート研究も比較的小規模なものが多く、それぞれ子どもが200、300人程度か、あるいは子どもを募るのにその場しのぎの手法を使っていた。そしてターマンの研究とはちがって、アメリカの子どものコホートは子どもが2、3歳になると中止になることが多かった（数年後、新入りのスタッフがダグラスに、アメリカまで飛んで当地の研究について学ぶ価値があるかどうか尋ねた。ダグラスは学ぶべきものはないと答えた）。

しかし、当時もっと大規模なコホート研究がなかったことは不思議ではない。費用も時間もかかり、しかも大変だったのだ。何万枚というカードに穴をあけ、やかましいタビュレーティングマシンで分類し、それから紙とペンを使って統計を計算しなくてはならなかった時代、データ処理はひどく面倒な作業だった。一世代の子どもたちを追跡するという考えはすばらしかったが、その時点では、科学者たちはその仕事におそれをなしていた。

ダグラスとグラスが1946年生まれの子どもたちを追跡するというアイデアを思いついたとき、コホート研究はかなり広まっていたが、彼らがやろうと計画していたものに匹敵する研究はなかった。彼らの研究は類のないほど大規模なコホートであり、その範囲は国全体におよび、一世代をまるごと誕生した瞬間から把握する。しかもコホートメンバーはまったくちがう立場で人生を始めていて、ひどく貧しい者からとても裕福な者までいる。その不平等は、一生治らない生まれつきの傷のように子どもが成長しても続くのか、それとも階級が与えるのは浅い傷だけであり、治って消え失せるのか、ダグラスとグラスは知りたかった。二人の前には、興味をかき立てるまたとない科学的チャンスがぶら下がっていて、結局、その魅力に抵抗するのは不可能だった。

産婦調査に着手したときは、ダグラスとグラスはこれから人生を歩んでいく赤ん坊にさよならするつもりだった。なにしろ、出産について知りたいことはわかったし、当時はさらに追いかけるための資金もなかった。しかし彼らは別の将来を思い描けるようになった。自分たちはこの種の全国調査を成功させられることを証明したのだから、もう一度できない理由はないというのが、そのひとつだった。

さらに、その子どもたちには彼らにしかないものがあることに、二人は気づいた。この時期に生まれた彼らは、戦争とベヴァリッジ報告書の両方によって根本的に改革された国を、生まれたときから経験する最初の国民なのだ。子どもたちは配給制の食料で育てられているかもしれないが、拡充されつつある社会保障制度の一環として、無料の学校給食と牛乳の恩恵を受ける最初の子どもでもある。NHSの医師と病院によって無料で治療を受ける最初の子どもであり、改革された学校制度を経験する最初の子どもでもある。「その経験は前代の人とも後代の人ともまったくちがうことは最初からわかっていて、それを記録するにあたって、将来世代との比較のための基準を提供するつもりだった」とダグラスは書いている。ダグラスとグラスのタイミングは偶然にも完璧だった。まるで福祉国家のモルモットのような子どもたちの生活を記録し、彼らの誕生時に観察されていた衝撃的な不平等を政治改革がなくすことはできるのかどうか、理解することができる。

子どもたちを追跡しようと決めたダグラスは、研究計画を微調整する必要があることに気づいた。とくに重要なこととして、計算が面倒になりすぎるうえ、資金もなければスタッフもいないので、1万3687人全員を追跡し続けることはできないと感じた。そこでダグラスは、もっと管理しやすい子どもたちのサンプルを選んだ。まず、養子に出されて追跡が難しくなることが多い非嫡出子は除く。次に、双子は別の集団として分析するべきであり、それだけの価値があるほど十分な数がいないので、これも除く。さらに、サンプルの4分の3近くが最下層の社会階級だったので、4人に1人だけをランダムに選ぶことによって、その集団の人数を減らす。これで残った子どもは合計5362人。各社会階級からだいたい同じ人数だが、それでも全国に分散している。

質問を考案し、保健師を募り、結果をまとめるプロセス全体を、もう一度始めなくてはならない。ダグラスはマシンのように働き、子どもが2歳になったとき、そして4歳半になったとき、さらに6歳になったとき、母親のもとへ保健師を送った。子どもたち自身はダグラス・ベビーと呼ばれるようになり、ダグラスのほうも、この巨大な集団を自分の家族のように思うようになった。

母親が訊かれる質問は、控えめに言っても多岐にわたっていた。お子さんはやけどや骨折をしたり、ひどい切り傷や打撲傷を負ったりする事故に遭ったことがありますか？　お子さんには親指をしゃぶる、爪を噛む、鼻をほじる、チック、あるいは全般的に落ち着きがないといった癖はありますか？　子どもたちが4歳になった1950年には、母親は子どもが前日に食べたものをすべて列挙するように言われた（ある典型的な子どもは朝食にドリッピング〔肉をローストするときに流れ出る脂〕を塗ったパン、昼食に肉と豆とポテトとブラマンジェ、夕食にバターつきパンを食べていた）。ダグラスは保健師に、家で見たものをメモするように指示した。子どもが着ている服の繕い状態は満足のいくものかどうか？　家は非常に清潔、ふつう、それともまったく清潔でない？　ダグラスは子どものトイレ習慣も詳しく知りたいと思った。早すぎる時期にトイレトレーニングを子どもに強いると裏目に出て、大人になったときの精神的健康の問題につながるという、フロイトの仮説を検証するためだ。お子さんのおむつが取れたのは何歳のときですか？　お子さんの排便はどれくらいの頻度ですか？　どれくらいの頻度で下剤を飲ませていますか？（ダグラスがフロイトの考えにしっかり取り組むことはなかったが、30年ほどたってからほかの科学者が、幼少期の寝小便は成人してからの鬱病などの精神障害と関連があることを証明している）。このようなことを質問した理由は、研究をできるだけ広範にしておきたかったからだ。仮説の範囲を広くしておいて、数年後にもっと狭い範囲に的を絞った仮説が十分に検証されたとき、コホート研究が失速しないようにしようと、ダグラスは決意していた。この研究は社会科学と医科学の両方から始まったもので、ダグラスは両分野への広がりを維持したかった。社会科学者のグラスが、引き続き舞台裏で非常に積極的に貢献していることも役立っていた。ダグラスは子どもたちの健康と発達を理解したかったが、社会階級の影響をはじめとする、当時の差し迫った社会問題の一部に光を当てることも強く望んでいた。

残念ながら、そこから生まれた物語の主役は、社会の底辺に生まれることの継続的かつ甚大なマイナス効果だった。下流階級の家庭の子どもは生まれてから2、3年で病気になる、あるいは死亡するリスクが最も高く、ダグラスによると、その理由はおそらく「ゴミゴミした世間から隔絶されている裕福な家庭の子どもより……感染症に遭遇する」リスクが高いからだという。さらに、下流階級の子どものほうが上流階級の子どもより、両親の身長を考慮に入れても、成長が遅く、最終的に平均身長が低い。ダグラスはその原因が食事の貧しさにあるとした。配給の食料や無料のミルクなどの福祉給付があっても、貧困家庭は十分な食べ物を買うことができないのだ。彼の推定によると、イギリスの5歳未満の子どもがいる全家庭のおよそ4分の1は、そのような苦労を味わっていた。このような事実は新しい社会保障制度にとって名誉なことではなく、設立者の理想と善意をよそに、社会保障制度は階級格差をなくすためにはほとんど役に立っていないようだった。

　貧困や劣悪な居住環境のような社会的条件が、人々の健康に悪影響をおよぼすはずであることは、いまでは明白に思えるが、昔からずっとそうだったわけではない。社会科学者は何十年にもわたってこのような問題を記録してきていたが*、医学界にはそれを理解するのがじれったいほど遅い人もいた。戦前のイギリスには、患者の社会的背景についてあまり考えない医師が多かった。その理由はおもに、医療の世界で最も地位の高い病院の専門医たちが自由診療で収入を確保しており、そのため支払い能力のある裕福な患者――だいたいは心臓や肺に問題を抱えている人、がんを患う人、あるいは手術が必要な人――を診ていたことにある。感染症、心の病、発育不全など、貧困が大きな要因となっている疾患の患者たちが、彼らの働く病院に入院することはなかった。人口の大半が食べるのに苦労しているような地域では、悲しいことに、多くの医師は健康に対する貧困の影響について、あまり心配していなかったというのが実情である。

　しかしダグラスが産婦調査をまとめていたころには、状況は変わり始めていた。その理由のひとつは、戦後に突然芽生えた社会的平等への関心である。大学が学部を設立するようになっていた新たな社会医学という分野は、貧困、劣悪な居住環境、栄養不良のような社会的要因と健康の関係を探るものである。そしてダグラスの調査がその勢いに弾みをつけ、それ以降、社会的・経済的要因が健康と疾患に強い影響をおよぼすという考えは、確固たるものになっている。

ダグラスはほかにも、当時の――そして現代の――健康と社会にまつわるさまざまな喫緊の問題に取り組んだ。1950年代初期におおいに議論されたテーマのひとつは、働く母親、つまりダグラスが初期の本で「有給の職業に就いている妊婦」と表現した人たちである。戦争中、多くの女性が男性の出征で空席になった職務を果たすために、初めて仕事をするようになった。1946年の産婦調査のころには、結婚している妊婦の28パーセントがフルタイムで働いており、妊娠中に退職する人も多かったが、子どもが4歳になるころにはフルタイム、またはパートタイムで働いている女性が15パーセントあまりいることを、ダグラスは知った。

この事実は多くの人々の心に葛藤を生んだ。女性は働く権利をもつべきであり、働く女性たちは労力不足の解消に役立つうえ、貧しい家庭のために稼いでいることはわかる。その一方で、その女性たちの子どもは大変な代償を払っており、女性が働くこの新時代は、母親不在による恒久的なダメージを将来世代に引き起こすおそれがあるという、一般的な心情があった。では、誰が正しいのか？　ダグラスには調べられるデータがあった。

科学ではよくあることだが、答えは白黒はっきりしなかった。たとえば、死産児と未熟児の数を分析すると、妊娠初期に働くことと関係するリスク増加はなかったが、妊娠後期に働くと未熟児のリスクが増加することがわかった。** しかし、彼は「後期に働く」を妊娠後半5カ月に働くことと定義しているが、

＊　たとえば、1901年にシーボーム・ラウントリーが出版した『*Poverty: A Study of Town Life*』〔邦訳は『貧乏研究』長沼弘毅訳、ダイヤモンド社ほか〕には、ヨーク市の住民の調査結果が収められている。調査された4万6000人のうち、なんと2万人が貧窮しており、その多くが食べ物や燃料など、健康を維持するのに重要な必需品も買えないほど貧しいことを、この研究は明らかにしている。

これは時代に合わないように思える。現代では、会社から出産のために病院にタクシーで駆けつける場合もあるほど、ぎりぎりまで働く女性が多い。さらにダグラスが率直に認めたように、この計算を階級が無効にする。妊娠後期に働くことと未熟児の関係を説明するのは、むしろ、妊娠後期に働く人は収入を必要とする最貧層の母親である可能性が非常に高いという事実であり、仕事の影響と階級の影響をきちんと分けることは不可能だった。ダグラスはもっと年上の子どもも調べて、確実な答えを見つけようとしたが、働く母親の子どもが身体的・精神的に患っていることを示す証拠はほとんどなかった。専業主婦の母親をもつ子どもと身長はだいたい同じ、遭った事故の数も同じ、悪夢の頻度や寝小便などの「悪い癖」も大差なかったのだ。

1950年代にこのような結果が出ていたが、それもすでに時代遅れのようだった。配給は終わり、社会保障制度は成熟しつつあり、生活水準は上がっていて、イギリスは戦争の影から抜け出そうとしていた。世界はすっかり変わり、次の世代が前の世代と同じように成長するのか知りたいと、ダグラスとグラスは思った。そして第2次コホート研究を行ない、将来的には第3次も実施して、異なる世代が成長していく過程での経験を比較できたらすばらしいと考え始めた。さいわい、そう考えていたのは彼らだけではなかった。

1954年の終わりころ、ダグラスは手紙を受け取った。イギリス人の出生に関する第2回全国調査のアイデアを議論する会議に出席いただけないでしょうか？　11月16日、ロンドンのサヴィル通りにある保健省で、彼は数人の医師と科学者に会った。今回、調査で取り組む問題はすべて医学研究に関連することなので、優生学者と人口統計学者はいない。第2回の出生調査を始める理由はおもに二つある。

第一は気がかりな乳幼児死亡率であり、ダグラスによる１９４６年の産婦調査の結果にも見られた懸念だったが、当時はその緩和のためにほとんど何も行なわれていなかった。そのあと医師たちは周産期死亡率、つまり死産と生後1週間以内に死亡している子どもの合計数の観点から話をした。１９４８年にはまだ、１０００人の生児出産につき38・5人の周産期死亡があった。この数字は多くの他国と比べて高く、たとえばノルウェーでは26人に近い。１９４８年以後も、この数字はなかなか下がっていない。

新たな調査を始める第二の理由は、それまで6年間運用されていたＮＨＳの妊産婦サービスを評価するのに役立つからだった。その時点までに、ＮＨＳのコストは悪循環に陥っており、政治家と医師にとって大きなお荷物になっていた。この健康保険が導入されたとき、それまで放置されてきた病気に医師が対処し、国民の健康が改善するので、コストはすぐに下がると期待されていた。ところが実際にはコストが急上昇した。なぜなら、人々はそれまでひたすら耐えていた病気の治療を求めるようになったからだ。医師は効率的な標準治療を行なっていることを示す必要に迫られるようになった。新たな産婦調査は１９４６年に行なわれたダグラスの基準調査と比較ができるので、ＮＨＳの導入が妊産婦と赤ん坊のケアを改善したかどうかが明らかになるし、情報が保健省に提供されて運営方法を効率化できる、と考えられたのだ。

ダグラスは非常に熱心だった。一度成功させられたのなら、もう一度できるはずだ。ほかの出席者も全員が乗り気で、周産期死亡率調査と呼ばれる研究が、1週間の出生データすべてを収集するダグラスの手法をモデルとして、形になり始めた。調査は１９５８年3月の第1週――前回調査のちょうど12年

＊＊　本章の前半で説明されているように、ダグラスの早産の定義は現代のものではなく、２５００グラム以下で生まれる赤ん坊というものである。

後——に始まった。しかしこの調査の焦点は、赤ん坊がなぜ死んだかを理解することにあったので、委員会は統計学的検証を行なうのに十分な数になるよう、1週間分より多くの死亡に関する情報を望んだ。そこで、この調査をたんなる前回のまねでなく画期的なものにすることが行なわれた。1週間分の出生に関する情報を集めるだけでなく、3月、4月、5月に死亡した新生児全員を調査対象に加えて、できるだけ多くの検死を行なうことにしたのだ。これほど詳細な周産期死亡率の調査をやろうとした者は、それまで世界中どこにもいなかったし、この調査以降にやった者もほとんどいない。死亡した赤ん坊を研究しようという、この決断はのちのち、きわめて重要だったことがわかり、そしていまなお赤ん坊の命を救うのに役立っている。

そのような調査を仕切るのは途方もなく厳しい仕事に思えたし、ダグラスがやりたいことでもなかった。彼はエジンバラに引っ越したばかりで、自分自身の5362人の子どもたちで手いっぱいだったのだ。さいわい、その仕事を喜んで引き受けてくれる別の医師が会合にいた。ネヴィル・バトラーという頭の切れる小児科医である。

バトラーは出産について知り尽くしていた。1920年の自分自身の誕生を「月足らずで、自宅分娩で生まれ、しかも逆子だった」と冗談めかして語ったほどだ。祖父も父親も医師で、ちょっとした神童だったバトラーは、21歳のときには2カ所の診療所を運営していた。戦後、乳幼児の成長、発達、病気を扱う小児科医になった。そしてロンドンの有名なグレート・オーモンド・ストリート小児病院で信用を確立する。

ダグラスとちがって、バトラーは病人を助けることが大好きだった。すばらしい天性の小児科医であり、タカが獲物を見つけるようにすばやく、子どもの問題を特定することができる。しかし知的好奇心も旺盛で、そもそもなぜ子どもが病気になるのか知りたかった。当時の多くの医師とちがって病気の源に興味をもっていたので、疫学者のようでもあった。そのため、子どもを特定のリスクにさらす遠因が何かについて発見できる大規模な産婦調査、という考えに心を奪われた。バトラーは、ほとんどいつもにこやかな笑顔を見せていることで知られており、熱意を芳香のように漂わせていた。彼と話す人はみな、彼のエネルギーや想像力、そして洞察力に飲み込まれて、すぐにこう考えるようになった。大勢の子どもたちに関する大量の情報を収集することは、たとえデータを容易に分析するのに必要なコンピューターをまだ誰も発明していなくても、世界で最も価値ある事業だ。と。「私はこの研究のためになんでもやるつもりだった」と、彼は数年後に言っている。

　周産期死亡率調査を指揮することになると、バトラーは馬車馬のように仕事を始めた。まず資金と協力を求めて国中に呼びかけた。そんな彼に協力していたのが、全国誕生日信託基金と呼ばれる変わった組織である。妊産婦サービスの改善を求めて運動する裕福な女性グループが１９２８年に始めた慈善団体で、この団体がなければ調査は実現しなかっただろう。バトラーと基金は協力して、ジョセフ・ラウントリー・ビレッジ基金（イギリス屈指のチョコレート帝国を確立したのと同じラウントリー一家）、タバコ研究評議会、および英国バラエティクラブ〔子どもの支援を目的とした募金を集める演劇組織〕から資金を獲得し、チョコレート、タバコ、ショービジネスの利益で調査費用をまかなおうとした。さらに医師、病理学者、助産師、医官をおだてて骨の折れる仕事を無償でやらせ、検死解剖のできる国中の病理学センターを確保した。調査本部のすぐ近くにあった全国石炭庁のタビュレーティングマシンも借用した。えり好みはしていられない。当初、調査の予算は子ども1人につき10シリングにも満たなかったのだ。

今回、助産師は出産から24時間以内に質問票に記入することになっていて、ダグラスのときより実際的な項目もたくさんあった。出産予定日はいつでしたか？　お母さんは赤ちゃんを産むのにどこを予約または予定していましたか？　そして実際にはどこで産みましたか？　分娩のどのくらい前に破水しましたか？　赤ちゃんの頭、足、肩、顔のどれが最初に出ましたか？　質問ができ上がった直後、締め切りをまったく無視することで知られるようになっていたバトラーが駆け込んできて、質問票を印刷業者から回収するように指示した。喫煙と出生体重の関係を示唆するアメリカの研究について聞きつけ、妊婦が喫煙していたかどうかについての質問を絶対に加えるべきだと思ったのだ。質問票は律儀に印刷業者から取りもどされ、バトラーは第23問を挿入し、残りの番号をつけ直した。これは予定を遅らせてでもやるべき非常に有益なことだったと、のちに判明する。

3月3日、時計の針が真夜中を過ぎたとき、調査は始まった。質問票への記入がどんなに面倒でも、死を扱うほうがはるかにひどいことはまちがいない。１９５８年の冬が去って春を迎えたころ、病理学センターには赤ん坊の遺体を納めた段ボール箱、乳児用棺、あるいは木枠が積み重なり始めた。その痛ましい包みを一つひとつ開けて、詳しい調査表に記入するという悲惨な仕事が、病理学者たちを待っていた。最初の質問は遺体が浸軟して——水分に浸って軟らかくなって——いるかどうかであり、それで子どもが死亡したのはまだ子宮液のなかにいるときか、それとも生まれたあとだったかがわかる。調査表は11ページ先の赤ん坊の死亡診断で終わる。ひどい仕事であり、一部の病理学者は1人平均50人の子どもを検死解剖している。「私の研究室は戦場のようだ」と、落胆して書く者もいた。

5月末にデータ収集の期間がようやく終わると、この調査で集められた情報の量は、12年前にダグラスが集めたものをはるかにしのぐことが明らかになった。イングランド、スコットランド、およびウェールズの母親のなんと98パーセント――合計1万7205人の女性――が、3月の第1週に質問票に答えており、生まれた赤ん坊は合わせて1万7415人。* そしてチームは、赤ん坊を亡くしたことのある7618人の母親に関する追加記録と、5000件ほどの詳しい検死報告を、なんとか集めることができた。しかし、ダグラスが2、3カ月以内にデータを処理したのに対し、バトラーの分析は遅れに遅れた。いたしかたない遅れもあった。正確を期してすべての質問票をみずから精査する必要があったし、死亡した赤ん坊の肺から取られた組織片はすべて見直された。そして18万4000枚のパンチカードにまちがいが見つかると、2万件ある質問票そのものにもどってチェックしなくてはならなかった。バトラーは正確な仕事にすることを固く決意していたので、昼間は診療所を運営しながら、調査結果を書き上げるために夜通し無報酬で働いていた。「後生だから、もっと睡眠を取るようにしてくれ」と、1960年5月に同僚が彼に手紙を書いた。「ろくに眠らず食事もとらずに、そんなペースで働き続けたら、最後には自分を殺すことになる――病気でなかったら事故で」。分析が進むにつれ、医師も助産師も資金提供者も、何が見つかったかを知りたくて待ちきれなくなっていった。

最終的に、バトラーのチームは結果を発表するために、下院の個室で記者会見を行なった。1962年10月25日の昼どき、調査が行なわれてから4年半後のことだ。イギリスの主要紙すべてと、BBCの代表も招待された。データが動揺を引き起こす可能性があることはわかっていた。なにしろ、赤ん坊の死というテーマほど扱いの難しいものはなく、防ぐことができた死もあったとしたらなおさらだ。確実

＊ その後のデータ分析は単生児の母親1万6994人に絞られた。1週間以上生きられなかった赤ん坊は含まれたが、多生児は除外された。最近の文献では、この研究で約1万7000人の子どもが対象とされたと書かれることが多い。

に正しいメッセージを伝えるため、彼はまず原稿を勤勉な秘書たちに口述し、タイプさせ、タイプし直させ、さらにタイプし直させた。バトラーと優秀な男性産科医のメンバーがステージに上がった。ダグラスは聴衆のなかにいた。

この大規模な出生調査で明らかになったことを発表するため、バトラーが立ち上がった。まず、国中の女性がみな妊娠ケアのためにどこに行くか、最終的にどこで出産したかがわかった。調査によると、出産の49パーセントが専門医を配置した病院設備で行なわれ、残りの大半は自宅、あるいは家庭医が指揮する医療設備で行なわれる（質問票の「その他」の区分に、道路の待避所、タクシー、あるいはトルコ風呂で生まれた赤ん坊もいることが示されている、とバトラーは述べた）。周産期死亡率は１９４６年のダグラスの調査以降、多少下がってはいるが、それでも容認できないほど高いことが確認された。生まれてから35年間での死亡を合わせたよりも、周産期死亡のほうが多い。疑問は明らかだった。なぜだろう？

明白な答えがひとつ出たのは、バトラーがデータを階級で分けたときのことだ。単純労働者の赤ん坊の死亡率のほうが、専門職階級の赤ん坊よりもはるかに高い――ダグラスが１９４６年に発見したのとまったく同じ階級によるパターンだ。いまだに貧しい赤ん坊のほうが裕福な赤ん坊より死亡するリスクがはるかに高い。これは、健康の不平等をなくすために導入されたのに、階級分断を克服しそうもないNHSへの非難の根拠となる。妊娠期間も非常に重要であることを、数字が示していた。通常の妊娠期間が40週のところ、38週より前に生まれた赤ん坊は死亡するリスクがはるかに高いが、42週以降に遅く生まれた赤ん坊も同じだった。「未経験の骨盤」で初産を試みる女性もリスクが高く、第４子または第5子を産む女性も同じだ。ダグラスの前回の調査結果が、出産を少しは楽な経験にするのに役立ったことは、たしかにデータに示されていた。女性の56パーセントが鎮痛剤のペチジンを与えられ、笑気ガスの使用は54パーセントを超えていた。

しかし記者会見でここまでのことはすべて、さらりと聞き流された。その代わり、注目の的はすぐに女性が出産した場所に移った。これは産科学の分野で当時、大騒動を巻き起こしていたテーマである。多くの専門医——最も地位の高い医師——は、もっと多くの出産を病院で行なうように主張していた。専門医が担当し、妊産婦が最新の設備と熟練したケアを利用できる場所だからだ。彼らの考えでは、自宅または家庭医と助産師の指揮する医療設備で生まれる赤ん坊があまりに多く、そのせいで大きなリスクにさらされていた（言うまでもなく、多くの家庭医は異を唱えていた）。専門医は、新たな産婦調査のデータは病院が最も安全な出産場所であることを裏づけるだろうから、自分たちの主張の正しさを説明する証拠として役立つと思っていた。しかし科学が単純な答えを出すほど気前がいいことはめったにない。そして調査が実際に示したのも、単純な答えではなかった。

バトラーらは、女性たちが「予約した」場所（つまり出産を予定していた場所）と、実際に出産した場所にしたがって女性を分け、次にそれぞれの周産期死亡率を計算した。すると、自宅出産を予定して実行した母親も、家庭医の設備を予約してそこで出産した母親も、病院を予約してそこで出産した母親と比べて、死亡率が約半分であることがわかった。自宅または家庭医の設備での出産を予定したが、結果的に病院で出産した女性たちが、全分類のなかで最も高い死亡率を示した。一見、これは病院が出産するのに最悪の場所であることを示唆している——が、バトラーと産科医たちは別の解釈をしていた。彼らの主張によると、病院での死亡率が高いのは、病院が高リスクの妊娠を任されているからなのだ。合併症のリスクがあるとわかっている女性は、病院での出産を予約する可能性が高く、何かがおかしくなり始めて分娩中に病院に駆け込む人もいる。この主張を支持する数字もあった。たとえば、全死亡の3

件に1件は、赤ん坊の出生時の酸素不足が原因になっているが、それを助けられる設備は病院でしか利用できないだろう。

実際、単純な分析では自宅と病院のどちらのほうが安全かを断定するのは不可能である。結果的にそれぞれで出産した女性のタイプのちがい――年齢、階級、前に産んだ子どもの数など――を考慮に入れていないからだ。たいていの場合、科学の仮説を検証する最善の方法は、実験を行なうことである。自宅と病院を比較するための理想的な実験は、病院で出産するか自宅で出産するか、妊婦にランダムに割り当てて、その結果を比較することだろう。いまのところ、そんな実験をするのはほぼ不可能だ。リスクの高い女性に自宅出産を指示するのは、病院でしか利用できない薬や設備を必要としている場合、倫理にもとるからであり、たとえ研究者が非常にリスクの低い女性だけを被験者にするとしても、その女性たちとて、どこで出産すべきか指示されることは当然のことながら承知しない。だからこそ、1958年の調査から50年以上たって私がこれを書いている時点でも、この種の本格的な臨床試験は行なわれていない。

記者会見では、専門医たちが感情的になり始めていた。彼らは病院出産がベストだという確固たる意見をもっていて、もっと産科専門医を増やし、助産師の賃金と条件を改善したいと考えていた（「彼女たちを結婚させて、自分の子どもを産ませよう」と、一人が言っている。「自分で子どもを産んだ経験があれば、はるかに良い助産師になる」）。すると、記者の一人がずばり要点を口にした。では、すべての女性が病院で出産するべきなのですか？「それが私の意見です」と、一人の著名な産科医が答えた。「キッチンテーブルの上で盲腸を切る時代は、まちがいなく終わっています」と、別の産科医が叫んだ。「それなのに、同じような状況での出産は実行されているのです！」

見ていたバトラーは愕然とした。データが示しているのは、低リスクの女性は自宅や家庭医の施設で無事に出産していることである。医師はとくにリスクの高い女性——下流階級の母親や予定日を過ぎている女性など——を特定し、彼女たちを病院に送る仕事をもっとうまくやるべきだと、彼は考えていた。すべての女性が病院で赤ん坊を産むべきであることが調査でわかったと、報道機関が結論づけてはいけない、と彼は言い、ジャーナリストたちに事実を正しく理解するよう促した。調査の関係者は、「もしそのような命令的な声明を発表したら、信用を失うだろう」と警告した。

しかし翌日、キッチンテーブルの話が大受けした。BBCとインディペンデント・テレビ・ニュースで大きく取り上げられ、バトラーはBBCラジオの『ウーマンズ・アワー』でインタビューされた。新聞は大騒ぎして、不潔な自宅出産中に赤ん坊が死亡するのだと書き立てた。「週に50人の赤ん坊が治療を受けられずに死亡する。自宅が最善でないことは調査で明らかだ」と『ガーディアン』紙は書いている。

バトラーが恐れたとおり、家庭医は自分たちが二流の治療を行なっているという主張に激怒した。せっかく多くの労力を割いた研究のせいで中傷されているのだ。「病院出産によってもっと多くの赤ん坊が救われると断定するのは、不当であり無責任だ」と、ある医師が権威ある『ブリティッシュ・メディカル・ジャーナル』の誌面で怒りをあらわにした。バトラーはメディアによる事実の誤った解釈を非難した。「すべての寄稿が完全に科学的で、報道記事が完全に科学的であったなら、何も問題なかっただろう」。この出来事そのものは、複雑な情報と微妙なメッセージ——一部の女性は病院で出産するほうがいい——を、記者会見とメディアを通じて伝えようとすることの難しさを学ぶ良い機会だった。メディアはメッセージを単純化する傾向がある——すべての女性は病院出産するべきである、と。

そしてしばらくすると、1958年の周産期死亡率調査の曲解された結果が、重大な影響をおよぼした。自宅出産の急減を促したのだ。1968年までに病院での出産は49パーセントから80パーセントに増えた。そうなった大きな理由は、同じ病床数でもより多くの女性に対応できるように、病院が出産後の入院期間を短縮したことにあった。この変化の責任を1958年の調査だけに負わせることはできない――いずれにしても医療界はその方向に動いていた――が、一因であったことはほぼ確実である。出産するのに最も安全な場所についての議論は、いまなお激しく続いており、答えはいまだに微妙である。病院は実際にとても安全と考えられるが、推奨される場所は母親の健康状態と、すでに何人を出産しているかなどによる。

調査と病院出産への流れが周産期死亡率の減少に一役買ったのはたしかで、それ以降イギリスでは周産期死亡率は着実に下がっている。そして調査はほかにも出産の習慣に意外な影響をおよぼした。予定日を過ぎた赤ん坊の死亡リスクが高いという調査結果を受けて、女性が妊娠42週に達する前に、産科医は当然のこととして分娩を誘発するようになったのだ。1970年代にはそれがごく一般的になって、「誘発の流行」が進行中だと言われるほどだった。この変化をのちに疑問視するようになった医師もいる。

しかし1962年の時点では、これらの余波はまだ感じられていなかった。記者会見場を後にしながら、バトラーとダグラスはすでにほかのことを考えていた。バトラーは自分の1万7415人の子どもたちをぜひとも再訪して、1958年の調査を前回調査と同じように、継続的なコホート研究にしたかった。しかし彼には支援も資金もなかった。

一方、ダグラスと1946年生まれコホートにとって、出産の記憶は薄れかけていた。子どもたちはすでに、人生が投げつけてくる次の最大の問題に直面している。それは学校である。

2 生まれながらの落後者？

コホート、学校に行く

パトリシア・パーマーにとって、1957年3月5日は特別な日だった。11歳の誕生日であり、本人はまだほとんど意識していないが、ダグラスのコホート研究に参加して11周年の記念日だった。しかし通学日だったので、めでたい日ではなかった。彼女は小学校の最終学年だったが、教師は子どもたちに平手打ちをして回ることを楽しんでいるかのようだった。一度、パーマーは胸をひどく強くなぐられて、地面に倒されたことがある。パーマーは怖くなり、風邪を引いて学校を休めたらいいと思って、夜に体に何もかけずに寝た。しかし3月のその日、彼女は登校しなくてはならなかった。なぜなら、同じ学年の生徒たち全員とともに、11歳テストを受けることになっていたのだ。

このテストもベヴァリッジ改革の一環で、すべての子どもに平等な教育の機会を与えるために導入されていた。戦前、イギリスには混乱するほどさまざまな学校があった。パブリック、グラマー、エンドウド、プロプライエタリー、エレメンタリー、ファースト、プライマリー、セカンダリー、プレパラトリー、等々。無料の学校もあれば、授業料を課す学校もあるが、結局のところ、教育の種類と質は医療と同じように、親が出せるお金で決まっていた。ほかのヨーロッパ諸国と比べて、イギリスでは初等教育から中等教育に進むのはごく一部だけであり、中等学校に通うのは中流および上流階級の子どもが多数を占めていたのだ。そこで条件を公平にすることを目的として、１９４４年の教育法が制定された。この法律は、5歳から15歳までの子ども全員に対する正規の就学を義務づけるとともに無償化し、３部編成の中等学校制度を導入した。いちばん頭の良い子どものためにグラマースクール、そしてモダンスクールとテクニカルスクールは、学業に向いていない子どもたちに実践的な機械や工学のスキルを教えるものだ。生徒たちは11歳テスト――名称の由来は中等学校に入るときの子どもの年齢――の成績をもとに、グラマースクールへの合格が決まる。テストはありとあらゆる言葉と数字の問題を出す知能テストであり、社会階級や不利な家庭環境には関係なく、頭の良い子どもがテストに合格して、学力的に厳しいグラマースクールに入ることができる、という考えだ。

パーマーには不利な条件がたくさんあった。父親は彼女が5歳のときに家を出ていき、それから間もなく亡くなった。母親が彼を家から追い出したのが、酒癖のせいか暴力のせいかパーマーは知らなかったし、誰も何も言わなかった。家族が食いつないでいくために母親は家政婦の仕事をしていた。パーマーはお下がりのお下がりを着たくなかったし、クラスで自分だけが無料の給食をもらっているのも嫌でたまらない。それでも彼女は小学校の課程を修了し、母親の話によると、彼女が参加しているロンドンでの研究から送られてくるテストはいつも好成績だという。「あんたは平均以上の知能だって、いつも言われているんだよ」。

しかしテストの日には、そんなことは関係なかった。なぜなら、担任教師は彼女を見限っていたようだからだ。11歳テストの用紙を前にして、パーマーは自分の名前、誕生日、そしてその日の日付を記入しなくてはならなかった。その日は彼女の誕生日だったので、年は別として同じ日付を2回書いた。ところがそれを見た教師は、彼女がまちがえていて、自分の誕生日さえちゃんとわかっていないのだと思い込んだ。そして彼女を席から引きずり出して、頭を引っぱたいた。「なぜおまえがここにすわっているのか、理解できない」と、吐き捨てるように言う。パーマーは震えながらテストを受けた——だから結果が出たとき、自分が不合格だと知っても驚かなかった。いずれにしても結果は変わらなかったかもしれない。兄のケンが11歳テストに合格したときも、彼はグラマースクールに行けなかった。母親にブレザーと帽子とネクタイを買うお金がなかったのだ。

1957年、ダグラスもパーマーが11歳テストに落ちたことを知った。そのテストを受けたコホートの全メンバーの結果を知ったのだ。この段階までに、コホートの子どもたちについての詳しいアンケートも9回を重ねており、彼がまだ訊いていないことはほとんど思いつかないほどだったが、そのときダグラスの関心は、彼らの学業成績にあった。

この変化にはある程度、時期が影響している。自分の子どもを見守っている親と同じだ。親の心配は子どもがそのときやっていることに向けられがちであり、つまり、子どもの誕生を心配したあとはその成長（と排便習慣）を、そして4、5歳からは学校でどうしているかを心配するのだ。出生コホートも同じである。尋ねられる質問は時期と年齢で決まる。コホートの出生と初期の発達を観察してきたダグラスが、次に彼らの学業の進歩を追跡するのは当然である。

同時に、教育制度についての懸念が広がりつつあり、その取り組みにコホートが役立つ可能性があった。1944年の教育法は遠目には、頭の良い子ども全員が出世できるようにする輝かしい成功に見えた。しかし現場の状況ははるかに混乱していた。既存の学校の寄せ集めに新しい3部編成の制度を当てはめる仕事は、各地の地方教育委員会に任され、新しい学校をつくるためのお金はない。* グラマースクールの受け入れ生徒数は地域によって大きく異なり、入学するのに十分な知力があるのは誰かを決めるための基準もさまざまだ。さらに、各地域は独自の11歳テストを実施していただけでなく、教師の報告書などの主観的な評価尺度も使って、どの子どもがグラマースクールにふさわしく、どの子どもがふさわしくないかを決めている。ダグラスをはじめ多くの人々が、この制度は不公平で、貧しい子どもは入学できていないのではないかと、強く疑っていた。

一方、子どもたちにはテストに合格しなくてはならないという強いプレッシャーがかかるようになっていた。なぜなら、親はそれで自分の子どもが出世できると考えていたからだ。合格した子どもはほめられ、場合によってはそれ以上のものを勝ち取る（ジョン・レノンが1952年に11歳テストに合格したとき、家族は彼に新しい緑色のラレーの自転車を与えた――ただし、彼は最終的に教育修了試験にすべて落ちて、ほかの道に進むことになった）。それに引きかえ、合格しなかった子どもの多くは敗北感に生涯つきまとわれ、受かっていたらどんなだっただろうと考えるようになる。** 彼らが実際に入る学校のなかには、その痛みを和らげる効果がほとんどない学校もあった。「未来への希望がほとんどない不合格者の掃きだめという、もっともな評判の［中等］モダンスクールもあった」と、ある教育政策報告に書かれている。

それほど重いものが11歳テストにかかっているなら、この制度はどうしても実際に役立っていなくて

---

* その結果のひとつとして、3部編成制度の3番目だったテクニカルスクールは、ほとんど建設されなかった。
** 透明性のために言っておくが、私は1984年の11歳テストで不合格だった。

はならない。しかし、うまくいっているのか？　階級は問題でなくなったのか？　出世するには学力さえあればいいのか？　コホート研究をしていたダグラスには、答えを見つけるための完璧なツールがあった。なにしろ、さまざまな社会階級の子どもたちを追跡し、何人がグラマースクールに入学したのかを知ることができる。彼は例によって迅速にその仕事を始めた。学齢期の子どもたちを何度も訪問することにして、今回は子どもたちの進歩に関する最新情報を送ってくれる教師と学校医を募集した。そして子どもたちに8歳、11歳、15歳で知能テストも受けるように指示した。* これはきわめて重要だった。なぜなら、頭の良い子どもがみんなグラマースクールに入学するかどうか知るためには、11歳テストとはまったく無関係に知力評価をする必要があったからだ。

ダグラスは研究結果を１９６４年に『家庭と学校 *The Home and the School*』という本で発表した。そのサクランボ色とレモンイエロー色のカバーとは裏腹に、中身は厳しい現実を突きつけていた。中流階級の頭の良い子どものほうが労働者階級の子どもより学業成績が良く、11歳テストに合格する可能性がはるかに高い。彼のテストをもとに同じくらい頭の良い子どもを比較すると、上流中産階級の子どもの半数あまりがグラマースクールに入学しているのに対し、下流肉体労働者階級の子どもでは22パーセントにすぎない。** 「これが選抜制中等学校の受け入れ生徒の分布であり、社会的平等という観点から、ひいては国家の利益という観点から、正当化できない」と、ダグラスは書いている。そのうえ中産階級と労働者階級の成績格差は、子どもの学年が進むにつれて広がっているようだ。要するに、教育制度はまったく公平ではなく、階級はこれまでと同様に問題だったのだ。

頭が良いのに貧しい子どもが落ちこぼれていくのは、「才能の浪費」と言われるようになった。ダグラスの研究結果から浮かび上がるのは「教育面では、ぼろぼろの寝室用スリッパで家を歩き回っている国のイメージだ。これは人的資源消失の話である」と、彼の本が出版されたときに『オブザーバー』紙が嘆いた。この非難の声のおかげで、ダグラスの本はまたたくまに教育実習生にとって必読の教育関連書となり、いまだに覚えている人も多い。「魅力も重要性も、本書に匹敵するものは想像し難い」と、『ガーディアン』紙の書評にある。

たしかにダグラスの調査結果は興味深かったが、話題になった理由はタイミングにもあった。国内外の舞台で、イギリスはかつてないほど教育法を改善する必要に迫られていた。この国が産業化された近代世界で競争していくつもりなら、教育を受けた労働力が必要だという認識が高まりつつあった——頭脳は経済的成功の基礎である。このことは周知のとおり、1963年の労働党指導者ハロルド・ウィルソンによる政治演説で明確に述べられている。彼は世界中で吹き荒れている科学技術革命の嵐を指摘した。新しいイギリスは「この白熱状態の革命で鍛造されることになる」。ただし、ダグラスの研究結果が示唆するように、教育制度がこれほど多くの聡明な若者たちを、ただ労働者階級だというだけの理由で失うことがなければ、の話だ。

1965年、『家庭と学校』が出版されて1年後、新しい労働党政権がコンプリヘンシブ（総合制）スクールの大幅拡充を敢行した。選抜制学校制度を包括的なアプローチに置き換えることを目的としたも

＊　「独占事業の政治的危機は、exasperated（憤慨した）／excised（切除された）／exaggerated（悪化した）／expropriated（没収された）／expostulated（忠告された）ようである」という選択問題が8歳向けのテストにある。たしかに、これは最高に難しい問題のひとつだ。リストの最初のいちばん簡単な問題は、「私と一緒に店に行って、火／水／石／スイーツ／エンジンを買いましょう」だった。

＊＊　ダグラスは子どもたちを四つの社会階級グループに分けた。上流中産階級、下流中産階級、上流肉体労働者階級、下流肉体労働者階級（階級の最上層——現代で言う「上流階級」——は「上流中産階級」に入っている）。

のだ。*その核となったのがダグラスと彼のデータであり、彼は政治家に証拠を示し、メディアのインタビューに答えた。そしてダグラスが教育政策分野に進出するという話もあった。彼は「膨大な情報の宝庫の管理人」「福祉と教育の政策に影響をおよぼす有力者」、と『ガーディアン』紙のプロフィールは書いている。しかしダグラスはコホート研究にどっぷり浸かっていた。科学は単純ではないので、グラマースクールとコンプリヘンシブスクールのどちらが優れた制度か、断言できないと感じていた。彼は戦時中の空襲に関する報告書の運命を、そして政治家は科学者がまったく意図していなかったように情報をねじ曲げるおそれがあることを、思い出したのかもしれない。「私たちは人々に有益な情報をたくさん与えたと思う」と、ダグラスは率直に言った。彼は情報を政治家に渡して、論争は彼らにゆだねたのだ。

1963年、ダグラスが本を出版する直前、教育制度は別の方向からも精査されようとしていた。1944年の教育法によって、教育に関する問題について政府に助言するための中央教育審議会が設立された。それからほぼ20年後、教育大臣のサー・エドワード・ボイルが審議会に「初等教育をあらゆる角度から検討し、中等教育への移行について考察する」ように指示した。レディ・ブリジット・プローデンが議長を務めていたため、プローデン委員会と呼ばれるようになった審議会は、なんらかの調査を委託したいと考えた。ひとつのアイデアは、読字能力から素行にいたるまであらゆる種類の教育水準が、クラスの人数、社会背景、子どもの健康など、ほかのさまざまな因子にどう影響されるかを探るために、全国の小学生年齢の子どもを大規模に調査することだった。1944年の教育法は、教育制度の枝先から根元まであらゆる側面に着目していた。とりわけ根元である小学校がとくに改革の必要に迫られていることが判明した。1950年代の小学校はかなり悲惨な場所だった。子どもたちはたいてい40人以上のクラスで授業を受け、多くの学校は電灯や温水、校庭、ちゃんとしたトイレなど、基本的設備も整っていないヴィクトリア朝時代の建物だ。ムチ打ちのような体罰はふつうで、子どもたちには教えと同じくらいしつけも必要と考えられていた。しかも学校に通う子どもの数はベビーブームを背景に、1944年の450万人から1955年の700万人近くまで増えており、学校は対応に苦労していた。

調査対象とすべき子どものグループを探し回っていた調査員は、すでにふさわしい集団があることに気づいた。1946年生まれコホートではない——そのころ彼らはすでに中等学校を卒業しようとしていた。1958年3月の第2回調査で出生と社会的背景を入念に記録され、いまや小学校1年生になっている1万7415人の赤ん坊だ。

1962年の記者会見で大失敗したあと、バトラーは1958年の調査を棚上げにしていた。ダグラスの場合と同じように継続的な研究にしたかったが、資金や支援を呼びかけることができなかったし、子どもたちがどこで生きているかさえ誰も追跡していなかった。しかし関心をもったプローデン委員会が資金を出せば、調査を復活させるチャンスだ。バトラーにはやる熱意はあったが、教育についての必要な専門知識が欠けていた。研究には新たな推進力が必要であり、それをもたらしたのはミア・ケルマー・プリングルだった。

ケルマー・プリングルはかつて同僚に、自分にはイギリスで克服すべき三つのハードルがあったと語

＊　地方教育委員会は変更するように命じられたのではなく依頼されたのであり、そのため、一部にはいまだにグラマースクールと11歳テストがある。

った――彼女は外国人で、女性で、頭が良かったのだ。ウィーンのユダヤ人家庭で育ったが、戦争が近づいたときに故国を去り、母親とともにほとんど何も持たずロンドンにたどり着いた。しかしケルマー・プリングルは驚異的な知力を備え、時代の数十年先を行く女性の気骨と着想をもっていた。パートタイムの仕事のきついスケジュールをこなしながら、まず心理学の博士号を、次にバーミンガム大学で教育心理学者の地位を獲得する。「誕生から5歳までの期間と親の役割の重要性が……現在注目されているが、もしその基礎を築いた人が一人いるとしたら、それはミア・ケルマー・プリングルだ」と、同僚が書いている。国際的には保育と発達に関する研究で高い評価を築き、国内でも魅力的な大陸訛りが人をひきつけ、車のエンジンを温めておくためにミンクのコートを投げかけることで評判だった。ケルマー・プリングルはいつも時間に正確だった。そして、つねに自分が行く場所をわかっていた。貧しかった子ども時代にはバス代が払えなかったので、ロンドンのどこへでも歩いて行かなくてはならなかった。そのため、大人になってからもあらゆる目的地への近道を熟知しており、早足でそこまで歩いたものだ。

悲劇がケルマー・プリングルを1958年生まれの子どもたちと引き合わせた。彼女の夫が突然亡くなって、教育界の同僚たちは、新しいチャレンジが彼女の再出発に役立つかもしれないと考えたのだ。彼女はバーミンガムからロンドンに移って、全国保育協力局（のちの全国児童局）の局長になるよう誘われた。保育のベストプラクティス向上を目的として、フィッツロイ・スクエアにつくられた活動的な新組織である。ケルマー・プリングルには自信がなかった――「少しびくびくしている」と認めた――が、それでも誘いを受けた。「子どもたちへの援助を進めるには、どんな人がやるどんなことも重要です」。その仕事に就いてからわずか2、3カ月後、彼女はバトラーに会い、1958年に調査された子どもたちを追跡するという考えについて聞かされた。ケルマー・プリングルはバトラーを少し変わっていると思った――そしてバトラーも彼女を扱いにくいと思った――が、イギリスの子どもの大規模な全国調査を行なうことにすれば、その結果で局も自分自身も世間に知らしめられると考えた。バトラーとケルマー・プリングルは、共同で追跡調査を指揮することで合意した。子どもたちを追跡し、7歳時の彼らの教育、社会的状況、そして健康について、できるだけたくさんのことを把握する計画を、二人はともに練り上げた。追跡調査をするということは、子どもたちが継時的に観察されるということだ。つまり1958年のサーベイも、初回と同じように出生コホート研究に変わったのだ。

科学者がコホートの追跡調査を「スイープ（一掃）」と呼ぶのは、子どもたち全員を一気に集めなくてはならないからである。この最初のスイープは急ぎの仕事であることがわかった。プローデン委員会から課された締め切りは18カ月後だった。このあいだに子どもたちを見つけ、調査を完了し、結果をまとめなくてはならない。バトラーとケルマー・プリングルは、ダグラスがやったように調査対象の数を減らさなかったので、接触すべき7歳の子どもは1万7000人ほどいて、しかも彼らとずっと連絡を取っていた人は誰もいなかったため、その行方を最初から追わなくてはならない。国中のあらゆる学校に手紙を書いて、1958年の出生週に誕生日が重なる生徒がいるかどうかを尋ね、それを出生記録と手作業で照合しなくてはならなかった。冗談と思えるほど大変な仕事だ。

ロン・デイヴィーという教育心理学者が、このスイープを任された。デイヴィーは残業のためにオフィスの折り畳みベッドで寝ることもあった。記録の照合にはとても時間がかかるため、科学者たちはついにプローデン報告書に間に合うように完了する望みを捨てた――のちにこの消極姿勢は修正されたが。そんな状況でも、膨大な数の質問票が回収・分析され、「知的発達の遅れ」「創造力」「利き手」「幸福感」「虫歯」に関する質問への答えが出た。さらに何千人という子どもたちが「人物画法」と呼ばれる心理テスト[を受け]た。

結果をまとめてプローデン委員会に提出する仕事は、最後まで粘りに粘られた。最終報告書を完成させることになっていた1966年3月の朝、全国児童局のスタッフ全員はまだ必死で仕事をしていた。彼らは、バンダの謄写印刷機をきしませながら、60部の報告書を必死に印刷していた。一人がタイプされた各ページのロウ原紙をすばやく校正する。ほかの人がその原紙を機械に貼りつけ、ハンドルを回し始めると、湿った甘い匂いのする写しが反対側から飛び出してくる。配達車が受け取りに来る3時までに、報告書を完成させる必要があることはわかっていた。そのため、車が数時間早く到着したときの彼らの驚愕は想像に難くない。その時点で報告書はまったく仕上がっていなかった。

運転手は待てないのだと説明した。今日は妻の誕生日なので定時で帰宅しなくてはならないのです。できなければ生きている価値がありません。事務員は運転手に待ってもらわないと困ると説明した。今日、完成した報告書が発送されなければ、国家的に重要なイギリスの学童に関する調査がすべて無駄になるのです。運転手が態度を軟化させて先に別の配達に向かったので、局の全員が校正と印刷にもどった。休憩はインクの染みがついた指でサンドイッチを食べるちょっとの時間だけ。その日の午後遅く配達車がもどって来たときには、報告書は――少し汚れていたが、ともかく――仕上がっており、運転手はそれを積んで出発した。彼が妻の誕生日に遅刻したかどうか、私たちにはわからない。しかし、報告書がプローデン委員会に読んでもらえる時間に間に合って到着したことはわかっている。

1958年生まれコホートの研究結果は、1967年にプローデン報告書『児童とその小学校 *Children*

and Their Primary Schools』で明らかにされた。ダグラス・ベビーより次のこの世代のほうが、うまく階級の壁を壊しているという証拠はなかった。下流階級に生まれた子どもたちはいまだに、上流階級についていこうともがいている。そしてこの研究はさらに踏み込んでいて、子どもたちがまだ幼いときに、その格差がどれだけ広がっているかを明らかにしている。最上層の社会階級の子どもの56パーセントは読み方が「良」と判定されたのに比べて、最下層の階級では23パーセントである。ある新聞が露骨に表現しているように、「読むのが遅い子どもの家には屋内トイレがないだろう」。

このコホートからの情報にもとづいて、プローデン報告書はイギリスの学校制度を鋭く批判した。「一部の初等教育は悲惨な状況になっている。そこからは、偏狭なものの見方、子どものニーズへの理解不足、そして子どもの多様な家庭環境への理解不足についての、多くの証拠が出てきている」。委員会の勧告の軸になっているのは、教師は子どもにとって何が最善かを考えれば最高の教育を行なえる、という考えだった。わかりきったことに思えるが、当時は必ずしもそうではなかった。勧告は、3歳過ぎの子ども全員に保育教育を行ない、貧困地区の学校に特別な支援をすることによって、階級格差の一部をなくす方法をいろいろ提案している。さらに、体罰は禁止されるべきだとも述べている。

しかし短期的には、プローデン報告書で学校が劇的に変わることはなかった。報告書を委託した保守党政権は、それが出てくるころまでに労働党政権に取って代わられており、政策の変更によって、すでに学校はだいたいプローデン勧告の方向に動いていたのだ。しかし長期的にその提案は採用されている。3—4歳の子ども全員に対する無料の保育が1998年に導入された。そして公立学校では体罰が1987年に禁止された（ただし私立学校では意外なことに、1999年までムチを使うことが許されていた）。

二つのコホートは遠目には、重要な結果を出しながら順調に進んでいるように見えたが、水面下では、研究を沈ませまいと科学者たちが必死になって脚をばたつかせていた。ダグラスは最初のコホートについて新しい情報を集めようとするたびに、さまざまな慈善団体に資金を請わなくてはならなかった。ナフィールド財団、グレート・オーモンド・ストリート病院、フォード財団、優生学協会、そして14の地域の病院理事会からの資金を勝ち取ったが、それは子どもたちが学校に入る前のことだった。運営は自転車操業だったので、ダグラスはコホートをもっと確実な財政基盤に乗せたいと考えた。学者は象牙の塔のなかで思索にふけっているという先入観は捨ててほしい。実際には、誰かがその塔の維持費を払わなくてはならないのだ。

ダグラスにとって、ハロルド・ヒムズワースとの出会いが事態を逆転させた。彼が長を務める医学研究審議会（ＭＲＣ）は、政府の研究予算を掌握している組織だ。もし政府の資金提供を望むなら、ＭＲＣがほとんど唯一の選択肢だとダグラスは知っていた。政府による資金援助は、当時はまだやや場当たり的だった。現在、イギリス政府には芸術、科学、および工学の学究環境のあらゆる側面に資金を提供する研究審議会が七つあるが、当時は医学研究審議会と農業研究審議会しかなかった。したがってダグラスが頼れる場所はひとつしかない。さいわい、ヒムズワースは彼のコホートに興味を抱き、もっと詳しい話をするためにダグラスをオフィスに招いた。「ＭＲＣにユニットをつくったほうがいいな」と、ヒムズワースは言った。

この言葉は、その砕けた雰囲気とは裏腹に、ダグラスの研究にとって重要だった。財政的な救済手段はこれで確保された。ＭＲＣの「ユニット」という地位を得た研究プロジェクトは、巨大企業に買収された不安定な新興企業のようなものだ。つまり、政府はダグラスが引退するまで、５年ごとに審査を受けることを条件として、ダグラスと彼のチームに資金を提供することに合意した。「そのときから私たちの問題、私たちの財政的問題は消えた」と、ダグラスはのちに言っている。ユニットは1962年に動きだし、ロンドン・スクール・オブ・エコノミクスの狭苦しい廊下に陣取った。資金が調達できたということは、ダグラスの研究の規模を広げることもできるということだ。単独の研究である必要はなく、チームを結成できる。貧しい子どもたちがこれほど多くの苦労を抱えている理由といった、コホートによって生まれた疑問を探るために、別の子どもの集団でスピンオフ研究を始めることだってできる（そのような研究のひとつでは、子どものIQや発達への影響と関連づけて、母親の集団がどう過ごしているかを10分ごとに24時間調べ、優しくて冷淡でないことが、研究者の一人が言う「ほかのどんなすごいこと」よりも、良好な結果と相関していることがわかった）。

テクノロジーも変わりつつあった。ダグラスがこのユニットを始めた当初は、タビュレーティングマシンはうるさい音を立て、機械計算機はカタカタ鳴っていて、研究員はその耳障りな音による頭痛のために、鎮痛剤を引き出しにしまっていた。1968年までに、環境は静かになり始めていた。その年、ロンドン大学が科学研究に利用できる先駆的なコンピューターセンターをギルドフォード通りに開き、そこには最先端のスーパーコンピューターも備えられた。ダグラスは高速データリンク——という名の、研究ユニット用自転車——を購入し、それ以降、研究員たちはペダルをこいで市内を走り抜け、輪ゴムで止めた最新のパンチカードの包みを運んだ（このころには、パンチカードはタビュレーティングマシンでは使われなくなり、コンピューターにマシン語で何を計算するかを伝えるという、第二の利用法が見つけられていた）。数年後、自転車は玄関に放置された。研究が蓄積した300万枚のパンチカードはすべて、コンピューターで読み取れる磁気テープに移されたのだ。この移行作業を、ダグラスは「とくに手間のかかる変化」と言ったが、元データの信頼できる複製を確実につくるためである。この研究は、イギリスとその子どもたちに関する20年におよぶかけがえのないデータをパンチカードに集めてきたが、バックアップされたのはこれが初めてだった。

ダグラスが新しいテクノロジーに取り組んでいたころ、ミア・ケルマー・プリングルは、1958年生まれコホートを軌道に乗せるために、全力を尽くしていた。プローデン委員会からの資金は、子どもたちが7歳のときの調査1回しかカバーしなかったので、再び調べるつもりなら、また資金を見つけなくてはならない。ケルマー・プリングルは、ダグラスと同じ決意で資金獲得に向けて動きだしたが、多少異なるキャンペーンを始めた。

ケルマー・プリングルは、資金調達のためにMRCに頼ることはできなかった。MRCはすでにダグラスのコホートにお金を出していたことに加えて、彼女の興味と経歴は教育と社会科学にあった。戦争以降、イギリスの社会科学研究者は学問としての認知と資金を求めて闘っていたが、成果は芳しくなかった。1950年代、研究に関与する保守党の政治家は、公的資金は自然科学に使われるべきだと思っていた。社会科学は「いんちきとまやかしに都合のいい場」だと言い、この分野は厳密ではなく、誰もがすでに知っていることを見せるだけだという考えを示した。しかし時がたつにつれ、この分野を支持する科学者と政治家が増え、1965年に政府は社会科学研究審議会（SSRC）を設立し、この組織が社会科学の領域に資金を分配することになった。この分野が認められたことを示す重要な出来事である。

ケルマー・プリングルにとって、SSRCはもう一度スイープを行なうための資金を頼る格好の場所だった——が、彼女が求めている資金は多額であり、審議会は彼女の申請を却下しそうだった。これではだめだ。対抗手段として、ケルマー・プリングルは審議会の議長にしつこく手紙を書くキャンペーンを展開し、最終的に議長はもう逃げられないと思うようになった。彼女は水面下でも適切な支援を確保した。当局がだめだと言うなら、知性と魅力で酔わせて、すでに親しくなっていた政治家に直訴したのだ。「役人たちは答えを出していた。ミアの望むことは何であれ、それを実行する資金はない、とね——でも、役人たちが気づいたときには、大臣が承認していた」と、ケルマー・プリングルの同僚の一人が回想している。間もなくSSRCは資金を差し出した。

これはケルマー・プリングルにとっての勝利だったが、幼いコホートの人生における重要な瞬間でもあった。なぜなら、前回のコホートとは少しちがう道を行くことになるからだ。ダグラスが自分のコホートを医学研究に位置づけていたのに対し、ケルマー・プリングルは自分のコホートを社会科学へと誘導しており、そのことがこの先、二つのコホートが進む道を決めた（1958年生まれコホートを始めた医師のバトラーは、まだこの研究に大きな存在感を示していたが、7歳の子どもたちに関する最初の本が出たとき、ケルマー・プリングルは背表紙の最初の著者名を自分にした）。

資金を手にして、科学者たちは1969年に11歳の子どもたちの調査書を発送した。しかし信じがたいことにまたもや、子どもたちはもう一度まったく最初から探し出さねばならなかった。

パトリシア・パーマーが11歳テストに落ちてから12年後、スティーヴ・クリスマスがテストに落ちた。クリスマスは1958年生まれコホートの一人で、エセックス州クラクトン＝オン＝シーに近い病院で生まれてから、彼の人生は相当さえない道筋をたどっていた。両親はカフェの経営に忙しく、学校にほとんど関心がなかった。クリスマスも同様で、彼はいつも疲れていた。父親は家族が稼いだもののほとんどを1日1本のウイスキーに無駄使いし、しかも酔っぱらって長々と話をして、子どもたちを深夜まで寝かせない。クリスマスは11歳テストを受けたとき、自分がなぜそのテストを受けているのか、よくわかっていなかった。テスト用紙を開き、いったいどうすればいいんだと思い、そして白紙で出した。

科学者が作成した1969年の質問票は、健康、学校、生活環境、知力についての一般的なことをすべて尋ねたが、少しひねりも加わっていた。子どもたち全員が30分かけて、自分が25歳になったら――1983年という想像もつかないほどの遠い将来――どんな生活を送っているか、書くように言われたのだ。科学者のもとに1万3000通の作文がもどってきた。11歳のクリスマスは、目がひとつで、短く太い腕をして、ボタンのしっかりかかったロングコートを着た自画像を描いた。これは彼がひどい家庭に閉じ込められて無力な状態なのだと解釈する人もいたが、クリスマスはただ絵が描けなかったのだと言っている。しかし彼はまじめに自分の将来の生活について作文を書いた。次の文章が彼のものである。

25才の25年生で　ぼくはガーデニングに行って　ときどきスポーツもやります。ほんとうの仕事はけいさつのじゅんさ部長です。けいさつは大変な仕事で　ひどいけがをすることもあれば　うたれて死ぬこともあります　けいさつに入るには6フィートくらいなくてはなりません　ぼくはけっこんしていて子どもが4人、年は1才と4才と7才と11才で　名前は1才のジョン　4才のろびん　7才のぼぶ　最後が11才のチャールズです。つまはぼくと同い年で、名前はジェーン。ぼくは名前を変えたのでまーく・スティーヴンソンズとジェーン・スティーヴンソンズです。うぇーるずのくれせんとのぺいびゅー61番地に

住んでいます　家にはしんしつが6つ、キッチンがあって、トイレは浴室にあります　子どもたちが大きくなったら　けいさつかんになって　パトカーをうんてんして　うまくやって　それからけいさつのじゅんさになって　ぼくみたいにけっこんして　男の子と女の子をうんで　幸せになってほしいです。ぼくの子どものうち2人は学校に行っていて、それはぼぶと　ちゃーるずです。

クリスマスは1958年生まれコホートの多くの恵まれない子どもたちとともに、数年後に出現する不平等についての画期的な研究で主役を演じることになる。

プローデン報告書で全国児童局があまり注目されなかったことに落胆していたケルマー・プリングルは、コホートで世間をあっと言わせようと考えていた。1972年、コホート研究者たちは最新の結果を『誕生から7歳まで *From Birth to Seven*』という本で公表しようとしていた。児童局には『サンデー・タイムズ』紙の上層部との知り合いがいたので、局と『サンデー・タイムズ』がある合意に達した。同紙はこの本についての独占権を得て、カラー付録で特集記事を組む。その代わり、記事のコピーをコホートの全家庭に、参加してくれたお礼として郵送する。記事は「不平等なスタート」と題され、下流階級の子どもたちは学校で後れを取っているだけではないことを明らかにした。彼らは裕福な子どもたちより身長が平均で3・3センチ低く、言語障害が6倍多く、ほぼ3分の1が歯医者に行ったことがない。最上層の階級でその割合は1パーセントである。*

＊　研究者はこの分析で子どもの父親の職業をもとに、五つの社会階級グループに分けている。大ざっぱに言って、社会階級Iの職業は医療や法律のような高度の専門的資格を必要とした。社会階級Vは単純な肉体労働者で構成されていた。

記事は1972年6月4日の日曜に掲載されることになっていた。ほかの記者たちには全員、6月5日月曜までその本についての記事を書くな、と伝えていた。しかし2日前にすべての全国紙がその禁止を破った。「この子たちはあきらめなくてはならないのか?」と、『デイリー・ミラー』紙が問いかけた。「教育大臣マーガレット・サッチャーは、肉体労働者の子どもたちが中産階級の学友よりはるかに後れを取っているという記事に、危機感を募らせるべきだ」。各紙は、それほど幼い年齢の子どもたちを隔てている生活環境、健康、および教育の大きな格差にショックを受けたのだ。

ダグラスから見れば、何もショックなことはなかった。彼はすでに、下流階級に生まれた子どもたちが成長しながら経験する、あらゆる種類の挫折を記録していた。彼より前の科学者もそれを見ていた。しかし記憶は長くもたないものだ。前に発見されたという事実があっても、科学者がそれを再び発見することはなくならないようだ。タイミングもぴったりだった。コホート調査の結果が出てきた1970年代初め、階級の議論が再び騒がしくなりつつあった。イギリス経済は衰退し、労使紛争が急増。炭鉱労働者の賃金をめぐる激しい紛争が、燃料節約のための全国的な停電を引き起こしていた。労働者階級の職に就いている多くの人々は、自分たちは苦しんでいると感じており、コホート調査の結果は、一部の人にとって人生はスタートから信じられないほど不公平である、という考えを強固にするのに一役買った。

1973年、『生まれながらの落後者?: *Born to Fail?*』というタイトルで、コホート調査結果のダイジェストを収めた薄いペーパーバックが、駅の売店で30ペニーで発売された。販売部数は8万部に達した。この本は、コホート内の16人に1人に当たる、最も貧しい子どもたちに焦点を当てていた。つまり、ひとり親または子どもが5人以上の家庭で、なおかつ窮屈な家またはトイレと給湯設備がない家に住み、い、なおかつ家賃とつけを払った残りの所得が15ポンドに満たない世帯で育った子どもである。そして、この子どもたちがどうして生まれた瞬間から苦労しがちなのか、概観した。彼らは早産で生まれるリスクが高く、施設に入るリスクが高く、病気のせいで学校を休むリスクが高く、予防接種をしない傾向がある。半数以上がベッドを共有しなくてはならず、その多くが11歳の時点でもまだおねしょをする。「恵まれない集団は、生まれる前から積み重なっている逆境に、次から次へと直面する」。この本はすべてをわかりやすい言葉で説明し、1970年代の絶望的な団地で暮らす、陰気な顔をした子どもたちの白黒写真も掲載されている。本を手にして、電車のなかで斜め読みすれば、誰しもすっかり落ち込むようなものだったのだ。

『生まれながらの落後者？』――とそれを支持する科学者たち――は、恵まれない子どものライフチャンスを摘み取る不平等の軽減を、緊急の優先事項にするべきだと主張した――そして、それは所得の再分配と住環境の大幅な改善によって実現できる、と。しかし、それが実行される望みはなかった。著者の一人であるピーター・ウェッジは、イギリス人の歴史家で社会主義者のR・H・トーニーの言葉を引用している。トーニーは1913年の講演で、こう語った。「社会悪が続くのは、私たちが正しいことを知らないからではなく、悪いことをやり続けるほうを好むからだ。社会悪を排除する力をもつ人々には意志がなく、意志のある人には、いまのところ、力がない」。

もちろん、意志と力のある人はたくさんいて、恵まれない子どもたちに対するこの注目が、人々の胸をぐさりと突き始めている兆しもあった。イギリスでは、1970年代初期には左右どちらの政治家も、保育教育の拡充を話題にしていた。全員に行き渡る保育が、すべての子どもにとっての平等なスタートを生み出すという考えだ。この件に関してすでにアメリカは先行していた。1960年代にリンドン・

B・ジョンソン大統領が導入したヘッド・スタート・プログラムは、早期教育と家庭支援によって恵まれない子どもたちの発達を推進するのが目的であり、プログラムは現在も運用されている。出生コホートは、この種の考えと活動を促進するのに役立っていた。

1972年、社会事業大臣だった保守党政治家のサー・キース・ジョセフが、貧困のサイクルに関して警鐘を鳴らす演説を行なった。貧しかった子どもが親になるとその子どもはまた貧しく、それがどんどん続いて抜け出すチャンスがほとんどないという。ケルマー・プリングルは当時ジョセフを親しい友人と考えていた——彼女は「彼を限りなく魅了した」と、児童局職員が回想している——が、今度はジョセフが自分の考えを支持するコホート調査結果に言及したのだ。演説そのものは大きな騒ぎを起こした。なぜならジョセフは、頭の悪い親や無能な親は問題児を産みすぎているので、それをやめるべきだという、優生学を感じさせる考えを示唆したからである。しかしこの演説から、貧困のサイクルが本当に存在するのかどうかを知るための研究プログラムが生まれた。そして7年後、サイクルは確かに存在するが、事態は複雑だという結論が下された。というのも、すべては「貧困」の定義と測定方法によるからだ。学歴、職業的地位、犯罪、精神障害、家庭問題は、確かに世代を超えて続くという証拠はあるが、そのサイクルを断ち切って、恵まれない環境から抜け出した個人も大勢いるという証拠もたくさんある。同様に、スタートはちがっていても、恵まれない立場に沈む場合もあることが示されている。

コホート研究者は、まさにこの考えにぶち当たっていた。ウェッジは会合で『生まれながらの落後者?』の結果を紹介するたびに、いつも同じ反論に出くわす。誰かが立ち上がって言うのだ。でも、どうしてこれが真実と言えるのでしょう? 私はこのようなひどい状況で育って、うまくやってきました。ウェッジは矛盾とも思える状況を説明しようとする。「私たちは何千人もの子どもたちを見てきて、すべてを考えると、こうなっているのです」。しかし、恵まれない環境に生まれた人の多くがもがき続けるからと言って、すべての人がその道をたどるわけではない。序章でも見たように、逆境に打ち勝つ人もいる――そして科学者たちはこの時点で、なぜそうなのかという興味深い問題を真剣に考えるようになっていた。誰が失敗し、誰が成功するのか？

コホートは彼らに解明のチャンスを与えた。彼らは恵まれない子どもたちの生涯を追って、誰が勝つかを見ることができるのだ。スティーヴ・クリスマスを例に取ろう。彼はどうなるのだろう？　この時点で、クリスマスは地元のモダンスクールに通って、補習クラスに入れられていた。5年後、彼は封筒に住所を書けないことが明らかになる。それからしばらくして、執行人が彼の家に現れ、家族の財産を持ち去った。父親が税金を払えなかったからだ。たしかにクリスマスは生まれながらの落後者のように見えるし、それが真実かどうかを、やがて彼は――彼を見守る科学者たちも――知ることになる。

ケルマー・プリングルに関するかぎり、階級にまつわるこの懸念にはプラス効果がひとつあった。この懸念によって、政治家たちはこう考えるようになったのだ――1958年生まれコホートは貴重で、1974年に子どもたちが16歳になったとき、再びスイープを実行するための資金を科学者に提供するべきだ、と。彼らが正しい決断を下したことに疑いの余地はない。1958年生まれコホートは、彼らが生まれてから20年間に行なわれたイギリスの子どもの健康や福祉に関する主要な調査すべての根拠になったのだ。そして教育分野において、現代の学校についていま議論されている問題のほとんどは、40年から50年前に彼らによってすでに提起されていた。たとえば、ダグラスが前のコホートで、グラマースクールに入るのは最初からあらゆる強みをもっている子どもである可能性が高いことを突き止め、中等教育の改革実現を促したおかげで行なわれた政策変更の効果を、1958年生まれコホートがテストすることになったのである。

第2次コホートのメンバーは、多くの教育委員会がグラマースクール制度からコンプリヘンシブ制度に切り替えている期間に、中等学校に入学している。旧制度を経験する子どもと新制度を経験する子どもも両方がいるので、どちらの制度が役に立つかを検証するための、二度とない自然実験のチャンスが生まれたのだ。これがとくに優れた実験だった理由は、子どもそれぞれが通う学校のタイプは、単純にその子どもが住んでいる地域の政策の表れだったため、子どもたちは選抜学校制度（グラマーとモダン）か総合学校制度（コンプリヘンシブ）のどちらかに、おおむねランダムに割り当てられていたことにある。コホート研究者はそれを理解して、子どもたちの学校のタイプを読解と数学の標準テストの成績と関連づけ、社会階級などの交絡因子——疑似相関や紛らわしいつながりを生むことで、正確な結果が出るのを妨げる因子——を排除しようとした。

コホート研究者がどれだけ調べても、グラマー集団とコンプリヘンシブ集団に大差は見つからず、いちばん頭の良い子どもはどちらでも同じくらい良い成績を収めているようだった。児童局は機関誌『コンサーン』の特別号に結果をまとめ、全国の地方教育委員会に数千部を配布した。その結果は、選抜教育と総合教育のどちらが優れているかについて、再発した議論に一石を投じた。

この議論が完全に消えたことはなかったが、1979年、マーガレット・サッチャーが首相に選ばれたとき、再び表面化したのだ。父親が食料品店を経営していたサッチャーは、地元のグラマースクールに通い、そこからオックスフォード大学に入った。彼女が首相として初めて通した法律は、11歳テストによる選抜教育を拡充するためのものだった。しかし地方自治体のなかには、選抜教育制度にもどることに強く反対するところもあり、この問題は政党の方針によって二極化していた。コホートの報告書がどちらか一方の制度のほうが良いとする証拠があまりないことを示唆したとき、児童局は非難を浴びた——政治的偏見があってデータを改竄したのだ、と。結果を議論するラジオ番組で、あるコホート研究者はいつの間にか赤コーナーの人間、つまり左寄りのコンプリヘンシブ支持者として紹介され、青コーナーのグラマースクール擁護者と対決させられていた。しかし研究者たちはデータに自信をもっていた。「私たちには統計学者全員が味方についていた」と一人が回想している。

グラマースクール問題は消えなかった。そして以降、コホート研究者は何度もそれに取り組み、その手法もいっそう精緻なものになっている。多くの科学者は、学校のタイプによる差はあっても小さく、どちらがより良い教育を行なっているかの答えは、子どもの能力、その社会的背景、そして彼らの居住区にある学校の質によって決まると考えている。

1958年生まれコホートは、教育制度に関するほかの数多くの問題に取り組んだ。学校のクラスの人数が多いことの影響はどうだろう？　コホート研究者は1970年代に検討し、少人数クラスの7歳児の成績は大人数クラスの子どもと同じだったことを発見した（当時、「少人数」クラスは30人以下で、「大人数」クラスは40人以上だったが、現在のクラスは30人を超えることはめったにない）。この結果に、当時クラスの人数を減らすことを強く推進していた教師は激怒し、クラスの人数と生徒の成績の関係はいまなお議論されている。

子どもたちに読み方を教える最善の方法は何か？　要素の発音から単語をつくっていくフォニックス学習法で読み方を習った7歳児のほうが、そうでない子どもより読み方の進歩が速い傾向があることをコホートは示したが、最終的に科学者は、とくに重要なのは手法に対する教師の自信、そして教師と生徒の関係であると結論づけた。

私立学校のほうが公立学校より良いのか？　この疑問に関しては、社会階級の影響を排除するのがとくに難しかったが、私立学校のメリットはあってもごくわずかだった。「測定された成績の優位が、両親に課せられる追加費用の妥当性を説明するかどうかは疑わしい」と研究チームは書いている。

昔からある同じ疑問が、洗濯機のなかの衣類のように、ぐるぐる回っているように思えることもある。どの世代も自分たちなりに重要で複雑な問題と対決し、単純な答えはないのだと気づくのだが、それでもその複雑な問題に切り込むのにコホート研究が欠かせないツールになっている。何十年も前に始まったコホート研究が、ここでいま、情報にもとづく選択（インフォームド・チョイス）に到達しようとしている政策立案者に、いくつか最善の証拠を提示することもある。


子どもたちのライフチャンスは、当然のことながら通う学校のタイプのほかにも、さまざまな要因に左右される。たとえば１９６０年代にダグラスは、きちんとした育児が子どもの学業の進歩にとって非常に重要そうであることを突き止め、貧困や社会階級によってもたらされる不利な条件の一部を、親の関心で埋め合わせられることも明らかにした。つまり、家庭も学校と同じくらい重要だったのだ。そのため１９５８年生まれコホートの研究者が、離婚率の上昇をふまえて、家族の崩壊が研究対象者に与える影響を検討するようになったのも意外ではない。

１９４６年生まれコホートで、６歳になるまでに両親の別居または離婚を経験した子どもはわずか３パーセントだったのに対し、１９５８年生まれコホートでは、同じ年齢までに両親の別れを経験した子どもは８パーセントだった。60年代の白黒テレビのコマーシャルは、大黒柱の父親に満ち足りた専業主婦の妻、そしてバラ色の頬をした子どもたちを描いている。しかし実情はそれほどバラ色ではなかった。1969年の議会制定法によって、イギリスでは離婚申し立てがかなり容易になり、離婚率は急上昇する。離婚率の上昇はすぐに注目の政治的話題になった。伝統的な家族のモデルが打ち砕かれ、ひとり親が貧窮し、子どもたちが傷ついていることが懸念された。

その結果、政府が「ひとり親家庭に関するファイナー委員会」と呼ばれる会を招集し、この重要な人口統計的変化の影響を検討することになる。委員会が1969年に証拠を集め始めようとしたとき、全国児童局のエルサ・フェリという若い女性が協力を申し出た。第2次コホートの子どもたちは、かなりの数の離婚を初めて経験した世代であり、研究はこのことがどんな影響をおよぼすかを知るチャンスになる。フェリはコホートからひとり親家庭*に関するデータを探し、そのうちの何人かの面談におもむき、彼らの人生が実際にどんなふうかを知ろうとした。

すぐに明らかになったのは、両親がそばにいないことが、長く影響を与え続けることだった。この子どもたちは両親がいる家庭の子どもたちより、学校の成績が悪く、行動障害に苦しむリスクが高い（かなりあとになって、これらの影響がどれだけ長期的かを研究が明らかにした。離婚した親の子どもたちは大人になって、失業する、稼ぎが少ない、精神障害をわずらう、病気になる、酒を飲みすぎる、自分の人間関係も崩壊する、といった傾向が強い。それどころか一部の尺度によると、離婚は親の死よりも悪影響が大きいようだ）。しかし例によって全体像は複雑である。なぜなら、ひとり親の子どもは社会階級が低く、金銭的に貧しく、小さくて汚い家に住み、ほかのさまざまな不利な境遇に苦しむ傾向がある――つまり、たくさんの交絡因子

＊　彼女が調べた家庭のうち、54パーセントが別居または離婚によるひとり親と考えられることをフェリは知った。死亡によるひとり親の3分の1をはるかに上回る。残りは子どもが未婚の母に生まれたから、ひとり親家庭に分類されるものだった。

が邪魔をしているのだ。研究者はそれを取り除いて、ひとり親であることそのものが子どもの問題と関係しているのか、それとも取り除いたほかの要因が本当は重要なのか、正確に示したかった。そして実際にフェリがそうしたとき、もっと微妙な全体像が現れた。たしかにひとり親であることは子どもにとっての困難と関連がある――が、その関連の多くは、付随する貧困と不利な境遇によって説明できるのだ。フェリはこの調査結果に興奮した。つまり、子どもたちを助けるためのカギは、彼らを貧困から救い出すことにあるのであって、離婚の流れを止めることにあるとは限らないのだ。彼女は調査結果について話すために保健社会保障省に呼ばれた。事務次官のひとつ下の高級官僚とのハイレベルな会合だった。「オーケー、きみの調査結果は読んだ」と彼は言った。「それで、最も重要な政策的意味は何だと思うかね?」

「ええ、政策刷新の主要分野が貧困であることは明白です」と、フェリは答えた。

事務次官のひとつ下の官僚の目がどんより曇った。「ああ、まあ、もちろんそのことはすべて知っているよ。しかし、それが実現しないとしたら、きみは何を勧めるかな?」

フェリはがっかりした。以前のダグラスと同じように、政策立案者にとって研究は好きなように利用できるものなのだと気づいたのだ。それでも、1974年にひとり親家庭委員会が最終的に提出した報告書は、ひとり親はたいがいお金に困っていることを認め、政府から特別な財政支援を受けるべきだと勧告した。その勧告は採用されなかった。

1958年生まれコホートはこの問題に挑み続け、とくにある研究は、子どもたちを生涯研究することの価値を明らかにした。長年、離婚した親の子どもたちが挫折するのは、離婚そのものとそのあと起こることのせいだと推測されていた。しかし科学者たちはコホートのデータを利用して、離婚が起こる前の子どもたちを調べることができた。そして、両親が最終的に別れるずっと前から、家庭で起こっていることはすべて子どもの学業成績や行動に影響していることを明らかにした。さらに研究者は、異なる時期に生まれたコホートを比較して、離婚の頻度増加によって、学業成績を尺度とする子どものライフチャンスに対する離婚の影響が小さくなっているかどうか、検討することもできた。小さくなっていない、が結果だった。

二つの出生コホート研究が順調に進行していたので、1966年2月、科学者と医師は三つめのコホート研究の可能性を話し合うために会合を開いた。この考えを誰もが支持したわけではない。二つあるなら、本当に三つ必要なのか？　たとえば、出産の決まりきったプロセスについて、これ以上何を学べるのかと考える産科医もいた。「イギリスの産科医が甘受している自己批判的分析に匹敵するものは、ほとんどどこの国にもない」と、うんざりした産科医の一人が書いている。そして家庭医はいまだに、1958年の調査から受けた予期せぬ影響に憤慨していた。出産を家庭医に任せるのは安全でないことを調査が示唆している、と解釈した人もいたのだ。

しかし考えを擁護する人もいて、バトラーも根気よく支持し続けた。最初の会合の前、彼は第3回出生調査を実行するべき理由の全リストを用意し、主要な理由のひとつとして、周産期死亡率がいまだに大きな懸念であることを挙げた。1958年の調査はその率を下げるのに一役買ったが、みんなが満足するほど急減していないので、もう一度調査すれば原因が明らかになるかもしれない。前回調査で病院に行っていなかった高リスクの母親――下流階級の人など――が、いまはちゃんとしたケアを受けているのかどうか、バトラーは知りたかった。コンピューターのおかげで、分析ははるかに容易になりそうだ。バトラーとしては、前回のように数年後に復活させる苦労がないように、最初からコホート研究として計画しようとも決意していた。彼の論法はこうだ。すでに二つの出生コホートがあるなら、なぜ三つにしないのか？

会合では、バトラーの主張が全員を納得させたようだった。「価値がないと思う人はいますか？」と、議長が出席者に訊いた。誰も声を上げず、第3次コホート研究の準備はすぐに始められた。調査は1970年4月5日—11日の週、すなわち1958年調査の12年後に行なわれることになった。第1次と第2次の間隔が12年だったのと同じだ。ロマ・チェンバレンという科学者が、産科医のジェフリー・チェンバレン（ロマと夫婦だと広く思われていたが、そうではない）とともに、指揮役として雇われた。

この調査のほうが容易だったとは主張しにくいだろう。だが、時の流れと変化する科学の様相のおかげで、調査は確実だった。1946年の調査を指揮したのは、基本的に人口調査委員会というひとつの組織だけだった。ところが1970年の調査には、23の慈善団体、行政部門、および専門機関が関与しており、そのすべてがテーブルにすわりたがった。それどころか、テーブルも一つでは全然足りない。実際、この調査で問うべき疑問（どんなブランドのピルが使われたのか？ 16種類の痛み止めのうち、どれが投与されたのか？）を考案するために四つ、その管理方法に取り組むために一つ、別々の作業部会がつくられた。

しかしこの第3次調査の最大の問題はコストだった。追加の人員、官僚的手順、そして高度なコンピューターのせいで、費用はどんどんかさんでいく。*調査の週が近づいてもまだ事務局には銀行預金がなかったし、運もあまり味方してくれなかった。質問票が印刷機から出てくる日、暴風雪で国が麻痺した。用紙の最初の一束は、初めて調査対象に入った北アイルランドに送られるはずだったが、埠頭で紛失してしまったため、代わりを飛行機で発送しなくてはならなかった。** さらに郵便局が調査中にストライキを行なったため、記入済みの質問票がロンドンに届くのに2週間かかった。

しかし、このような逆境にもかかわらず、科学者たちは再びうまくやり遂げた。調査で1万7196人の赤ん坊に接触している。すばらしいことに、子づくりサイクルが一周して、1946年生まれコホートの一員である24歳の母親から生まれた赤ん坊もいた。1946年と同じで1970年にも赤ん坊の話はみんなに受けたので、新聞は喜んで調査について報道し、4月のその週には新生児の写真がいたるところで見られた。「コンピューターが1万5000人の誕生を探る」と『ザ・サン』紙が驚嘆している。

2年後にコンピューターが仕事を終えたとき、二人のチェンバレンは結果を明らかにした。ただし、キッチンテーブル事件から学んでいたので、記者会見ではなく『1970年のイギリス人の出生 *British Births 1970*』という医学書で発表した。前の2回の調査の余波は、数字に明らかに示されている。66パーセントの女性が病院で出産し、26パーセントの女性が陣痛を誘発され、ほとんどの女性がなんらかの痛み止めを受け、周産期死亡率は下がった。あまり変化していない状況もある。調査によると、自宅出産より病院出産のほうが周産期死亡率は高く、それについて、高リスク出産が病院に集中しているから

＊　このとき全国誕生日信託基金は、ジェフリー・アーチャーという若者を事務局長として、調査の資金調達に十分な募金を集める目的で雇った。アーチャーには壮大な計画があり、そのひとつは「イギリス100万人の母たち」というキャンペーンの立ち上げだった。新しく母親になった人全員が出産後すぐ、基金に1ポンド「感謝寄付」をしましょうと提案するカードを受け取る。彼は運営委員会に、これは「すてきな脅し文句」であり、10年後にはお金について心配する必要がなくなるので、このような会合でお金は禁句になるだろう、と打ち明けた。その直後、出生調査がまだ資金不足でお手上げだったとき、アーチャーはもっと大きなことを追い求めて去った。

＊＊　北アイルランドの出生はこの調査に含まれたが、そのあと追跡されなかった。

だと、再び言い逃れをする医師もいた。

そして階級のこととなると、まったく何も変わっていなかった。下流階級に生まれた赤ん坊のほうが恵まれた赤ん坊よりも、相かわらず死亡するリスクがはるかに高い。科学者たちが本に書いているように、それは希望のない発見だった。「社会階級の格差は縮小ではなく拡大しているという説をすべてが支持しており、否定するものは何もない」。

3　病めるときも健やかなるときも

コホートと疫学

1959年の土曜の朝、フィリップ・チータムの家の中はいつになくバタバタしていた。母親にベッドから出るなと言われたが、階下で人々が行き来しているのが聞こえてくる。みんなの声がとても心配そうだ。しかし父親の声は聞こえない。それがなぜか、彼は子どもなりの直感ですぐにわかった。父親は死んで、その騒ぎは葬儀屋が来たときに見苦しくないよう、母親と近所の人たちが遺体を整えているからだった。

チータムの人生は、1946年生まれの子どもたちに関するジェームズ・ダグラスの記録の中で、すでに1冊の分厚いファイルを占めていた。実際、そもそも彼に人生があることさえ、ちょっとした驚きである。というのも、彼の母親が身ごもった最初の2人は死産だったし、彼の妊娠もかなり大変だった。3月6日に4200グラムの大きさで赤ん坊のフィリップが生まれたのは自宅でのことで、母親は大出血して命を落としかけた。

ランカシャー州クロストンにある一家の長屋には、寝室が三つあった。一部屋は彼の祖父母、もう一部屋は両親、そして三部屋めを彼が使っていた。トイレは穴のあいた木の厚い板で、庭を60メートル行ったところの掘立小屋の中だった――少なくとも祖父母が亡くなるまでは。その後、チータムの寝室は屋内トイレに改装され、彼は祖父母が使っていた部屋に移った。チータムの記憶では子どものころは不自由なく暮らしていたが、コホートのファイルによると彼は確かに労働者階級だった。母親は地元の紡績工場で職工として働き、父親は線路の保全をしていた。けれども父親の命を奪った心臓病は、なんの前触れもなく襲ってきた。

チータムは頭が良かったが、それだけでは11歳テストをくぐり抜けることはできなかった。家庭のさまざまな問題に加えて、地元の学校は彼のテストの年に教師が6人も入れ替わるような状態だった（数年後、ジェームズ・ダグラスとコホート研究が明らかにした「才能の浪費」――頭の良い労働者階級の子どもがグラマースクールに入学できないこと――について読んだとき、チータムはまさに自分のことだと思った）。しかしチータムの経歴は、不断の野心と親の関心で逆境に打ち勝てることを物語っている。母親は彼を良いモダンスクールに転校させ、そこで彼は金属加工と製図の技を磨いた。16歳のときに地元で徒弟奉公を始め、親方に目をかけてもらった。その後、さらに上の試験を受けるための勉強に必要な奨学金を勝ち取る。そして航空機の設計、コンピューター、そしてエンジニア向け専門ソフトウェアの分野でキャリアを築いた。確かに、チータムは労働者階級に生まれたことの不利な境遇を克服したように見える。

しかし、彼が断ち切れなかった過去とのかかわりもあって、それは健康に関係していた。遺伝的に心臓血管疾患にかかりやすかった可能性があるのだ。そして、この事実を彼に警告したのがコホート研究だった。コホート研究者が受けさせた医学的検査をチータムはだいたい通っていたが、２０１０年、64

歳のときに危険信号が発せられた。コレステロール値が心配なほど高かったのだ。彼はそれを下げるためのスタチン薬を服用するようになった。

しかし遅きに失した。2011年のある日、彼は深夜に目覚めて、何かがおかしいと感じた。顔の左側に痛みがあり、水を飲もうとしても飲み込めない。1時間としないうちに救急車で地元の病院に運ばれ、そこで医師が彼の鼻と喉に内視鏡を押し込んだ。「いい知らせがありますよ」と医師は言った。「がんではありません」。しかしチータムは急速に話す能力を失いつつあった――そして言いたいことを書こうとしても、走り書きがまっすぐにならない。そしてほどなく、脳卒中を起こしたのだと診断された。

偏った食事や不健康な生活習慣が病気を引き起こしたのではないと、チータムは思っていた。医師の話によると、たとえレタスを常食としていたとしても、彼のコレステロール値は下がらなかったという。それは遺伝的な問題である可能性が高く、生まれてこのかたずっと社会経済的に痛めつけられてきたことで悪化したのだ。そのすべてが、コホート研究を行なっている科学者によって注意深くメモされてきた。あとでわかったように、5362人についての医療記録は本当にとても貴重で有用なものだからだ。

第1次および第2次のイギリス出生コホートを、学校をとおして追跡しているあいだもずっと、科学者は彼らの健康のことも忘れていなかった。ダグラスは学校医と養護教諭に、子どもたちを定期的に検査するよう熱心に頼んでいただけでなく、母親にも子どもの健康について尋ねていた（この子は気管支炎、気管支肺炎、または肺炎にかかったことがありますか？　この子は耳から膿を出したことがありますか？　この1年間で何回、鼻をすすったり鼻水を出したりしましたか？　この子は、旅行中に／興奮すると／食べすぎると／その他のときに　吐き気を催しますか、それともあまり吐き気を催しませんか？）。そしてすぐに、この情報すべてに実際的な用途が見つかった。

ダグラス・ベビーが6歳半だった1952年の12月、ごくふつうの金曜日、ロンドンはみずから発した有毒な濃霧で窒息死しそうだった。この町で大気汚染はけっして珍しくはなく、工場から無制限に吐き出されたものがたまっては、たびたび不快なスモッグになっていた。しかしその日はちがっていた。ひどく寒くて、誰もが石炭の火をかき立てたため、煙突からもくもくと煙が吐き出された。それと同時に、気象配置がその煙をとらえて、工場からの有害な排ガスだけでなく、たまたま大陸から吹き寄せていた汚れた空気とも、混ぜ合わせることになった。霧が発生し始め、そして濃くなり、凝結した。すぐに通行人は自分の足元さえ見えなくなった。

霧で人の口の中が酸っぱくなり、鼻の中は黒いちりで覆われる。ちりはそこから、誰かれかまわず、肺に入り込む。その週末から4日間、市民が吸い込まされた浮遊物は、もし魔女がぐつぐつ煮立てたとしても、これほどのシチューはできないほど有毒だった。のちに科学者は、1日分のスモッグに約800トンの硫酸と1000トンの煙粒子が含まれていたことを明らかにした。1トンは1952年に流行っていたフォルクスワーゲンのビートル1台の重さにおおよそ匹敵する。したがって、ざっとビートル800台分の硫酸が漂い、吸い込まれていたということになる。

4日後にロンドンの霧が晴れるまでに、甚大な被害がもたらされた。スミスフィールドの農業展覧会では、賞を取った牛が何頭か窒息死した。もっと深刻なのは、1万2000人あまりがその霧で死亡し、さらに大勢が呼吸困難に陥ったとされていることだ。現在、史上最悪の大気汚染事象とされているこの「ロンドン濃霧」で、誰もがイギリスの深刻な大気汚染問題に目覚めた。この問題は産業の発展と相前後して、収まることなく悪化し続けていたのだ。これを止めなくてはならない。この濃霧のこともあって、4年後、政治家は1956年大気汚染防止法を可決した。一部の町と都市で、煙の出ない燃料の使用を強制する法律だ。この法律は非常に効果的で、排煙は急速に減り、ロンドンは――信じられないかもしれないが――実際に太陽がよく照る場所になった。法律制定後、冬の日照時間が50パーセント以上増えたのだ。

ロンドン濃霧は科学者にも刺激を与えた。大気汚染の影響を医学的に研究する動きに弾みがついた。疑問のひとつは長期的影響である。ロンドン濃霧は、大気汚染の急増で人が死ぬおそれもあることを明らかにした――が、町や都市に住んでいる大勢の人々のように、もっと低レベルの汚染空気を来る日も来る日も、来る年も来る年も、吸ったり吐いたりしたらどうなるのだろう？　それでも健康の問題が起こるのか？　もし起こるなら、もっときれいな空気のところに逃げれば、その問題は収まるのか？　これは重要な疑問だ。なにしろ結核、気管支炎、肺炎、喘息などの呼吸器疾患がはびこっている。

ダグラスには、この問題を探るための独自の方法があった。1946年生まれコホートの数千人の子どもたちは、生まれてから10年間、大気汚染防止法が制定されるまでの汚染された空気を吸って生活しており、ダグラスはすでに彼らの呼吸器の健康について注意深く記録していた。成長するあいだに、咳、風邪、鼻水、扁桃炎、気管支炎、肺炎に何度かかったか。あと必要なのは、各自がどれだけの汚染にさらされてきたかの尺度だけだ。

ダグラスはこれをかなり独創的な方法で見つけた。燃料がまだ配給されていた時代、分配した石炭の量を記録していた地方燃料監督委員会の古い記録を集めたのだ。彼はその記録を使って国中の全地域を、汚染度が非常に低い（一般的には農村地域）から高い（町や都市の人口密度が高い地区）まで、四つに分類した。そしてコホートの子どもたちの住所から自宅地域の汚染度を割り出し、15歳までの健康記録と照らし合わせた。地域が2689、コホートの子どもが数千人、そして15年分の健康データがあったことを考えると、この研究が非常に複雑だったことがわかる――が、ダグラスはもっと複雑なものを望んだかもしれない。子どもが汚染度の高い地域から汚染度の低い地域にある学校まで通うことの影響を考慮する方法はないと、ダグラスにはわかっていた。そして分析を管理可能にするために、研究中に汚染度の異なる地域に引っ越した子どもは対象からはずした。それでも、それが彼にできる最善であり、1966年に彼が結果を公表したとき明らかになったパターンは、新たに澄み渡ったロンドンの空と同じくらいくっきりしていた。

最も汚染度の高い地域で育っている子どもは、咳をしたり、気管支炎や肺炎のような下気道の感染症にかかったりするリスクがかなり高いことを、ダグラスは突き止めた。さらに、学校を病気で休むリスクも高いし、感染症の兆候である「耳からの膿」が出るリスクもやや高い。汚染された地域に住んでいるのであれば、労働者階級の子どもも中産階級の子どもも同じように病気にかかっている。お金持ちでも空気をきれいにする方法はないのだ。結果にはいわゆる量‐反応勾配が見られる。つまり、さらされる汚染が強ければ強いほど、子どもたちはたくさんの健康被害に苦しんでいる。そして何より驚きだったのは、汚染は法律のおかげで子どもたちが10歳のときより激減したにもかかわらず、肺の障害は少なくとも15歳まで続いていることだ。このことから、幼少期に汚染にさらされると、ダメージが長期的に続くようなかたちで、肺に害がおよぶことがわかる。いまとなっては当然に思える結果だが、調査が行なわれる前にはそうではなかった。子どもはひどく未熟な肺で生まれてくること、そしてその肺は生まれてからの2、3年で信じられないような成長と再編成をとげるので汚染に非常に弱いことは、いまの私たちには周知のことだ。その成長が妨げられると、完全には回復しないおそれがある。このこともあって、大気汚染への暴露は公衆衛生上の最も大きな脅威のひとつと考えられている。

汚染の研究によって、子どもたちを長年にわたって追跡することの価値が再び実証された。どういう学校に進むかを明らかにするだけでなく、健康の変化を観察するためにも貴重だったのである。そして、このときの科学者には、大規模なコホート研究が乳幼児や小児の健康を理解するのに役立つことを説得する必要はなくなっていた。出生コホートはイギリスだけで成長していたのではない。世界中で次々とさまざまな出生コホートが生まれていた。１９５９年にアメリカの科学者が５万５０００人の妊婦に関する情報を集め、その子どもたちを追跡し始めたものが最大だった。これは共同周産期プロジェクトと呼ばれる取り組みであり、その目的は、妊娠中および幼少期の要因が、脳性麻痺のような脳と神経の障害にどう関与するかを探ることだった。同じ年、小児保健発育研究という関連の取り組みも始まった。胎児期と小児期の健康に対する影響を幅広く研究するために、カリフォルニアで最終的に２万人を超す妊婦を集めた。デンマークとフィンランドには数千人の出生を調べる周産期プロジェクトがあり、もっと小規模なものはニューカッスル、アバディーン、その他の場所で生まれていた。実際、たくさんのコホートがあった――ただしこのあと見ていくように、続かなかったものもある。ダグラスやバトラーのように、科学者と医師はコホート研究が人間の健康について知る興味深い機会になることを、すでに認識していた。そして疫学分野におけるその地位は、揺るぎないものになっていた。

ダグラスのコホートが誕生して子ども時代を過ごすあいだに、疫学は変革を起こしていた。１８００年代末から１９００年代初めにかけて、この分野が関心をもつのは感染性疾患にほぼ限られていた。なぜなら、それが人々の命を奪っていたからだ。コレラ、結核、はしか、腸チフス、ジフテリア――感染症のリストは延々と続く。これらの致命的な病の流行（エピデミック）が、疫学（エピデミオロジー）という名称の由来であり、もとはギリシャ語のエピ（「〜の上に」あるいは「〜の間に」）とデモス（「人々」）である。

しかしやがて疫学は、綿密に計画された科学的調査によって、これらの疾患を克服し始めた。1854年、ジョン・スノウという医師――妙な話だが、第1章で紹介したヴィクトリア女王の陣痛を緩和したのと同じ医師――が、疫学史上、大きな意味をもつことになる研究を行なった。なぜ人々は、ロンドンのソーホー地区で猛威を振るっているコレラの大流行で死亡しているのか、その理由を調査したのだ。スノウは現場に出て、病気にかかった世帯を訪ね、その場所を地図に示し、最終的に発生源をたどってブロード通りの送水ポンプに行き着いた。犠牲者はそこから飲料水を引いていて、その水が下水で汚染されているようだ。病気のパターンを慎重に分析すれば、その原因を突き止められることを示したので、スノウは疫学の祖とされている――たとえその原因を見つけるのに、さらに20年ほどかかったにしても。原因はコレラ菌と呼ばれる細菌であり、患者の糞便に排出されて、その細菌に汚染された水を飲むと、新たな犠牲者が感染する。それから20、30年のあいだに、科学者はほかの感染性疾患の原因となる極小の細菌とウイルスも突き止め、ほどなくそれらの微生物をやっつけて追い出した。下水道の改善ときれいな水の供給が細菌とウイルスの広がりを止め、結核、ポリオ、百日咳のワクチンが開発され、1940年代にはペニシリンを皮切りに、いくつかの抗生物質が感染症治療のために利用できるようになった。これら一連の活動が大成功を収めたため、第二次世界大戦が始まるまでに、イギリスでは多くの医師が疫学への関心を失っていた。

ところが医療の世界では、ひとつの問題を応急処置すると、別の問題が出てくることがある。絶大な影響力をもつ医学統計学者のウィリアム・ファーが、19世紀半ばに死因の分類を体系化していたが、20、30年後、その死亡者数がとくに不気味なグラフになりつつあった。１９２０年代以降、先進工業国の医師たちは心臓病とがんで亡くなる人の数が、脳卒中、糖尿病、そして慢性肺疾患で亡くなる人の数とともに、急増していることに気づいた。第二次世界大戦が始まって終わるまでに、そのような慢性疾患が感染性疾患に代わって、現代の疫病になったのだと言う人もいた。突如、疫学は非常に重大な新しい問題を抱えることになった。疫学は新たな研究時代へと突入し、そこでコホート研究がスポットライトを浴びることになる。

最も有名な例は肺がんの話にある。肺がんは70年前、とくに急激に増えていた。１９２０年のイギリス人男性のがんによる死者のうち、肺がんは１・５パーセントだったのに、それが１９４７年までに20パーセント近くまで急上昇し、その勢いが衰える兆しはなかった。この上昇が喫煙の増加とつながって起こっていたことは、いまなら容易にわかる。１９００年には、アメリカの成人１人が吸うタバコの数は年平均50本だったのが、１９６５年までに４２００本まで増えている。男性の約半分、女性の３分の１が喫煙していた。イギリスでは、１９４８年までに男性の80パーセントが喫煙していた。しかし喫煙が信じられないほど広まったというまさにその事実のせいで、喫煙が肺がんの原因になりうるとは考えにくかった。なぜなら、タバコを吸う人は大勢いるのに、病気になるのはごく一部だけだからである。喫煙が問題の原因だと示唆する報告書は１９２０年代からあったが、国際的にはしかるべき関心を集めなかった。その多くはナチ時代前と最中のドイツから発信され、ドイツ語で書かれていたため、世界のほかの地域では見逃されていたのだ。

イギリスでは医学研究審議会（ＭＲＣ）が、独自に肺がんの原因調査を始めることを決定し、オースティン・ブラッドフォード・ヒル*という一流の統計学者に助けを求め、ヒルはリチャード・ドールという医学研究者に協力を求めた。それから二人の科学者が行なった研究は、疫学のランドマークとなった。ドールとヒルはまず、症例対照研究と呼ばれるタイプの疫学調査を始めた。ロンドンのあちこちの病院で肺がん患者、つまり症例を探し、彼らを「対照」、つまりほかの病気で病院にいる人々の集団と比較したのだ。そのあと調査対象者に過去の喫煙習慣について尋ね、年齢、階級、ほかの汚染物質への暴露など、交絡因子を排除しようとした。1950年に結果をまとめ上げるころには、肺がんを患っている人はこの病気を免れた人より、喫煙者である可能性がはるかに高いことがはっきりした。

当時、同じように肺がんと喫煙の関連を見いだす研究が次々と現れた。しかし、この研究をこき下ろす意欲満々の科学者もいた。これほど人気があって楽しい喫煙の習慣が死を招くおそれがあるなどという考えに、賛成する人はそういなかった。とくにタバコ産業は喫煙を強固に擁護した。それは別として、喫煙と肺がんの関連を疑問視するもっともな科学的理由もあった。

その第一は、疫学研究のとりわけ悩ましい問題と関係している。すなわち、相関と因果の区別である。喫煙と肺がんに相関性があるからというだけでは、喫煙が肺がんの原因になるとはかぎらない。問題を説明する方法のひとつとして、電灯のスイッチと電球がある部屋を想像してほしい。あなたがスイッチを動かして電球が点灯したら、スイッチが原因だと思って差し支えないかもしれない。しかし、もしスイッチを動かして電球が点灯するのがときどきだけだったら？　さらに、スイッチを動かしてから数年後、あるいは数十年後に電球が点灯する場合は？　喫煙とがんの場合がそれである。大勢の人が喫煙する――スイッチを動かす――が、そのうち肺がんになるのは一部だけで、しかも喫煙を始めてから何年もあとのことが多い。さらにややこしいことに、喫煙したことがないのに肺がんになる人もいる。電球がひとりでに点灯するのだ。そのため、スイッチが実際に電球を操作しているのかどうか、見抜くのが非常に難しい。だからこそ1950年代の科学者たちは、喫煙と肺がんのつながりに関して、ほかの説明をなかなか排除しなかったのだ。肺がんになると、人はどういうわけかタバコに手を伸ばすのかもしれない。あるいは、全然ちがう何かが人に喫煙させ、なおかつ肺がんのリスクを高めるのかもしれない。

喫煙と肺がんの関連に対する第二の大きな反論は、ドールとヒルはじめ多くの科学者が使った手法に端を発している。症例対照研究は誤る危険性をともなうのだ。というのも、病気の診断が実際に人の振る舞い方に影響しないとも限らない。自分は肺がんだと知った患者は、何かのせいにしたいと思い、自分が吸っていたタバコの量を実際より多く見積もるかもしれない。あるいは医師が喫煙習慣について、がん患者には対照集団より厳格に問いただす可能性もある。このような歪曲が研究にバイアスをかけて、がん患者は実際より頻繁に喫煙するのだと示唆しているのかもしれない。

懐疑的な見方の広がりを受けて、ドールとヒルはもっと良いアプローチが必要だと確信した。喫煙とがんの関係をとらえる最も説得力のある方法は、喫煙習慣があるとわかっている大人数の集団を特定してから、彼らを追跡し、喫煙者のほうが非喫煙者よりがんになることが多いか、そして大量のたばこを吸う人のほうが少ししか吸わない人よりがんになることが多いかを、明らかにすることだった。つまり、成人コホート研究を計画する必要があった——ただし、当時はそう呼んではいなかった。彼らはそれを「プロスペクティブ（前向き）」研究と呼び、そのアイデアが内科学では非常に新しかったため、ドールとヒルはのちに研究成果を発表したとき、オックスフォード英語辞典による言葉の定義を脚注として載

＊　当時はみんながみんなを知っていた。ジェームズ・ダグラスは戦時中、ソリー・ズッカーマンの科学研究部門でブラッドフォード・ヒルとともに働いていた。

せたほどだ（「将来に目を向けることを特徴とする」）。考え方は単純だと彼らも認めているが、そのような研究には時間も費用もかかるので、これまで実行に移されたことがなかった。しかしこれほど多くの命が危険にさらされているとわかったいま、この取り組みは価値があると考えられる。そのうえ費用は政府がまかなう。喫煙プロスペクティブ研究のためには、医師が適した集団になるかもしれない、とヒルは提案した。科学研究への参加に興味があるだろうし、仕事をするためには医師名簿に名前を載せておかなくてはならないので追跡しやすい。そしてもちろん、ほかのみんなと同じくらいタバコを吸っている。

1951年10月31日、ドールとヒルはコホート研究の手始めに、名簿にある5万9600人のイギリス人医師に質問票を送った。質問は紙の片面だけで、回答者は現在喫煙しているか、または過去にしていたか、もし喫煙しているなら、どれだけの量を、どれだけの期間吸っているか、尋ねるだけである（ヒルは短い質問票にこだわる人で、科学者はどんなものでも質問票に入れる前に、それが本当に入れる必要がある質問かどうか、あらためて五つのことを問うべきだと言っている）。この作戦はうまくいった。4万1024人から返答があり、封筒を開けて回答をパンチカードに打つだけで約1年かかった。さらに研究者は戸籍庁（かつてファーが働いていた組織で、出生と死亡に関する統計をとる）に、職業が医師となっているすべての人の死亡診断書の写しを提供するように求めた。あとはただ人々が死亡するのを待つだけだ。

2年3カ月近くたつと、36人が肺がんで死亡していた。* がんの症例はすべて喫煙していた医師で生じている。しかしドールとヒルは、喫煙は肺がんと相関しているだけでなく、その原因であると主張するために、さらに努力した。そして肺がんリスクは本人が吸うタバコの量とともに着実に上がることを示した。同じ1954年、19万人近いアメリカ人男性を対象とする別の大規模コホート研究の結果も出た。

この研究はドールとヒルの研究と同じころに開始されていて、喫煙と肺がんの関連を反証することが明白な目的だった。ところが、関連があることが説得力をもって証明されたのだ。

これらのコホート研究が発表されたあとも、喫煙とがんの関連に対する強い抵抗があったが、ゆっくりと、ごくゆっくりと、ドミノが倒れ始めた。1957年、MRCはタバコが肺がんの原因として最も可能性が高いという明確な声明を出し、アメリカの公衆衛生局長官がそれに公然と賛同した。二つのコホート研究は現在、疫学の歴史を画したとされている。喫煙とがんのつながりを確かなものにして、タバコが公衆衛生の地下牢に投げ込まれるプロセスを勢いづけたからだ。「イギリス人医師研究」と呼ばれるようになったコホート研究を始めてから5年後、ドールとヒルは喫煙が心臓病、慢性肺疾患、消化性潰瘍、そして結核とも関係しているという結果を発表することができた。研究が始まって40年後には、30の死因との関連が実証されている。ヒルはこの研究に取り組んだおかげで、特定の因子（たとえば喫煙）と結果（肺がんのような病気）の因果関係を証明するのに必要な証拠の種類について、もっと一般的に考えるようになった。1965年に発表された彼の結論は、「ブラッドフォード・ヒルの因果関係判定基準」と呼ばれるようになり、今日も疫学で広く使われている。

医学史上、同じくらい象徴的なものとなった別の成人コホート研究が、じつは2、3年前に形になり始めていた。こちらはアメリカのマサチューセッツ州フレーミングハムという小さな町で行なわれた。その発端をたどると、アメリカ大統領の死までさかのぼる。フランクリン・D・ルーズヴェルトが大恐慌まっただなかの1932年に大統領に就任したとき、医師団は彼の血圧が上140／下100で、と

＊　1954年に公表された予備分析で、ドールとヒルは35歳以上の男性にのみ注目した。

ても高いことに気づいた。1945年、歴史的な在職期間12年と世界大戦がおおかた終わったところで、血圧は上300／下190のとんでもない高レベルに達し、ルーズヴェルトは立っていることさえできなかった。その年、彼は脳卒中で倒れて死去し、新たな任期が始まったばかりで大統領職を離れた。これは悲劇だったが、意外ではなかった。1940年代までに、アメリカ人の死因の約半分は心臓血管疾患になっていたのだ。これは心臓と循環系に影響する一連の疾患で、しばしば心臓発作や脳卒中につながる。しかし医学界は、それにどう対応すればいいのかわからなかった。心臓病の原因はほとんど知られていなかったため、ほとんどの人はそれがこの世を去る道なのだと、ただ受け入れていたのだ。

しかしルーズヴェルトの死が一部に動きを起こした。直後にトルーマン大統領が国家心臓病法に署名し、20年間の心臓病研究に50万ドルが計上される。そして最上層部までたどり着いたひとつの提案が、コホート研究を行なうことだった。つまり、典型的な母集団を長年追跡し、何がこの疾患にかかりやすくさせるのかを突き止めるのだ。その母集団には、白人主体の工業地域だったマサチューセッツ州のフレーミングハムが選ばれた。* その理由は、医師が協力的だと考えられ、心臓専門医のいるハーヴァード大学に近く、すでに結核の大規模調査に参加したことがあったからだ。1948年10月11日、最初のフレーミングハム住民が呼ばれて、徹底的な心臓血管検査を受け、血圧と心音を記録された。この研究ではそれから4年間で5000人以上の成人を集め、定期的に検査を行ない、心臓の健康について記録をつけた。このコホートには相応の人数の女性もいたが、これはこの時点での疫学研究としてはきわめて斬新なことだった。

フレーミングハム心臓病研究は開始から約10年後に、高血圧——定義は160／95以上——の住民は血圧が低い人たちと比べて、心臓病で死亡する割合がはるかに高いことを明らかにした。それから20

年で、喫煙、糖尿病、高コレステロール値、肥満、運動不足など、人々を心臓血管疾患のリスクにさらす、あらゆる主要因子が確定された。そのうえ、この研究リーダーは「リスク因子」という言葉をつくった功績も認められている。これは現在、慢性疾患について論じられるときの標準的な専門用語である。このコホート研究は医療の変革に一役買った。この研究によって、リスクの高い人を特定し、減量や食事、運動、薬によってリスクを下げるよう促すことが医師の定石になったのだ。その影響力は非常に強く、いまも医師はフレーミングハム・リスク点数と呼ばれるアルゴリズムや、関連の点数化システムを使って、患者が心臓発作を起こす確率を評価している。

フレーミングハム心臓病研究とイギリス人医師研究をきっかけに疫学分野は変わり、従来の感染性疾患から慢性疾患の原因へと目を転じ、その過程でまったく新しい信頼を獲得した。突如、学生は疫学の講義に目覚め、聡明で好奇心旺盛な若者の波がこの分野に引き寄せられた。そしてそのまさに核心にあったのがコホート研究である。この手法が病気の原因を解剖するための鋭いメスであることを、これほどうまく実証するものはなかっただろう。このころから、コホート研究は現代疫学のとりわけ重要な要素になり、科学界における名声への階段を上り始めた。

イギリス人医師研究とフレーミングハム心臓病研究は、二つの「知的レバー」とも表現されている。なぜなら、これらの研究は科学者を方向転換させ、最終的に慢性疾患の要因として成人の生活習慣にもっぱら集中させることになったからだ。この考えにはさらなる魅力があった。楽な避難路を示したのだ。喫煙など高リスクの行動を避けることで、病気の確率を下げることができる、というわけだ。ただし、

＊　当時のアメリカでは、そのような研究を貧困地区や黒人居住区で行なう考えはほとんどなかった。さまざまな社会集団や民族集団のリスク因子を考慮すべきだということに大部分の疫学者が気づいたのは、かなりあとの1970年代のことだった。

人々の行動を変えることは非常に難しいことを、いま私たちは知っている。

1960年代、喫煙が成人の命を奪うおそれがあるという考えを世界が受け入れるようになると、1958年生まれコホートを研究していた科学者は、関連する疑問に注意を向けた。喫煙は赤ん坊の命も奪うのか?

周産期死亡率調査に、喫煙に関する質問をぎりぎりですべり込ませたバトラーは、時代を先取りしていたのだ。当時、妊娠中の喫煙が赤ん坊の出生体重を減少させるおそれがあることを示唆した研究はひとつだけで、誰もその問題を深く考えていなかった。1950年代、注目されていたのは喫煙と肺がんだけで、妊娠中の喫煙に対して医学文献で鳴り始めていた警鐘に注意を払う人はほとんどいなかった。そのため、1958年調査で助産師たちが1万7000人あまりの母親の喫煙習慣について丁寧に記録したあと、バトラーは予備分析をいくらか行なっただけで、そのあとデータを脇にどけていた。

しかしやがて問題がヒートアップし始めた。1960年代から70年代にかけて、一連の研究によって、妊娠中の喫煙が出生体重低下と相関することは確認されたが、その結果について論争が巻き起こった。第一の論点は、喫煙が本当に出生体重低下の原因なのか、だった。これも喫煙と肺がんの場合と同じで、電灯のスイッチと電球の問題であり、疫学的な相関から真の原因を引き出すのはひどく大変なことだ。喫煙は本当にスイッチなのか、それとも交絡因子が介入しているのか? 喫煙する女性は異質だという証拠もあった。社会階級が低い、あるいは年齢が高い、あるいは妊娠しているのが3人目か4人目の子どもである可能性が高い——すべて、いずれにせよ小さい赤ん坊を産む可能性を高める因子だ。相関についてのこの説明は、「体質仮説」と呼ばれることがある。特定の「体質」をもつ女性はタバコを吸い、なおかつ小さい赤ん坊を産む可能性が高い、という考えだからである。

第二の論点は、喫煙がたとえ出生体重の低下の原因だとしても、赤ん坊の健康に何か影響があるのかどうかだ。この議論の証拠は矛盾していた。妊娠中に喫煙した女性の赤ん坊は死亡率が高いことを示した研究もあれば、そのようなことが見つからなかった研究もある。赤ん坊が少し細くても問題はないし、不健康なほど太りすぎと見なされる赤ん坊の体重を減らすメリットさえあるかもしれない、と主張する医師も少数ながらいた。これらの議論に加えて、女性——とくに非常に情緒不安定な妊婦——は禁煙しなくてはという過度のプレッシャーがかかると、かわいそうにストレスになって逆効果だという温情主義的な意見もあった。1973年には有力な科学雑誌『ネイチャー』に、タバコには妊婦の神経をなだめて太りすぎを防ぐという、思いがけない二重のメリットがあるとする、ひどく恩着せがましい論説が掲載された。したがって、禁煙させようとするプレッシャーは見当ちがいであり、逆に妊婦の健康を害するおそれがあるというのだ。

さいわい、バトラーらはそれに耳を貸さなかった。1958年生まれコホート研究には、その論争を決着させる前例のないデータが含まれていることをバトラーは知っており、プローデン報告書が片づいてすぐ、彼と児童局の研究者は、1958年の調査を引っ張り出す機会を得たのである。もとの死亡率調査には、女性の年齢、社会階級、その他の潜在的交絡因子についての詳細な情報が入っており、そのおかげでそれを統計的に排除することができる。さらに調査では、女性がどのくらいの量のタバコを吸うか、妊娠中に禁煙または節煙したかどうかが記録されている。しかしこの調査の最大のメリットは、驚くべき周産期死亡の数である。喫煙問題に取り組もうとしていたほかのどんな研究よりもはるかに多かった。1958年春、調査は3カ月間の周産期死亡すべて、合わせて7000あまりを記録していた。

これが重要なのは、周産期死亡は1958年のほうが現在よりはよく起こることだったが、それでもめったにないことだったからだ。そして科学者たちには喫煙する母親と喫煙しない母親の周産期死亡率の差を、統計的に有意なかたちで検出するために、多数の死亡サンプルが必要だった。そのため、この死亡記録がすばらしく役に立ち、最終的には奪われた命より多くの命を救うことになった。

喫煙と肺がんについての激しい論争も、妊娠中の喫煙に関する真実をつかむのに、貴重な助けとなった。「ブラッドフォード・ヒルの因果関係判断基準」だ。疫学研究における相関がヒルの判断基準のいくつかを満たせば、関連は「因果」であるという主張が裏づけられる――喫煙と肺がんの関連と同じくらい強固ということだ。ヒルの基準によると、喫煙ががんのリスクを劇的に高めるのと同じくらい関連は強くなくてはならない。さらに、さまざまな場所と状況における研究すべてで、一貫して観察されなくてはならない。さらに、ドールとヒルが肺がんリスクは吸われるタバコの量とともに上昇することを発見したように、生物学的な量－反応勾配を示さなくてはならない。さらに、妥当なメカニズムがなくてはならない。越えるには高いハードルだが、コホート研究チームの手元には切り札があった。ハーヴェイ・ゴールドステインという統計学者で、かつてドールと一緒に仕事をしていて、多くのコホート研究結果を裏で支えていた数字の鬼である。児童局の研究者は喫茶店に集まったとき、頭のなかでチェスを始めることがあった。頭のなかにボードを置いて、ゲームを進めていくのだ。たいていの人が覚えていられるのは5手か6手だったが、ゴールドステインは8手か9手か、それ以上記憶にとどめることができた。

妊娠中の喫煙の分析を終えたゴールドステインやバトラーなどコホート研究者は、主張を少しずつ組み立てることができた。たしかに、喫煙と出生体重低下と周産期死亡の関連は強い。分析によると、妊娠中の喫煙は赤ん坊の出生体重を平均170グラム低下させ、大量の喫煙は周産期死亡率を28パーセント上昇させている。はっきりした生物学的勾配もある。女性が吸うタバコの量が増えると周産期死亡率が上がり、妊娠4カ月より前に禁煙した女性はタバコを吸ったことがない女性と、周産期死亡率が同等であることを、ゴールドステインは示すことができた。さらに、社会階級、母親の年齢、これまで産んだ子どもの数のような交絡因子も排除した。これらをすべて取り除いても、喫煙と出生体重低下と周産期死亡の関連は盤石だった。

じつのところ、過去に出た矛盾する結果のなかには、社会階級の交絡因子で説明できるものもあった。あらゆる社会階級の赤ん坊は母親が喫煙していると軽く生まれるが、労働者階級の母親の赤ん坊はそもそも高い社会階級の母親の赤ん坊よりも軽い傾向がある。ゴールドステインによると、労働者階級の赤ん坊はこのように喫煙によって余計に体重を減らされるために、生存から死への敷居をまたがされることが多いのだという（出生体重が2500グラム未満に下がると、死亡率が急激に上昇する）。これで状況がはっきりする。以前の研究で喫煙と死亡率増加の関連がはっきりしなかったのは、おもに中産階級の女性に焦点を当てていたために、喫煙による出生体重低下の影響が少なかったからだと考えられる。

総合すると、医学の権威が妊婦に喫煙をやめるよう勧められるだけの強力な証拠だと、ゴールドステインは感じた。あまりに多くの命が危機に瀕しているし、彼に言わせれば、その数も正確にわかる。ゴールドステインの計算では、30パーセントの女性が妊娠中に喫煙するとして——1972年にはかなり確かな話——その全員が禁煙したら、イギリスで1500人あまりの赤ん坊が救われる。1年の死亡者数1万8000人と比べてかなりの割合だ。アメリカでは年間合計約8万7000人の赤ん坊の死亡者のうち、4600人あまりが助かる。ちなみに、ゴールドステインはこの分析をしているあいだに、じきに妊娠する予定の妻と一緒に禁煙した。

バトラーとゴールドステインの周到な論文が1972年4月の『ブリティッシュ・メディカル・ジャーナル』（BMJ）誌に掲載されると、多くの医師と科学者がついに納得した。その分析は因果関係についてのヒルの判定基準の多くを満たしている。喫煙が出生体重を低下させるメカニズムは明確にされていなかったが、当時の科学者の多くは、タバコの煙に含まれる一酸化炭素が、成長に必要な酸素を赤ん坊から奪うのだと考えていた。*「妊娠中の喫煙が発達中の胎児に悪影響をおよぼすことに、合理的な疑いは残っていない」と、『BMJ』の論説で述べられている。「喫煙する女性のタイプではなく喫煙そのものが、その悪影響の原因である」。しかしその結果が医学雑誌から世間一般にまで広がったのは、『サン』紙がこの話題を取り上げ、「ママのタバコが1500人の赤ちゃんを殺した」という見出しをつけて「衝撃的な報告書」について書き立ててからのことだ。

タブロイド紙の記事は、妊娠中の喫煙のリスクが広く一般に受け入れられることの前触れだった。1973年には、大きいおなかをした裸の女性が何気なくタバコを手にしているポスターを目玉にした広告が、イギリス全土に次々に出現した。「赤ん坊にタバコを吸わせるのはフェア?」という見出しのあとに、妊婦が禁煙していたら1000人以上の赤ん坊の命が救われていたかもしれないと説明されている。当時にしては非常にきわどいと感じられたこのポスター・キャンペーンは、健康教育審議会によって莫大な費用をかけて始められ、目的を達成して注目を集めた。キャンペーンの前と後に審議会によって委託された調査で、妊娠中に喫煙する女性の割合が39パーセントから29パーセントまで下がったことが示された。女性に妊娠中の喫煙をやめさせる努力は、それ以降ずっと続いている。それでも、ポスターや公衆衛生キャンペーン、そして支援チームの効果はいまだに十分ではない。現在、イギリスでは12

パーセントあまりの女性が妊娠中に喫煙し、アメリカでも同様の数字である。

その後、妊娠中の喫煙のリスクを強調する研究が次々と引きも切らずに現れた。現在、流産や先天性欠損症、そして乳児突然死症候群などのリスク上昇が知られている。そしてコホート研究者はほかの多くの研究者と同様、妊娠中の喫煙が子どもに長期的影響をおよぼすかどうかも探った。そして影響はあった。研究チームが7歳時のデータを分析したところ、妊娠中に喫煙していた母親の子どもは、喫煙していなかった母親の子どもより、平均身長が低く、教育テストでの成績が良くない。たとえば、字が読めるようになる年齢は、喫煙しない母親の子どもよりも約4カ月遅い。これらの影響が時間とともに消える兆しはない。1958年生まれコホートが成人早期に達するころまでに、妊娠中に喫煙した母親の子どもたちのほうが学歴は低く、小さい赤ん坊として生まれたにもかかわらず、肥満になるリスクが高い。このような差異はいずれも、社会階級その他の交絡因子を考慮に入れても、消えることはなかった。

コホート研究が医学研究者から広く敬意と称賛を獲得し始める一方で、1946年生まれコホートはひどく困難な局面を迎えていた。問題の原因は研究分野の広さだった。まるで伸び放題のイバラのやぶのように、さまざまな分野に無秩序に広がっている。根は人口動態学と産科医学にあり、枝が子どもの健康、教育政策、そして公害に伸び、そのほかにもさまざまなところに芽を出している。それに対して、著名な成人コホートは、医学研究の畑の中にきちんと植えられ、がんや心臓病というひとつの疾患に専心している。テーマが何なのかを一言で言える。この単純さが強みだった。

＊　いまでは、タバコの煙のさまざまな成分が成長する胎児にとって有害だとされている。

ダグラスのコホート研究はすでに成熟し、彼が尋ねる質問は子どもたちの年齢と、途中で生じた科学的および政治的問題の両方を反映して変化した。これは意外ではないはずだ。それどころか完璧に筋が通っている。人生そのものと同じである。子どもが生まれるとき、親にはその子の人生がどう開けていくかについて考えがあるかもしれないが、結果的にどうなるかは本当のところ誰にもわからない。時が流れ、子どもは成長し、周囲の世界は予想もつかないかたちに変化し、本人の進む道を方向づける。

しかし科学そのものの変化によって、無秩序に広がるコホート研究の存在が正当化しにくくなっていた。ダグラスと助手一人と数千ポンドの予算だけで研究をスタートさせたとき、彼はやりたいことをかなり自由にやっていた。1970年代になったいま、MRCからの政府資金は数万ポンドあって、ダグラスは責任にきつく縛られている。研究審議会は定期的に彼が何をやっているか精査し、コホートの成果を検討するためにほかの科学者を送り込んできた。検討した人たちの多くは困惑した。コホートが優れた医学的研究――たとえば階級の差が子どもたちの健康に与える影響や、環境汚染の長期的影響など――を生み出していることはわかる。しかし彼らは、この「医学研究」ユニットがグラマースクールや教育の不平等に関して発表するのにも、かなりの時間を費やしていることに、少し当惑していた。

MRCの資金がコホートにとって生命線であることはまちがいないが、それが研究を分野の枠に押し込めようとしていた。しかし実際には、異なる分野にまたがる出生コホートはどこにもはまらなかった。ダグラス自身も同じで、気づけばどの分野でもアウトサイダーだ。教育研究に関心があるということは、医療の世界から孤立していたということだったし、彼はもう開業医ではなかったが、それでも教育研究界の人たちはしばしば、彼は身内でないと非難した。当時の同僚の一人がこう回想している。「彼は群れに加わっていないというのがなんとなくわかった」

ダグラスにとって別の避けがたい問題は、彼のコホートは成長しつつあり、それに合わせてまた研究を変えなくてはならないことだった。いまの疑問は20代、30代の調査対象から何を学べるのか、である。そして正直なところ、ダグラスにもよくわからなかった。ほとんどが学校を終え、職と家を見つけて落ち着いている。いまは忙しく子育てし、海辺で休暇を過ごし、イギリス人のごく平凡な生活を送っている。あるときダグラスは、コホートが25歳になったらすべてをおしまいにしようかと、ぼんやり考えた。それはできなかった――が、次に発送された質問票は彼の無気力をうっすらと映していた。家族、健康、仕事などについて、幅広い領域の質問がだらだらと続く。あなたはいま独身ですか、既婚ですか、未亡人ですか、別居していますか、離婚していますか？　屋内トイレがありますか？　身長は何センチですか？　乗り物やタイプライターを含めて、どんな機械や道具を仕事で使っていますか？　社交クラブまたは労働者クラブのメンバーですか？　次の総選挙ではどういう投票をすると思いますか？　しかもこのスイープを実施する費用は、これまでよりかさんだ。コホートが学校を卒業しているいま、教師や医師から無償でデータを手に入れることはできず、面談をするためにプロの現場調査員を3万6000ポンドかけて雇わなくてはならないのだ。それなのに、放置されてほとんど使われないデータもあった。

コホートの将来に関するこの気の迷いは、疫学界の同僚のせいでさらに深まった。がんと心臓病についての成人コホート研究から次々出ている興味深い結果はすべて、中年の成人、つまり40代、50代以上の人たちの健康に医学的観点からしっかり注目している。なぜなら、慢性疾患にかかるのはおもに中年期の人たちだからであり、プロスペクティブ・コホート研究は、この中年成人の振る舞い――喫煙、体重増加など――が不健康の始まりを促す重要な要因であることを発見しつつあった。

この時点では、小児期や青年期の出来事が慢性疾患に影響しうるという考えを、誰もあまり気にかけなかった。人が子どものころにやったことが、何年も先に襲ってくる肺がんや心臓発作に影響するかもしれないというのは考えすぎに思えた。しかも、たとえ子どものときの経験が実際に成人の健康に影響するとしても、それを研究するのは難しすぎると、大半の研究者は考えた。観察研究は出生時から子どもを追いかけ始め、倒れて死亡するまで、何十年も追跡する必要がある――それは科学者自身が死んだずっとあとのことになるだろう。いったいぜんたい、誰がそんなまともでない研究をやるのか？

もちろん、イギリスにはすでにそのような研究が三つあったが、慢性疾患の観点からするとまだ時期が浅い。しかもイギリス人医師研究やフレーミングハム心臓病研究のような名声を得ていなかったので、疫学者もあまり注意を払っていなかった。１９７２年には、第1次コホートのメンバーは20代半ばにすぎなかった。多くの疫学者から見れば、彼らがやがて病弱になって死亡するようになるまで、何も興味深いことは起こらないし、それは20年ほど先のことだ。人生盛りの彼らを追跡し続けるのは、無意味なうえに費用が高くつくように思われた。

このような考え方は、世界中のほかの出生コホートにも強く影響した。とくに、どちらも１９５９年に始まったアメリカの共同周産期プロジェクトとその姉妹コホートだった小児健康発達研究だ。もし科学者がこの子どもたちを追いかけ続けていたら、その結果はイギリスの出生コホートを完全に凌駕していただろうから、おそらくあなたはいま、この本を読んでいなかっただろう。しかし彼らは続けなかった。１９６０年代、アメリカのコホートの子どもたちがそれぞれ7歳と5歳になったとき、研究は中止された。資金を提供する組織が、大勢の子どもたちをさらに追跡することには、莫大な費用と面倒をかけるだけの価値があるとは納得しなかったのだ。一部の科学者がいまだに後悔している決断だ。*

それでも、ダグラスのキャリアが終わりに近づくころ、彼の研究のうちの二つが、コホートを追跡し続けるのは無意味だという考えに反撃する結果を出した。彼はコホートメンバーが20歳と25歳の時点で、気管支炎など呼吸器疾患の有効な尺度である慢性咳の有病率を調べていた。喫煙が肺の問題と関連があるとわかったときに驚きはなかった──が、関連が人生のスタート時点までさかのぼる事実を引き出したときは驚きだった。気管支炎または肺炎を2歳未満で患った子どもは、成人して20代で呼吸器疾患にかかるリスクが高く、下流階級に生まれた子どももそうであることを発見したのだ（ダグラスは小児期の大気汚染への暴露との弱いつながりも示すために、環境汚染のデータも見返した）。これは非常に興味深い。子どものときに経験したことはなんであれ、青年期になるまで、そしておそらくその後の人生もずっと、健康に影響するという考えを示している。コホートが継続されれば、このような関連をもっと見つけられる唯一の存在になるだろう。なにしろ出生時までさかのぼる広範の健康記録がある。

しかしダグラスは年を取りつつあり、MRCのルールでは、研究ユニットはその長が引退するとき、すなわち1979年に閉鎖しなくてはならない。コホートをどうすべきかについて、大論争が起こった。MRCは再検討を依頼し、提案を求め──そして様子をうかがった。この研究が特別なのはわかっているが、それでもやはりコストがかかるので、おそらく終わらせるべきなのだろう。コホートの目的がもはや明確ではなく、誰が指揮を執るかもはっきりしていない。

ダグラスに必要なのは後継者であり、コホートの未来についてのビジョンがある人物だ。その男は2、3年前に現れていた。

＊　実際には科学者は少人数の子どものサンプルを追跡し続けて、数十年後、母親の血清サンプルが統合失調症のリスク因子研究に使われた。したがって最終的には、これらの研究はいろいろと役に立ったのだ。

1968年5月、マイケル・ワズワースは襟を糊づけし、ジャケットをクリーニングし、カフスボタンを留めていた。コホート研究の就職面接のためだ。ダグラスはしていなかった。狭苦しいオフィスでワズワースの向かいにすわった彼は、ツイードのジャケットを着ていて、いつものようにドアは開けっぱなしだった。廊下を通ってスタッフのところまですぐに行けるようにするためだ。ワズワースに会ったダグラスは少し不安を感じたようだ。なぜなら、彼が知っている大半の若者のように、医学に精通しているわけでも、オックスフォードで学んでいたわけでもないからだ。しかしワズワースにはそういう知り合いがいることは、すぐにわかった。ジョン・バターフィールドはロンドンのガイズ病院の実験医学教授であり、ダグラスは戦時中にオックスフォードで彼に教えていた。そこで面接の最中にダグラスは電話を取り、バターフィールドにかけた。いつものように、受話器を少し耳から離している。

「ここにきみの元部下が一人来ているよ」と、ダグラスが大声で言う。

「そう、そう、彼はいいやつですよ」と、バターフィールドも大声で返す。

ワズワースはコホートと年が4歳しかちがわず、ダグラスが失ってしまった科学への情熱をもっていた。しかもコホートのデータから予測できるような道をたどっていた。頭の良い下流中産階級の子どもで、教師と保護観察官の息子であり、11歳テストに合格してグラマースクールに進んだ。リーズ大学で英語と哲学を学んだが、その後、戦争以降なぜか発生率が上昇していた慢性疾患、2型糖尿病の研究をしていたバターフィールドのところに就職した。バターフィールドに言われて、健康状態について尋ねるために患者のもとに自転車で向かううちに、ワズワースは知らず知らずに疫学、コンピューター、そして調査の実施方法に関する短期集中コースを受けていたのだ。その事実と、バターフィールドから電話で聞かされた大声の推薦の言葉で、ダグラスが目の前の若者を雇うべきだと納得するには十分だったようだ。

「ところで」と、面接の最後にダグラスは言った。「きみに仕事をしてもらうつもりだが、外でお茶を飲みながら、それについて話そう。リンカーンズ・イン・フィールズにお茶が飲めて、女の子たちがネットボールをするのを見られる、とても良いところがあるんだよ」。二人は一緒にお茶と景色を楽しんだ。こうして、ワズワースは自分の人生を支配することになる研究に加わった。

当初、ワズワースは1946年生まれコホートの枝から枝へと飛び移っていた。国民の所得は増えているのに未成年犯罪率が下がらない理由を知りたがる、内務省官僚のために調査を実施した。そして、未成年犯罪者――彼の定義では窃盗、暴力犯罪、または性犯罪などの重大犯罪を行なった者――は、たとえば両親の別居や離婚などによって、幼いときに心理的動揺を経験している可能性がはるかに高いことを明らかにしている。さらに第2世代研究も始めた。これはコホートメンバーの子どもたちを追跡して、親が8歳のときに受けたものと同じ読解と語彙のテストを、「モスリン」や「ギニー」など時代遅れの言葉は削除して、受けさせる大規模な試みだ。ワズワースは平凡だがとても重要なコホートの任務も引き受けた。コホートメンバーがティーンエージャーだったとき、ダグラスは彼らに誕生日カードを送り始めた。研究に対する子どもたちの関心を維持し、彼らの居所を追い続けられるようにと考えたのだ（パトリシア・パーマーはいつもこれを受け取るのを楽しみにしていた。たいてい最初に届く誕生日カードだったのだ）。何千枚という誕生日カードをデザインして書く仕事はワズワースに引き継がれたが、それが大変な作業であることを彼は思い知った。

しかしワズワースはカードに何を書くか悩んだ一方で、コホートそのものの将来についても考え始めていた。ダグラスが意欲をなくしつつあり、この若者たちからこれ以上何を学べるのか疑問視されていることを、彼は知っていた。それでもワズワースには答えが見えていた。そのすべての発端は、バターフィールドと糖尿病と町ひとつ分のおしっこだった。

2型糖尿病は、体がグルコースと呼ばれる糖のレベルを調整する能力を失ったときに生じるもので、太りすぎの結果であることが多い。治療しないと心臓病、脳卒中、神経や目の障害、腎臓病、ほかにももっと好ましくないことにつながるおそれがある。1960年代にバターフィールドが関与するようになったころ、ほとんどの医師は、患者が現れて、喉の渇き、疲労感、頻尿といった典型的症状を訴えたときに糖尿病の診断を下した。その後、患者の血糖値が異常に高くなっているかどうかを検査することで、診断が確定する。もっと迅速で大ざっぱな検査は尿を使ってできる。糖尿病の場合、血中の糖が多すぎてあふれ出るため、尿にグルコースが含まれているのだ。そうやって糖尿病は検出されていたが、当時の多くの医師は、この病気がどうして長い時間をかけて発症したのか、じっくり考えることはしなかった。ある日に糖尿病ではなかった人が、別の日には糖尿病になっていて、その間に何が起きたかについては誰にもよくわかっていなかった。

バターフィールドは「その間」の状況を、尿検査を手段とする驚くべき疫学的調査によって調べることにした。1962年のある日曜の朝のことだ。彼はベッドフォードという町の選挙人名簿に載っている住民全員に、日曜の朝食を食べるように依頼した。――コーンフレーク、卵、粥《ポリッジ》など、血糖値が上昇する可能性のあるものであればなんでもいい。そのあと瓶に排尿して、サンプルを玄関先に置いておくように指示し、ボランティアのチームがそれを回収した。*まるで大勢の牛乳配達員が牛乳瓶を集めているようだった。集まるとすぐ、チームは2万5000本の琥珀色の液体の入った小瓶をずらりと並べ、それぞれの糖値を検査し始めた。こんな伝説もある。ある男性が尿の代わりにシェリー酒のサンプルを提出したところ、バターフィールドは彼の家に行って、「あなたは医学史に残ったかもしれませんが、確認のため、もう一度やっていただけますか？」と言ったというのだ。

検査が終わると、バターフィールドは慢性疾患の発症を明らかにする驚きの結果を手にしていた。1000人以上のベッドフォード住民が、はっきりした症状もなく、かつ糖尿病と診断されたことがないにもかかわらず、尿に糖が出ていることを発見したのだ。なかには血糖値が糖尿病と見なされるほど高い人が多いことも確認され、さらに、血糖値は年齢とともに少しずつ上昇することも示された。この試みは現場に大きな影響を与えた。なぜなら、この病気は発症するのに5年、10年、あるいは20年もかかる可能性があり、そのあいだに本人の体がグルコースを調整する能力をだんだんに失い、血液がさらさらの砂糖水からどろどろしたシロップのようになっていくことを明らかにしたからだ。これはつまり、本人や医師がすでに病気が悪化していることに気づく前、長年にわたって、不健康な高血糖値の悪影響を受けている人もいるということだ（現在、この種の「前糖尿病」を抱えている成人はびっくりするほど大勢いる――アメリカでは3分の1以上――と考えられる。前糖尿病では、血糖値が正常より高いが糖尿病として分類するほどではなく、その発症を遅らせる方法のガイドラインが確立されている）。

バターフィールドの研究グループですべてを見守っていたワズワースは、この状況に強い印象を受けた。なぜなら、ほかの慢性疾患もおそらく数十年かけて発現するのであって、心臓発作、脳卒中、肺疾患といった病気そのものは、その終点にすぎないことに気づいたからだ。これが真実であることの証拠は、探せば医学文献にたくさん見られる。とりわけ衝撃的な事例が1950年代に起こっている。陸軍

＊　助けを求めて、バターフィールドは地元の保険医官だけでなく、ラウンドテーブル（青年実業家のクラブ）、ボーイスカウト、婦人会などのメンバーも勧誘した。

の軍医が朝鮮戦争の作戦で殺されたアメリカ人兵士の検死解剖を行なって、彼らの冠動脈を開いたときのことだ。この動脈は血液の流れを妨げる脂肪の斑点のせいで詰まり、やがて心臓発作を起こす場合もあることは知られていた。しかし、アテローム性動脈硬化と呼ばれるこのプロセスは、心臓病が起こる中年期以降に限られると考えられていた。検死解剖されている兵士は元気な若者で、ほとんどが20代だ。ところがそれにもかかわらず、医師は彼らの動脈が詰まり始めている明らかな兆候を見つけた。それは糖尿病と同じように、動脈硬化も数十年かけて発現することをはっきり物語っていた。そして精神の健康という別の医学分野に携わる人たちは、人々を生涯にわたって研究するべき理由がたくさんあることを知っていた。なぜなら、統合失調症や鬱病のような精神疾患は、青年期や若年成人期に頭をもたげることが十分に実証されていたからだ。

これは1946年生まれコホートの将来にとって重要だった。この事実によれば、20代、30代の若年成人期は、健康分野にとって退屈でも無関係でもないことになる。それどころか、まさに病気の最初の兆しが現れる時期なのである。そこでワズワースにアイデアが浮かんだ。糖尿病と診断される前でも血糖値は年齢とともに上昇する傾向にあることを、バターフィールドは簡単な検査を用いて示していた。そのため別の簡単な検査を用いて、コホートメンバーの健康と栄養状態——血圧、肺機能、体重、精神的健康など——を慎重に評価し、将来にわたって図表にすれば、慢性疾患の初期兆候が見えてくると、ワズワースは確信するようになった。最初の一連の検査が基準測定値として、そのあとどう変化したかを見るために何度も繰り返し行なうのだ。

ダグラスの引退が近づいたとき、ワズワースはすべてのアイデアをまとめ、報告書にしてMRCに提出した。報告書はコホートに新たな命を与えてほしいと訴えている。しかしなしのつぶてだった。MR

C上層部は迷っていた。コホートの将来はひどく疑わしいうえ、ユニットのほかのメンバーはみな退職している。

1979年6月の月曜日、ハンウェー・プレースに借りていたユニットのオフィスの賃貸契約期間が残り2週間になったとき、ワズワースの電話が鳴った。彼はそれを取った。相手はMRCの科学主事で、決定を伝えるための電話だった。あなたは研究と一緒にブリストルに移ります、と主事はワズワースに告げた。あちらの疫学部門で仕事をするのです（MRCとしてはユニットを医師に管理させたかったので、有資格のジョン・コリー医師を名誉監督として選んだ。一方、ワズワースは日常的な仕事のほとんどをやることになった）。コホートで何かができることを示すのに5年間を与えます――そのあと審議会があなたを再評価し、あなたの進んでいる方向が好ましいかどうか、それ以上研究を存続させるかどうかを判断します。ワズワースは残りをほとんど聞いていなかった。彼が記憶にとどめたのは、研究が存続するということだけである。

数週間後、引っ越し業者がオフィスを片づけに来たとき、ダグラスが彼に会いに来た。「サンドイッチを食べに行こう」と彼は言った。二人はユニットを出て角を曲がったところにあるソーホー広場にすわり、静かにランチを食べた。「きみはきっと良い仕事をするよ」と、ダグラスは言ったが、ワズワースには彼の動揺がわかった。コホートを終わらせたいのではない。ダグラスはそれを継続することの科学的価値を理解するようになっていたし、自分が研究に投じた資金と労力が最も報われるのは、まだこれからではないかとさえ思っていた。しかし研究を始動させ、35年にわたって育ててきたあと、自分がもうそれに関与しないことを受け入れるのは難しいのだと、ダグラスは実感していた。息子か娘が巣立っていくのを見ているようなものだ。

しかしワズワースは手綱を取りたくてうずうずしていた。翌月、彼はパンチカードを積み込んだ巨大な引っ越しトラック3台とともに、ブリストルへの高速道路を走っていた。使わなくなったタビュレーティングマシンはロンドンの科学博物館に届くよう手配したが、パンチカードのほうは、データのほとんどがコンピューターに保存されるようになったとはいえ、大切なバックアップとして取っておく必要があった。積み込んだあと引っ越し業者はワズワースに、トラックはペッカムの倉庫で一晩過ごして、移動は翌日になると告げた。30年分のかけがえのない極秘のデータが、セキュリティといえばトラックのドアのロックだけなのに、駐車場に置いておかれるというのだ。ワズワースはむちゃくちゃな話だと思い、その夜はほとんど眠れなかった。

研究の新しい本拠地は、ブリストル大学の建物の最上階にある古い公衆衛生図書館だった。そこに到着したとき、カードのための十分な収納スペースがなかったので、引っ越し業者は箱を使われていない霊安室に下ろし、床と古いコンクリートの遺体安置台の上に積みあげた。さらなる分析を待つ大量のデータにふさわしい安置所だった。

ワズワースは始めるのが待ちきれなかった。コリーをはじめとする少人数チームと協力し、これまで試みられたことのなかった詳しさで、健康と栄養状態の調査を組み立て始めた。彼は『ナーシング・ミラー』誌に広告を出して、数千人の対象者の自宅を訪問して一連の検査を実施する看護師チームを募集した。コホートメンバーは、身体的健康（ふだん朝一番に痰を吐きますか？　過去4週間で汗をかくようなことをやりましたか？）と精神的健康（人生が絶望的に思えたことがありますか？　すべてを終わらせたいと思いましたか？）の質問に答えなくてはならない。看護師は血圧と肺活量を注意深く測定する。肺活量はチューブ状の最大呼気流量計を強く吹いて測る。看護師の訓練中、ワズワースは重度の心臓発作を起こしたふりをして床に倒れた。肺のテストが引き金になってそのようなことが起こった場合に備えてのことだ（一度も起こらなかったが）。面談の最後にコホートメンバーは、食べたり飲んだりしたものをすべてオンス単位で7日間、日記につけるよう言われる（1982年の標準的な夕食の一例は、ひき肉と玉ネギ4オンス〔約113グラム〕、無脂肪のスポンジケーキ、ビタービール2分の1パイント〔約290ミリリットル〕）。コンピューターの能力が上がっているとはいえ、これらのデータすべてを集めてコード化するのに、ワズワースと彼のチームはこれから3年間、手いっぱいになるだろう。

ダグラスはいなくなり、ユニットはおしまいになったが、コホート研究は猶予を与えられた。いまあるのは、ワズワースと5362人のコホートメンバー、そして証明すべきひとつの重要な考えだ。

第Ⅱ部

成年に達する

4 生き残る

コホート、存続をかけて闘う

1979年春、ワズワースが第1次イギリス出生コホートを存続させるよう懇願していたころ、第2次コホートを率いていた科学者たちが開いた誕生日パーティーは、ちょっと悲惨なことになっていた。

1958年に生まれた子どもたちは21歳になっていた。ケルマー・プリングルはそれを祝いたかった。もともとのアイデアは、ピカデリーの有名なレストランバー、カフェ・ロイヤルのような場所でパーティーを催すことだった――が、当然、そんな贅沢をする予算はない。現実には、交通量の多いロンドンの一角に位置する全国児童局でパーティーが開催された。局の科学者はおよそ100人のコホートメンバーと報道陣を招待した。さいわい、関係者にケータリング会社の人がいて、バースデーケーキの提供を承諾した。大きくて凝った飾りのアイスケーキが配達されることになっていた。

親しみを込めて背中を叩き合うのも、スピーチもインタビューもすべて、その日に予定されていたことだ。ビージーズの弟で、当時アメリカでナンバーワンのヒットを続けざまに飛ばしていたアイドル歌手、アンディー・ギブからの祝電にはみんな興奮した。ギブは1958年の例の1週間に生まれた者たちの希望の星だった。パーティーの2、3カ月前にテレビ放映されたミス・イギリス美人コンテストの決勝戦でのことだが、ハマースミス・ウエスト代表の女性が立ち上がってマイクの前に進んだ。ほかの出場者はたいてい、モデルや学生などとしての自分の人生について話していたが、彼女は自分が1958年生まれの子どもの研究に参加していることが誇らしいと語った。そこで科学者は、急いでミス・ハマースミス・ウエストにケーキカット役を依頼した。ところが不運にも、ケーキを運んでいた車がパーティー会場に向かう途中で事故に遭い、ケーキが到着したときにはカットするべきものがほとんど残っていなかった。しばらくは大騒ぎだったが、誰かがいちばん近いベーカリーに走り、代わりのケーキを買ってきた。縁飾りは少なかったが、それでも目的にはかなった。

つぶれたケーキはコホート研究そのものをまさに象徴していた。研究は崩壊寸前だったのだ。資金の問題は繰り返し生じていて、このコホートは第1次よりもさらに心もとない状況にあった。1970年代、イギリスは不況にあえいでおり、政府は研究への資金を削減していた。コホートは相かわらずスイープのたびに支援を求めているが、十分な支援を得るのがいっそう難しくなっていく。この誕生日パーティーもお祝いであるのと同じくらい、政治家と報道機関からの注目を集めようとする必死の広報活動でもあった。その一方で、ケルマー・プリングルは政治家とのコネに最大限頼り、直接政府の各機関に出向いては、20代になったコホートを再び調査すれば、大人の生活に入る若者について、有益な情報を提供できると説得を試みた。「ミアは全力を尽くしていた」と、同僚の一人が回想している。「とにかく動き回って、あちこちでうんざりされていた」。

ケルマー・プリングルは五つの政府機関から、スイープにかかる推定約200万ポンドをまかなえる資金提供の口約束を取りつけた。ところが１９７９年５月３日、保守党の大勝でマーガレット・サッチャーが権力の座についたことで、政治の風向きが突然変わった。児童局の科学者は、約束されていた資金が窮地に追い込まれたことを知る。しかしケルマー・プリングルはすでに確実にサッチャーを個人的な友人にしていて、最終的には苦労して手に入れた一時的救済を実現させた。ケルマー・プリングルは即座にみんなを極上のランチに連れて行き、そのあと調査の企画と発送の仕事が始まった。しかし今回はそれが悪夢だった。

保守政権との財政的取引は、大きな代償をともなっていた。サッチャーはだいたいにおいて社会科学の価値にきわめて懐疑的だったが、それは自分がオックスフォード大学で厳密な実験科学である化学を学び、しばらく研究の仕事をしていたからだけではない。この分野を、自分の政治的立場とは反対の左翼的理想の温床と見なしていたのだ。このことが表面化したのは、２年後、サッチャー政権がロスチャイルド卿に、社会科学研究審議会（ＳＳＲＣ）の仕事を調査するよう委託したときのことである。その目的はＳＳＲＣそのものを廃止し、この分野の研究を抑制することだといううわさが、調査が始まる前から流れていた。ロスチャイルド報告書はそこまではしなかったが、もっと観察と実験を取り入れ、アプローチを実証的にするべきだと述べて、社会科学の領域を大きく揺るがした。* 実際には１９５８年生まれコホートの研究は、実証的社会科学の最たるものである。注意深く観察し、データを集め、それによってアイデアを検証するのだ。しかし政治家にその区別がつくとは限らない。社会科学に対する反感の増大は、コホートが存続と自主性をかけた激しい闘いに直面することを意味した。

あるとき、当時サッチャー政権の産業大臣だったキース・ジョセフが会合に出席して、こう言った。「あなたがたが私の聞きたいことを話すようになったら、あなたがたの研究に資金提供を始めましょう」。

科学者は開いた口がふさがらなかった。自分たちには学問の自由があるはずで、つまり、どんなテーマの研究であれ、国やいかなる集団からも不当な妨害を受けることなく追求できる、というのが研究者の中心的信条のひとつだ。イギリスではこの考えの源として、しばしばホールデン報告書がもち出される。これは1918年に公表された有力な文書で、政府資金を分配するために科学者による研究審議会の設立を推奨している。資金がどう使われるかは、政治家ではなく研究者が決定するべきだという考えは現在「ホールデンの原則」と呼ばれている。しかしコホートの科学者たちは研究審議会から資金を受けているのではなく、政府から直接受けているのであり、政府は支配したがっている。おまけに、政策立案者が興味をもっているのは、コホートが23歳であるいま現在、彼らに何が起こっているかについての問題だけであり、それでは集団のスナップショット調査であって、過去の出来事と関連づけることができるコホート研究の意味がまったくなくなる。コホート研究者たちは政府の支払い担当官にぺこぺこするのが嫌でたまらなかったが、お金が欲しければほかにどうすることもできなかった。

政府機関がそれぞれ自分たちの質問をたくさん調査に盛り込もうと激しく口論するあいだ、科学者たちは口を閉じていた。質問票は膨れあがり、健康、職、収入、住居、結婚、子ども、余暇、投票行動、労働組合への加入など、人々の生活のあらゆる面にとりとめもなく広がった（あなたが住んでいるのは、二階以上の一戸建て／平屋建て／マンション／メゾネット／ワンルーム／トレーラーハウス／移動住宅／ハウスボ

＊　さらにこの報告書は名称についての動きにもつながり、研究審議会から「科学」という言葉が消し去られ、経済社会研究審議会とされた。より実証的な科学のひとつとして政府が好む、経済学をはっきり取り込んだのだ。当時のSSRCの指導者は、優れた社会科学研究に資金提供を続けることが許されるかぎり、「ホワイトフィッシュ局」と呼ばれてもかまわない、と言った。

ート／その他　ですか？　これまでに、ビンゴ／ビリヤード／賭博／なんらかの賭け　をしたことがありますか？　あなたは、コンドーム／ペッサリー／ピル／避妊リング／ゼリー状避妊薬／パイプカット／膣外射精　を利用したことがありますか？　この7日間で何杯の、マティーニ／ベルモット／同様の飲みもの　を飲みましたか?）。これまで3回もスイープを行なったにもかかわらず、コホートメンバーがどこに住んでいるかを記録していた人は誰もいなかったうえ、多くのメンバーが実家を出ていたので、追跡するのはさらに難しくなっていた。面談者が探偵の役割を果たし、家族がどこにいるかを知っている人が見つかるまで、あちこちの家のドアをノックし続けなくてはならない場合もあった。

データが集まると、状況はさらに悪くなった。あまりに大量なので、科学者は報告書の作成に行き詰まったのだ。データをまとめるのは不可能だ。政府機関は結果が出るのに時間がかかっていることに腹を立て始め、科学者は政府が主導権を握っていることに腹を立てていた。遅れはコホート研究への脅威だとわかっている。なぜなら、自分たちの仕事が公表されることも、学界や報道機関に認められることもないからだ。1世代のイギリス人についてのこの研究は、注目に値するかけがえのないものであるにもかかわらず、いまにも世間から姿を消しそうだ。

この問題はもっと大きな問題によって、いっそうひどくなった。コホートが推進役を失いつつあったのだ。1980年、ケルマー・プリングルの2番目の夫が休日に突然亡くなり、彼女は目に見えて動揺した。彼女は関節炎にも苦しんでいて、強い痛み止めの薬を服用していた。1981年、彼女は児童局局長を下りると発表し、擁護者である彼女を失ったコホートは、まさに道を見失った。ほどなくコホートの資金が干上がっていくと、ロンドンのオフィスが次々に余剰人員の解雇を行なった。政府はこの組織全体に愛想を尽かしていて、支援を打ち切りたいと考えていた。結果として具体的なものを何も出さないように見えるのに、だらだらといつまでも続く研究にうんざりしていたのだ。

一方、1970年生まれコホートも同じようにイバラの道をたどっていた。三男なので兄たちより影が薄く、放っておかれるので、自力でやっていかなくてはならないという苦労を味わっていた。1970年の出生調査の結果は、産科医学の分野にあまり影響をおよぼさなかった。おそらく、この調査が始まったときにはすでに、根本的な改革が進行中だったからだろう。多くの人々から見れば、すべて費用ばかりかかって期待はずれに終わっており、子どもたちを追跡しようという真面目な意図はすべて失敗だった。

1970年の調査を長期的なコホート研究に転換させるつもりなら、本拠地と擁護者が必要だ。そしてそのニーズを満たすのが、ネヴィル・バトラーだった。第2次コホート研究を始め、喫煙と妊娠についてのデータに関して先駆的研究を行なった小児科医だ。1960年代半ば、バトラーはブリストル大学の小児保健科の教授という地位を得ていた。いまだケルマー・プリングルとともに第2コホート研究の共同ディレクターを務めており、この研究に対する限りない熱意を失っていない。しかしロンドンの研究は物理的に遠かったため、やがて実際に主導権を握っているのはケルマー・プリングルであることが明確になっていった。ところが1970年生まれコホートによって、バトラーは自分自身の縦断研究を行なう機会を得た。バトラーは、コホートの子どもたちが3歳のとき、1970年生まれのコホートの研究をまとめてブリストルに持ち込んだ。研究はバトラー独自の世界に入ったのである。

当時からバトラーを知っている人はみな、ブリストル小児病院の古い研究室を覚えている。そこは彼の仕事場であり、スタッフと打合せをしたり、眠ったりすることもある。オフィスの裏には作業台、ガスバーナー、そして雁首形の蛇口のついた四角いシンクがある。その前に机、ラジオ、ベッドが置かれていたが、すべてバトラーの本とファイルとフォルダーと書類に覆われていて、おまけにカビの生えたコンデンスミルクの缶が散らかっている。朝、バトラーは病院のトイレから出てくることがある。そこで体を洗っているのだ。そして廊下をぶらぶら歩いてオフィスまで行き、しばらくしてネクタイを締め、外来診療の準備を整えて現れる。日常生活の雑事が彼の手にあまるように思える日もあった。ある夜、バトラーは事務官のクリスティン・ポーターに電話をかけ、ひどいことが起きたから助けに来てくれと言った。ポーターが到着すると、缶詰のベークドビーンズが爆発し、中身がオフィスの壁と天井に飛び散っていた。バトラーは注意深く説明書きにしたがって、鍋でビーンズを温めようとガスバーナーの上に置いたのだ。説明書きにもなく、彼も気づかなかったのは、まず缶のふたを開ける必要があることだった。

*

しかしコホートの記録は無傷だった。バトラーはそれを病院近くの丘の中腹にある、どっしりしたジョージア様式の邸宅に運び込み、子どもたちが5歳と10歳のときに追跡調査するため、数人の調査員とプログラマーを採用していた。ほかのコホートは財政的に崩壊寸前だったことを考えると、彼がどうやってそのスイープを実行できたのかはちょっとした謎である。しかしその答えはおそらく、バトラー自身と、彼が、出生コホートの驚くべき力が子どもの健康向上に役立つ、と固く信じていたことにあったのだろう。10歳調査が近づいたときには、バトラーは学術論文と下着をはみ出るほど詰め込んだスーツケースを、自分の白いフォルクスワーゲン・ビートルに積んだ。そして出生コホートについて熱のこもった講演をするべく車を走らせた。子どもたちの居所を突き止める——そう、この子どもたちも最初から見つけ出さなくてはならなかったのだ——のに協力し、そして質問票の配布を無償でやってほしいと保健師や教育機関を説得するためだ。

バトラーの情熱はコホートを存続させたかもしれないが、同時に彼の気質はそれを邪魔してもいた。バトラーは完璧主義者で、研究論文であれ何であれ、自分が書くものは何度も訂正に訂正を重ねるまでは完成と納得できなかったので、助手たちは疲れ切ってしまった（彼が研究論文をなかなか完成させなかったため、仲間の科学者がバトラーに論文の草稿を渡して、それが最終版だと話し、それに手を加えさせたあと取り上げて、自分たちで仕上げるという陰謀が実行に移された）。彼のそんな態度はコホート研究にいろいろと困難をもたらした。なぜなら、比較的少ない情報しか出てこないことになるからだ。5歳調査の結果をバトラーが発表したのは、子どもたちが16歳になってからだった。ワズワースが１９７９年にブリストルに移ったとき、ダグラスは彼に素晴らしいアドバイスをひとつしている。「きみが何をするにせよ、ネヴィルとはかかわるな」。

これらの問題と相前後して生じていたのは財政的な問題だ。１９８１年11月、バトラーは切迫した資金の問題を、自分自身の手でなんとかしようと決意した。彼は事務官に、最後の手段としてロンドンに行く、と宣言した。「サッチャー首相と話をしに行きます」。

ポーターは反対した。彼女はサッチャーの政治に不満があったのだ。バトラーは言った。「政治は別にして、彼女は資金へのカギを握っている。だから行くんだ」。

サッチャーはその日ロンドンで行なわれる授賞イベントで講演する予定だった。そのイベントにバトラーとポーターは招待されていなかったが、そんな些細なことにバトラーは動じない。彼は入口で自分

＊　この話には先があって、爆発音はセント・マイケル・ヒルのふもとまで聞こえ、バトラーのオフィスはその後、改装しなくてはならなかったという。

はブリストル大学のバトラー教授だと名乗り、招き入れられた。二人が紅茶とコーヒーのレセプションで待っていると、ようやくサッチャーが到着し、出席者が並ぶ廊下を早足で歩いてきた。バトラーは出席者の列の最後に並んだ。そしてサッチャーが近づいてきたとき、わざとカップとソーサーを床に落とし、こぼれたものを拭くためにかがんだ（一説によると、コーヒーがサッチャーにかかったという）。バトラーは立ち上がりながら、彼女に言った。「サッチャー首相、私はバトラー教授です。私たちは数千人の子どもを観察する全国調査を行なっています。そしてもっと資金が必要です！」そして彼はくどくどと話を続け、彼女を行かせようとしなかった。サッチャーはすげなく側近の一人のほうを向き、「あなた、この方と話をしてくださらない？」と言い、スピーチをするためにさっそうと歩いて行った。

サッチャーとの出来事は、自分の引退が近づき、資金が乏しくなっていくなか、1970年生まれコホートの将来を保証するために、いっそう精力的になっていったバトラーの試みのひとつにすぎない。彼としては、コホートがティーンエージャーになるときにスイープを計画したかったが、政府の資金源から支援を見つける見通しは暗いようだった。

ぎりぎりに思えたのは資金だけではない。時がたつにつれ、バトラー自身もそう見えた。小児科のクリニックを運営しながら、大切なコホートを存続させるために全力で取り組んでいる。同僚たちには、彼の感情がますます予測不可能になっていくのがわかった。上司の研究者の一人は、ある年の冬に出張に出かけたとき、「もしもの場合にやるべきこと」と題した文書を書いておいた。バトラーがおかしくなった場合に取るべき処置を詳しく説明した文書だ。チームのなかには、自分たちは研究の理論面を担当し、バトラーには仕上げられない論文を作成しているのだと感じる科学者もいた。遠目にはすべてが科学のための熱心なドタバタ劇に見えるが、研究室の人間関係の内情はぎくしゃくしていた。物事がこのまま進み続けるわけはない。大学はバトラーに対していら立ちを募らせ、彼は自分が1985年に引退したらコホートが中止されるのではないかと心配だった。しかしバトラーは研究のためならどんなことでもする気だった――そこであるとき、独力でやろうと決心する。

1980年代初め、彼は子ども研究国際センター（ICCS）と呼ばれる慈善団体を設立し、信じられないような計画を立て始めた。子どもの発達に関する世界的な権威となるセンターを建設し、コホートの本拠地をつくるために、300万ポンド以上を集めたいと考えたのだ。彼は夜な夜な紳士録を読み、慈善団体の後援者になってほしいと頼める有力者を選んだ。一部の人には手紙を書き、ほかの人にはサッチャーのように直接会って口説こうとした。俳優のジェームズ・メイソンとドーチェスター・ホテルで昼食をともにし、政治家のノーマン・ラモントとはざっくばらんな会合をもった。病気の子どもを助けることになるという心の琴線に触れる考えで、コホートを売り込んだ――そしてそれが功を奏したようだ。1年とたたないうちに、バトラーの後援者リストには歌手のクリフ・リチャードやツイッギーは言うにおよばず、デイム、子爵、男爵、下院議員、上院議員、ナイト、伯爵夫人、侯爵、王女、主教らが名を連ねた。実際、リストは600人以上に上っていて、後援者でない著名人を思いつくほうが難しかった。コーヒーの一件にもかかわらず――あるいは、おそらくそれがあったために――サッチャーでさえ後援者になり、慈善団体の発足パーティーを主催することに同意している。地元の小学生がセンターのために特別に作曲された歌を歌い、バトラーは団体のロゴになった大きな虹の下で、招待客と握手をした。バトラーの慈善団体に関する計画はあまりに野心的だったので、国際センターならぬ宇宙間センターと陰で呼ぶ人もいた。

バトラーは300万ポンドの寄付を集めることはできなかったが、古い孤児院のオフィスを安く買うだけの金額は集まった。幅の広い建物で、玄関の両側には円柱が立っている。1989年に大学を引退した彼は、ブリストル小児病院のオフィス兼寝室を引き払い、すべてをそこに移した。しかしさすがのバトラーにも、主要スタッフは移せなかった。彼らは大学に雇われていて、そこにとどまることを望んだのだ。後援者が大勢いてパンフレットは豪華だったが、「宇宙間センター」はこの段階では、ほぼバトラーだけだった――彼がその推進力であり、彼はコホート研究を継続させることを決意していた。

バトラーはひたすら突き進み、科学者がいまなお畏怖の念をもって語る16歳調査を計画した（コホート伝説によると、その調査が最終的に確実に前進することになったのは、バトラーがメディア王でミラーグループのオーナーであるロバート・マクスウェルから5万ポンドの小切手を受け取ったときだという）。ワズワースやケルマー・プリングルの前回調査がどれくらいの大きさだったにせよ、バトラーと同僚が1986年にティーンエージャーに行なったものは別格である。バトラーは16ページにわたる若者本人向けの友人や性的関係の質問（一度やったことがある／数回やったことがある／やったことがあればいいのに／もうすぐやることになると期待している）、19ページにわたる両親向けの家庭、家計、家事に関する質問（家は　きれいすぎる／とてもきれい／ふつう／きれいでない／ぐちゃぐちゃ）、13ページにわたる医師向けの質問（この若者の下着をつけた体重は？　この若者の話はどれくらい明瞭だと思いましたか？）、そして学校長向けの質問（何パーセントの生徒が「所有している土地に建つ大きな家」から通っていますか、「修理が行き届いていない狭苦しい家」から通っている生徒は何パーセントですか？）を考案した。そしてマニュアル、検査、自己記入式質問票、面談、日記、健康診断など、全部で19種類の調査書類を用意した。彼にはあまりお金がなかったかもしれないが、それでも思いつくことをすべて訊かずにはいられなかったのだ。

この調査を企画している途中で、バトラーは1万7000人近くいる16歳のイギリス人に、コホート史上前代未聞のことをやるよう依頼することにした。金曜から月曜まで連続4日間、自分の生活についての本当にすべて――「おもしろいことも退屈なことも」――を示す詳細な日記を送ってもらいたいと考えたのだ。だがこれはかなりの要求だ。ティーンエージャーにはだいたい、自分の毎日の活動を詳しく記録することによって国の科学事業に貢献することより、もっと差し迫った問題がある。そこで彼は小さい文字でタイプした2ページの詳細な説明と、彼がどういうことを知りたいか念押しするための16歳の日記の完璧な例を、若者に送ることにした。その例は次のとおりだ。

余暇日記

土曜
午前

7：30　起床。雨！
7：40　ミルク入りコーヒーを1杯飲んだ。
7：45　新聞販売店まで歩いた。
7：55　新聞配達を始めた。3マイル歩いた。
8：55　家まで歩いて帰り（1マイル）、ずぶぬれになった。
9：05　シャワーを浴びた。
9：30　自分の朝食を料理した（スクランブルエッグをのせたトースト、ミルクティー1杯）
10：05　自分の部屋を掃除――退屈！
10：25　フランスのペンフレンドに手紙を書いて、投函した。

11：25　テレビで『サタデー・スーパーストア』を見た。

午後

1：00　サンドイッチ3つ、ビスケット2枚、コーヒーを2杯。
1：20　外出の身支度をした。
1：40　バスの停留所まで歩いた（1/2マイル）。
1：50　町までのバスに乗った。30ペンス。
2：10　店に行って、カセットテープ1本を3ポンドで買った。
3：20　友人に会って、コーヒーを飲みに行った。やつらがタバコを吸い、僕は咳が出た！
4：15　さらにショッピング——靴を1足買った。7ポンド。
5：05　バスで友だちの家に。
5：30　友だちの家のテレビで『爆発！デューク』を見た。
6：30　友だちの家で夕飯を食べた（フィッシュアンドチップス、アイスクリーム）。
7：15　友だちと外出する身支度をした。映画でなくユースクラブに行くことにした。
8：00　ユースクラブでライブ/ディスコに行った——そこで大勢の友だちに会った。2杯飲んだ（どちらもラガービールの小）。
10：00　ユースクラブの外でケンカに巻き込まれ、目の周りにあざができた。
10：30　友だちのパパに迎えに来てもらった。
10：45　どうして目にあざができたのかで、両親と言い合いになった。

11:00　録画したビデオを見た――『スピッティング・イメージ』2話。

午前

0:00　小さいマグ1杯のコーヒーとビスケット3枚。
0:15　ベッドに入って、『スマッシュ・ヒッツ』を読んだ。
0:40　眠りについた。1日いろいろあった！

ティーンエージャーの生活に関するバトラーの考えは、1986年にコホートのティーンエージャーがしていた実際の週末活動と比べると、現実世界とはかけ離れていたようだ。ゲイル・グリーヴを例に取ろう。彼女は住んでいるチェシャー州の町に近い「マッキーズ」の頂上に登ったり、ボーイフレンドのバイクの後部座席に乗って走り回ったりするのが好きだ。ちょうど調査が行なわれたころ、彼が急ブレーキをかけたせいでゲイルはバイクから振り落とされ、膝がずたずたになってしまった。そのため、彼女が日記をつけた週末は、おそらく松葉杖で過ごしていただろう。しかし、それでも彼女はほとんどの時間をボーイフレンドの家で過ごすことをやめなかった――そしてほかに何をしたかは、数カ月後、グリーヴが吐き気を催したので医者に行ったときに明らかになった。相かわらず誰にも負けないほどスリムで、生理が止まっていなかったにもかかわらず、妊娠6カ月であることがわかったのだ。そのとき彼女は17歳になっていた。

これほど壮大な調査の運営が容易なはずはなく、バトラーがようやく余暇日記などのツールを発送したときには、1980年代という時代が大きな障害を突きつけてきた。全国の教師たちが微々たる昇給に抵抗してストライキを起こし、サッカークラブのような課外活動や、まして記入に何時間もかかる質問票を拒否したのだ。バトラーは書式と検査の一部を再考せざるをえず、最終的に調査自体に2年もかかってしまった。しかもデータはまばらだった。土曜日のショッピングやテレビ番組、ディスコやケンカのことを余暇日記に書くことに挑戦した子どもは約40パーセントにすぎず、質問票を送り返した教師はわずか20パーセントだった。お粗末な回答率で、バトラーは結果をまとめるのに四苦八苦する。彼が最初に出生調査を実施した1958年と比べて、1986年はまったくちがう世界だと思い知らされた。あの当時は、情熱とエネルギーにあふれた一人の人間が多くのことを達成できた。しかしいまやコホート研究を維持するには専門のチームと何百万ポンドもの資金が必要であり、信頼できる結果を出し続けなければ沈没してしまう。

1989年8月8日、コホートの19歳の誕生日を記念して、バトラーは世界最大級の誕生日パーティーを開いた。コホートメンバー全員を、当時イギリス最高のテーマパークとされていたオールトンタワーズに招待したのだ。バトラーはコネを使って、パークへの入場無料とブリティッシュ・レールの割引運賃を実現した。ティーンエージャーたちはブラックホール——当時の絶対乗るべきジェットコースター——の入口に行列をつくり、バトラーは参加者全員を楽しませるために、式帽をかぶりガウンを着てゾウに乗った。グリーヴは彼を、髪を風にワイルドになびかせているおかしな教授として記憶している。

そのあと1970年生まれコホートは姿を消した。ティーンエージャー調査で研究はあまりに大きなダメージを受けたため、追跡する価値がなくなったと結論づける科学者もいた。バトラーがいなければ、コホートはここまで長く続かなかっただろう。しかし、この先さらに進むには、バトラー以上のものが必要だったのだ。

最初の三つのコホートが直面した問題は、第4次コホートが直面したものとは比べものにならなかった。第4次？　そう、なんだかんだ言ってこの段階までに、12年ごとにイギリス人出生の大規模調査を実施することは伝統になっていた――そして次が1982年になることは、とっくにわかっていただろう。このように子どもたちを世代ごとに追跡している国は世界中にほかになかった。国内外に、第4回周産期死亡率調査が行なわれ、それもまたコホート研究になるだろうという期待が広がっていた。産科学界には、出産疫学の世界的リーダーとしてのイギリスの地位を固めるために、国家周産期疫学ユニットと呼ばれる総合的な研究センターの設立に興味をもつ人もいた。このユニットは1978年にオックスフォードで始まった。指揮を執ったのはイアイン・チャーマーズという若い医師だ。大方の予想どおり、ユニットの任務のひとつが、1982年に第4回周産期死亡率調査を実施するのが可能で望ましいかどうかを検討することだった。調査は既定事実ではなかったが、非常に差し迫った関心事になっていた。計画には何年もかかるが、時間は過ぎるばかりだったからだ。

チャーマーズは駆け出しのころ、医学における証拠の使われ方に不満を感じるようになった。その彼がついには、その方法を抜本的に変えるのに一役買うことになる。彼は研修中にパレスチナのガザ地区で2年過ごし、自分が医学について教えられてきたことの一部は致命的な誤りだと知った。学生のとき、ウイルス感染症であるはしかを、細菌を殺す抗生物質で治療してはいけないと教えられていた。しかしのちに、はしかの子どもに肺炎を引き起こす細菌感染を抗生物質が予防しうることを示す臨床試験があること、そして自分が治療した子どもはその不十分な教えが原因で死亡したかもしれないことを知った。

さらにカーディフ市で産科の研修を受けていたとき、そこでの医療も証拠にもとづいていないことに気づいた。同じ病気を治療するのに、したがう手順が産科医によってちがうのだ。そのため、夜間に産婦の手当てをするために呼ばれたとき、彼が最初に訊く質問は「どうした?」、二番目に訊くのは「彼女の担当はどの専門医だ?」だった。これは正しいとは思えなかった。意見より証拠をもとに、女性を治療する最善の方法を考えるべきではないのか?

チャーマーズは産科治療の劇的に新しいアプローチに関心を抱くようになっていた。女性の出産方法は根本的に変化しており、病院で出産する女性が増えるとともに、帝王切開や陣痛誘発、その他の検査や手術が増えていた。なかには1958年の周産期死亡率調査に端を発しているものもある。自宅出産に対する激しい非難が目立ったことで病院出産が増え、出産予定日を過ぎた妊婦への誘発剤使用が促進されたのだ。しかし1970年代に入って、妊娠と出産への医学的介入の増加を疑問視する女性団体や消費者団体が増えていた。女性にしかできないこの経験について、女性が男性に指示されているのはいかがなものか、というわけだ。

チャーマーズが望んだのは、出産における医療処置の増加で命を救われる赤ん坊が増えているのかどうかを解明することだった。この疑問に答えるため、彼が注目したのはカーディフ出生調査と呼ばれるデータセットだ。これは1965年から73年までのあいだにカーディフ市で子どもを産んだ女性に関する非常に詳しい情報を集めたもので、合わせて4万件近くある。チャーマーズの分析は、この期間にほぼ誰もが病院で出産するようになり、薬による陣痛の誘発・促進は一般的で、分娩中に赤ん坊の心拍をモニターするのも標準であることを確認した。しかしそれにもかかわらず、周産期に死亡した赤ん坊の数にも、死亡した経緯にも、統計的に有意な差は見つからなかった。現代の医学的治療に何ができようと、自分の赤ん坊が死ぬのを見ることになるリスクは、1973年に出産した女性も1965年に出産した女性と同じだったのだ。これは「気のめいることだ」と、チャーマーズは1976年に『ブリティッシュ・メディカル・ジャーナル』誌（BMJ）で発表した論文に率直に書いている。チャーマーズはこの問題を別の角度からも見ていた。陣痛誘発剤、帝王切開、その他あらゆる出産にまつわる医療処置を自由に行なう医師に手当てされた5000人あまりの女性グループを、もっと保守的で介入しないアプローチをとる医師に手当てされた女性グループと比較したのだ。またもや、どちらかのタイプの手当てのほうが有利だということはなかった。これらの研究はかなりの動揺を引き起こした。なぜなら、戦争以降に起こった出産の大幅な医療化には、有益な効果がなかったことを示唆しているからだ。これらの研究が、最善の出産方法に関する論争を白熱させた。

一方でチャーマーズは自分の研究の限界にも悩まされた。彼の研究の基本は、出生コホートと同じように、出産を受動的に観察してデータを集めることにある。つまり、実際に医療行為の変化で、より多くのカーディフの赤ん坊が救われているのに、彼がコントロールしていない何かの交絡因子によって、死亡率低下が隠れてしまっているのかもしれない。あるいは、サンプル数が少なすぎて、女性グループ間の有意な差を見つけられないのかもしれない。あるいは、結果は統計的なまぐれかもしれない。彼は観察研究の限界、つまり関連と原因を正確に示すために交絡因子を排除することの本質的な難しさに、ぶち当たっていた。これらの医学的処置は、女性と赤ん坊にとってより良い結果を生んでいるのか、それとも生んでいないのか？　証拠ははっきりしていなかった。チャーマーズがカーディフの研究を発表したのと同じ日、ジーン・ゴールディングという科学者が、反対の結論に達した論文を同じ号の『BMJ』で発表している。彼女はオックスフォード地域の10万を超える出産の記録を検討し、陣痛誘発された女性のあいだでは死産率が急速に下がっていると結論づけた。科学が同時に異なる方向を指す場合があることの好例である。

チャーマーズは落胆していた。単なる観察では、医師と女性が必要とする決定的な答えが得られない。医学的技法が功を奏するかどうかを試す、もっと優れた方法が必要だ。そしてそれは、ランダム化比較試験と呼ばれる種類の実験だった。

このタイプの臨床試験を有名にしたのはオースティン・ブラッドフォード・ヒル、喫煙と肺がんの先駆的コホート研究を行なったのと同じ医学統計学者だ。1940年代、抗生物質時代が幕を開けたころ、医師たちはストレプトマイシンという新薬を手に入れていて、結核との闘いに効果があるかどうかを知りたかった。医学界では薬をテストするのに、投与されるグループとされない対照グループを比較するのがすでに標準になっていた。しかしこの手法がうまくいくのは、二つのグループがほかのあらゆる点で同じである場合に限られる。しかもバイアスが忍び込みやすい。患者を二つのグループに割り振る医師が、薬を投与される患者に特定のタイプ――病気が重い人や恩恵を受けそうな人――をつい選ぶことでグループをゆがめ、薬の真の効果を解明できないおそれがある。

これを避けるためには、患者は治療グループと対照グループにランダムに割り振られなくてはならないことに、ヒルは気づいた。そしてこのランダム性を保証するために、患者を試験に参加させる医師さえ、患者がどちらのグループに入ることになるか、わからないようにする研究を計画した（情報は封筒の中にしまわれて封をされ、患者が登録されたあとにはじめて開封される）。1948年に発表されたヒルの試験はすぐに、ストレプトマイシンを投与された結核患者のほうが投与されなかった患者より、早く回復することを明らかにした。ランダム化比較試験を医学の「ゴールドスタンダード」――新しい治療法の効果を試験する最も厳格な方法――として確立したことで、この研究は画期的なものとなった。それでもそうなったあともずっと、現場の医師は患者を目の前にして治療方法を考え出すとき、そのような試験に十分注意を払うとは限らなかった。それが実際に変わり始めたのは1972年、アーチー・コクランという医師で疫学者のスコットランド人が、本当に効果のある医療行為を特定するための最も信頼できる証拠のかたちとして、ランダム化比較試験の重要性を強調した有力な本を出版してからのことである。数年後に彼は、ランダム化比較試験を最も有効に使っているのは医学のどの専門分野なのかを考えた。優勝は結核の研究。ヒルの画期的試験のおかげだ。最下位は産婦人科の分野だった。そのような試験を使って医療行為を厳しく評価していなかったからだ。

チャーマーズはコクランの仕事に深く影響され、ランダム化比較試験のとりこになった。それは彼自身の経験とも一致している。観察研究では、出産時の女性と子どもを助ける最善の方法についての確実な答えが出てこない。医師が本当に最も安全な処置を知りたければ、特定の医療行為――たとえば陣痛誘発――を受けるかどうか、妊婦をランダムに割り当ててから追跡して、妊婦や赤ん坊の健康の差異を評価する、ランダム化比較試験を行なうべきだと彼は確信した。*

1975年、チャーマーズの研究に絶好の突破口がおとずれた。自分の研究結果をウォーウィックでの会合でプレゼンしたあと、彼は二人のベテラン産科医から誘いを受けた。新しい国家周産期疫学ユニットの設立に興味はないかね？　この分野の最善の手法《ベストプラクティス》を探ることに専念する機関だった。出産に関す

＊　チャーマーズはのちに、治療法はランダム化比較試験その他の確実な証拠をもとに決定されるべきだという考えを擁護したことによって、非常に大きな影響をおよぼした。彼が設立したコクラン共同計画という団体は、あらゆる医学分野における最も信頼のおける証拠の情報源となった。

る議論は政治家の関心を引いたため、保健社会保障省はセンターへの資金提供を承認していた。センターはひときわ注目される事業となっていたのだ。チャーマーズはこのことを知っていた。32歳でまだ経験不足だったが、これは辞退するにはあまりに心躍る提案だ。そして彼はオックスフォードの研究棟の部屋でユニット設置を始めた。しかしランダム化比較試験は最優先の仕事ではなかった。はるかに緊急性が高かったのは、1982年に第4回周産期死亡率調査を行なうべきかどうかの問題だ。助けを必要としたチャーマーズは、ジーン・ゴールディングを最初の新メンバーの一人として迎えた。

ゴールディングは数学、出産、そしておそらく何より、不利な状況で成功することのエキスパートだった。彼女は病気の長期的影響について、生まれてこのかた学んできていた。石油会社の従業員の娘で下流中産階級だった彼女は、グラマースクールに通っていた13歳のとき、ポリオにかかった（ワクチンが導入される2、3年前だ）。その麻痺のため、足に矯正具をつけ、1年間学校に行けなかった。これは、希望どおり大学で動物学を勉強することができないことを意味した。なぜなら、現地調査や実験室での作業が彼女の体にはきつすぎるからだ。それに引きかえ数学は知力しか要求されず、彼女にはそれがふんだんにあった。そして彼女はオックスフォード大学に合格した。数百人の男性とともにこの学科を選んだ10人ほどの女性の一人だった。

卒業後、ゴールディングは教師になり、博士課程の学生と結婚し、13カ月で2人の赤ん坊を産んだ。2、3カ月後、夫がアメリカに去ってしまうと、彼女は2人の子どもを抱えて残された。24歳のときのことだ。ゴールディングはロンドンの安アパートに住んで、なんでもいいから数字にかかわる仕事で、子どもたちが寝ているときにできるものを探し始める。ちょうどそのとき、1958年の周産期死亡率調査の仕事をしている科学者が、計算をしてくれる人を募集していた。彼らは、無脳症や脊椎披裂などの神経管欠損のような障害にパターンがあるかどうか見つけようとしていた。神経管は成長中の胎児の中で形成される細い円筒状の神経組織で、膨らんで脳と神経系に枝分かれする。ゴールディングはその計算に適任であり、タビュレーティングマシンを必要としないほどだった。彼女は穴あけ器で独自のパンチカードをつくり、編み針を使ってその穴に糸を通して分類し、居間の床の上に積み重ねていった。そうやって、子どもたちが起きる前の早朝、昼寝の時間、そして寝ている夜に、まるで室内ゲームをしているかのように、恐ろしい死と障害のカードに穴を開けては分類したのだ。

ゴールディングの仕事は平凡で、使っているツールはこれ以上ないほど原始的だったかもしれないが、浮かび上がった実態は深刻だった。彼女のはじき出した数字は、神経管欠損の率は社会階級の最下層のほうが上の階級よりはるかに高いこと、そして南部と東部より北部と西部のほうがかなり高いことを示していた。赤ん坊の死亡率の地域パターンを驚くほどよく反映している。結果は厳しく、やりきれないもので、そしてゴールディングにとってはやりがいがあった。彼女は自分の編み針が拾い上げたパターンの原因を、どうしても知りたかった。これが妊娠出産の疫学者としてのキャリアの始まりで、仕事場は自宅の居間からロンドンとオックスフォードの大学へと移った。この経歴から見て、ゴールディングは第4回周産期死亡率調査という発想を検討するのにもってこいの人材だった。新たな疫学ユニットが始動したとき、彼女は就職して計画を描き始めた。

想像の世界では、出生コホート研究を開始する理想的な方法は、短期目標と長期目標を書き出して、子どもたちの登録方法を考案し、次の数十年にわたって彼らをどうやって追跡するかを計画することだろう。そのあと、計画案は確実に審査をパスするように精査され、運が良ければべらぼうな金額の研究助成金を勝ち取り、全員が動き出す。しかし現実世界では、事はそのように運ばない。

コホート研究者が最初に遭遇する問題は、目的を明確にすることだ。科学的手法は仮説の構築で始まり、それを観察と実験で試して、仮説は正しいのか、それとも何かほかのものを支持して捨てるべきなのかを見きわめることだ、と科学者はみな学ぶ。科学者と資金提供者はふつう、簡潔で説明しやすく、提案されている実験で試せる仮説を好む。たとえば、喫煙が肺がんを引き起こすという仮説を立てたとしたら、あなたは人々に喫煙習慣について質問してから、がんになる人の数を数えればいい。実験は仮説を試しているように見えるし、実際に試したのである。

しかしもし、あなたがゴールディングのように、乳幼児と児童の健康に対する影響に幅広く興味があるが、その影響がどういうものなのか、あらかじめわかっていなかったらどうだろう――あなたは何を尋ねる？　この問題に対する解決策のひとつは、たくさん賭けること。重要なものをひとつも逃さず、何か有益なものが現れることを願って、たくさんの仮説を考え出し、たくさんの質問をすることだ。この数を撃つアプローチは、探索科学と表現されることがある。なぜなら、開始するとき科学者は何を見つけるつもりなのかよくわかっていないからだ。探索科学を表現するもっと軽蔑的な言い方は「情報漁《あさ》り」だが、そう言われるとゴールディングは好んで「漁に出なければ魚はつかまらない」と応じている。出生コホート研究の支持者は、仮説とデータ収集の範囲を最初から広げておけば、誰も予想しなかったつながりを引き出せる、と主張する――1958年生まれコホートが、妊娠中の喫煙と低出生体重と周産期死亡率の関連を見つけることができたように。

ほとんどの科学者は、探索科学はさまざまな魚をつかまえる可能性があって、将来的に試すことができる新しい仮説を生み出すのにとても有効であることを認めている。しかしこの種の科学には、成功する保証がない。科学者と資金提供者が自問しなくてはならない現実的な問題は、探索にはコストをかけるだけの価値ある結果を生み出す可能性があるかどうか、である。この疑問は出生コホート研究に関してはとくに、一か八かの問題である。なにしろ出生コホート研究は規模が大きくコストもかさみ、重要な発見がなされるのに何年、何十年、あるいは一生涯かかるかもしれない。4年か5年の政治的サイクルで動いている政治家や政策立案者にしてみれば、自分たちが在職中に結果を目にする可能性が低いため、必要なコストと時間が大きな抑止力になってしまう。彼らの視点から見ると、出生コホートは費用がかかりすぎ、リスクが高く、だらだら続くギャンブルであり、たとえ奇跡的に成果が出ても、自分たちには一銭の得にもならない。出生コホート研究には、資金提供機関にとっての実務的な問題もある。彼らの予算計画では数年単位でしか資金を出せないのだ。そのため出生コホートはつねに軌道に乗るのに苦労する。これまでのイギリスの出生コホート研究はこのような問題を避けるために、1回限りの調査で始まっている。開始時には継続するという期待はなかった。言ってみれば、こっそり続いたのだ。

科学者がそのような探索を始めるにあたって遭遇する第二の問題は、何を質問するか決めることだ。20年後、50年後、あるいは100年後にようやく完全に結実する研究を立案するのは、どうしていいかわからないくらい難しい。結実するころには、研究の火つけ役は年老いるか亡くなっていて、想像もできなかったような科学的話題や技術が出現している。ダグラスはどうだったか。彼は妊婦が喫煙するかどうか尋ねるべきだと知らなかった。妊娠中の喫煙が有害だという考えが、まだ広まっていなかったからだ。科学者は過去の経験、現在の状況、そして必然的に不完全な将来の予測にもとづいて決めるしかない。

これらの問題に対するゴールディングの答えは、大胆な広範囲の計画を立てることだった。彼女はとてつもない規模の情報漁りを計画した。およそ1年かけて国中を回り、科学者や医師と話し、第4回出生調査の事業計画について考え出した。ゴールディングに仮説がなかったわけではない。彼女は仮説を大量に集めたが、それを減らす理由はないと考えた。そして新たな出生調査では、早産、発育遅延、周産期死亡、その他多くの出生時の問題の原因だけでなく、出産前ケアの質および母子の相互作用の影響も探るべきだと提案した。さらに、先天性欠損症の原因について、ストレス、サウナ、母親の職業、あるいは茶、ジャガイモ、コンビーフ、加工エンドウの摂取*と関係があるかどうかを含めて、たくさんの仮説も試すべきだった。科学者はこの研究によって試されるべき仮説を一流の医学誌や科学誌で募集できるし、妊娠に関するくだらない迷信を女性誌で見つけて、テストに組み入れることもできる。そしてゴールディングがこれらの仮説すべてに取り組むつもりなら、親、子ども、家庭について集めなくてはならない情報量は、それ相応に膨大になるはずだ。たとえば、親について集めるよう提案した情報は、靴のサイズや、電話、自転車、冷蔵庫、車を所有しているかどうかにまで広がった。**

提案された研究計画は法外だった。母親の健康を実際の出産前から観察し、事後に出来事を思い出してもらうことで生じる不正確さを避けられるように、研究は妊娠中に始めるべきだと、ゴールディングは判断した。その一方で、やはり一定期間——彼女の提案は1週間ではなく1カ月——内に起こった出生すべてをとらえたい。この二つの目標を調和させる方法は、約1年間にイギリスで妊娠する女性すべて、すなわち80万という膨大な人数を登録してモニターし、ある月に赤ん坊が生まれ始めたら、実際に生まれた約5万人の赤ん坊を引き続き追跡することだ。ゴールディングはさらに、1カ月に流産する推定5000人の女性と、さらに半年間で出生時に死亡する4000人の赤ん坊と6000人の低出生体重児についても、詳細情報を集めたかった。「ジーンの考えはとにかくどんどん大きくなった」と、当時の同僚の一人があきれている。

　それだけではない。ゴールディングは、それまでのコホートからの得難い教訓を活かそうとした。それまでのコホートではあとからつけ加えていた追跡調査を、最初から計画に組み込もうというのだ。これはきわめて思慮深いことだったが、彼女の最大のミスでもあった。出生調査のコストだけでも約85万ポンドに急騰していたが、さらなるスイープが金額を約200万ポンドに押し上げた。ゴールディングが仕上げた計画は、きれいにタイプされた90ページの文書になった。そこにはこれまでで断トツに大がかりで野心的な研究が素描されていた。しかし彼女にとって不運なことに、彼女はこの途方もない研究を、まちがった場所で、まちがったタイミングで、まちがった人々に提案した。

　関係していた主役たちから見て、1982年生まれコホートの展望はけっして明るくなかった。ゴールディングは1958年の出生調査で科学の経験を積んでいた。対するチャーマーズは一部の医師と同じく、1958年の出生調査は、正しいという十分な証拠もなしに陣痛誘発の率を高めたという意味で、面倒を招いたと考えていた。また、チャーマーズは第4回調査という発想を、出来るかどうかあてにな

＊　今日では驚きに思えるかもしれないが、当時の医学文献では、このような食事の要素と赤ん坊の脳と頭骨の一部が欠ける重大な出生欠損症の無脳症とが関連づけられていた。たとえば、母親の喫茶との関連は、無脳症が世界中のどこよりもイギリスとアイルランド——お茶好きの2カ国——の一部に多いという観察結果から浮上している。のちの研究は必ずしもこの関連を支持していない。
＊＊　これらの尺度にはそれぞれ用途があるというのが根拠だった。靴の大きさは骨の長さと成長のわかりやすい尺度になるし、電話は家族が楽にコミュニケーションを取ったり、助けを求めたりできるかどうかの尺度であり、冷蔵庫は家族が食べ物を安全に保管できるかどうかを示し、自転車や車は家族の経済的地位を示唆する。

らないと考えていた。対するゴールディングは、すでに決まったことであるかのように行動していた。また、チャーマーズは本人も認めているように、まだ非常に経験の浅い男性医師だった。対するゴールディングはこの分野でチャーマーズより長く仕事をしてきていて、その事実をしばしば彼に思い知らせる、非常に野心的な女性学者だった。さらに、ゴールディングはコホート研究を大切に思っていた。対するチャーマーズはその限界に落胆し、ランダム化比較試験を擁護するようになっていた。科学界ではランダム化比較試験の手法がますます好まれるようになっており、ゴールディングの計画はそれと衝突していた。

当然のことながら、チャーマーズとゴールディングの関係は急速に冷めていき、ほどなく関係はまったくなくなった。ゴールディングは新しいコホートについてのワークショップを組織したが、チャーマーズを招かなかった。二人が手紙だけでやり取りしていた時期もあった。これらの手紙はチャーマーズにとって、研究ユニットの記録保管所に永久に埋葬したいものだった。それは彼の人生で最悪の年であり、自殺しようとしてもおかしくないような年だったと、チャーマーズは語っている。

1979年4月20日、ゴールディングは運命を左右する国家周産期疫学ユニット顧問団の会合で、立ち上がって自分の計画を披露した。中庭が印象的で美しい芝生の広がるオックスフォード大学ハートフォード・カレッジの一室である。チャーマーズもそこにいた。以前の出生コホートを研究していた科学者も、調査に資金提供をするかどうか決定することになっている保健社会保障省の代表者も、そこにいた。これ以上ないほど悪いタイミングで行なわれた会合にしては、豪華な舞台である。

イギリスは一時の不況から脱したばかりなのに、また次の不況に陥る寸前で、政府機関はコスト削減を迫られている。サッチャーが数日中にも政権を握るところだったため、新たな指導者のもとでイギリスがどうなるかはまったく不透明だ。同じ月、医学研究審議会がいまにも第1次コホートを中止しそうで、ワズワースが猶予を懇願していた。ケルマー・プリングルは第2次コホートを救ってほしいと、同じ保健社会保障省も含めて政府機関に訴えていた。バトラーは自分のフォルクスワーゲンで国中を走り回り、第3次コホートへの熱意を宣伝しようとしていた。

無秩序に広がる高コストのコホート研究に対する反感は頂点に達していたのに、さらにここでゴールディングが会合で前に立ち、これまでにないくらい意欲的で高コストで広範囲のコホートを始めるための200万ポンドを要求している。彼女の計画を検討するために呼ばれていた科学者たちはすでに、その費用、焦点の欠如、仮説の多さについての懸念を表明していた。

正確に会合のどの時点で、1982年生まれコホートが消滅したかはわからない。ゴールディングが覚えているのは、チャーマーズが立ち上がって「背中にナイフを刺すように」、資金はほかに使ったほうがいいと言ったことである。チャーマーズの記憶では、会合が終わるころまでに彼女の提案に対する判断は明らかだった。疲れ切った委員会メンバーはぞろぞろと部屋をあとにして、象牙色の塔に囲まれた広場に出た。ハートフォード・カレッジにつながる美しい広場には、ブレーズノーズ・カレッジ、オール・ソウルズ・カレッジ、そしてオックスフォードの世界的に有名なボドリアン図書館の一部であるラドクリフ・カメラが並んでいる。その精巧な石灰石のファサードは、学究的活動に達成できることの象徴である。

そのとき委員会メンバーの一人が鍵を落とし、大げさな罵り言葉で空気を引き裂いた。それがその場の雰囲気をそのまま表していた。出生コホート事業すべてがもはや手に負えなくなっており、ここで止めなくてはならない。3カ月後、政府は第4回周産期死亡率調査を支援しないことを、正式に決定した。

ゴールディングの大きな野心は実現せず、一連のイギリスの出生コホートという驚嘆すべき偉業は最後を迎えたように見えた。

1982年3月29日、ダグラス、ケルマー・プリングル、バトラーがそろって、ブリストル大学の視聴覚部が所有する小さなスタジオで、ビデオ撮影のためにすわっていた。三人が一堂に会するのは初めてのことだろう。すでに引退していたダグラスはベージュのスーツを着て、リラックスした様子で左側にすわっている。バトラーは幅広の紫色のネクタイを締め、厚い眼鏡をかけて、感じよく右側にすわった。茶色い花柄のスカートをはいたケルマー・プリングルが二人の間のスペースに入って、上品に脚を組み、口紅をつけた口元のほほえみを保つのに苦労しているように見える。

ワズワースとゴールドステインがこの撮影を計画したのは、この三人がもうあまり長くそばにはいないと考えたからだ。ダグラスは年を取って来ていたし、ケルマー・プリングルは関節炎にひどく苦しんでいる。それにバトラーは、いや、彼についてはよくわからなかった。ワズワースとゴールドステインは、三人のコホートリーダーを集めるのにかなり苦労した。とくにケルマー・プリングルは、ライバルと思っているダグラスや、何かを一緒にやるのは不可能だと知ったバトラーとの議論を録画することに熱心ではなかった。その日、ケルマー・プリングルはバトラーに腹を立てた。彼が2日間寝ていなくて、居眠りばかりしていたからだ。

ワズワースがカメラに向かって三人を紹介した。「この映像は二つの意味で社会史の作品です。第一に、三つのイギリスの全国的出生コホート研究、つまり、1週間に生まれた赤ん坊全員についての三つの研究の記録です。しかし、社会史として別の意味もあります」と、彼はつけ加えた。「これらの研究はイギリス史の24年におよんでおり、そのあいだに社会福祉、教育、そして医療に重要な変化が起きました」。紹介のあと、インタビュアーがまずダグラスに、１９４６年生まれコホートの発端について尋ねた。「私はむしろ、2年間で完了させなくてはならない短期プロジェクトに関心がありました」と、ダグラスは始めた。「4年か5年だけ続ければ、さまざまな社会階級の健康障害と死亡率の高さの関係など、いくつかの疑問に答えられるように思えました。それ以上のことは考えもしませんでした」。

ワズワースとゴールドステインは約2時間の映像を撮影してから、2日かけて、バトラーが居眠りしていた部分をカットした。このビデオは三人のコホートリーダーが自分の大事な研究について語っている唯一の記録だ。同時に、撮影されたのは彼らにとって最も苦しい時期の記録でもあった。三人の科学者は、研究が学術界と政治に与えた影響について語った。ただし、この二つの間に一線を引くのは難しい場合が多い。政治家は問題を特定すると必ず、人々の生活の長期的研究さえあれば答えを見つけられると考えたものだ、とダグラスは皮肉っぽく言った。そして気づくんです、「ああ、でも三つあるぞ！」

将来についてはどうでしょう、とインタビュアーはケルマー・プリングルに尋ねた。次はどうするべきだと思いますか？「ええ、私が見たいのは、ご存じのとおり、あくまで夢ですが、縦断的なコホート研究が定期的に、たとえば10年、12年ごとに実行されて、この国のパターンの一部になることです」と、彼女は答えた。つまり、それを実行して比較するための機関を設立するということだ。「それはいまのところ、望みのないものを望むことですね」と、彼女は言った。そこにいた者全員が、第4次コホートの計画はすでに消滅したことを知っていた。

次にインタビュアーはバトラーのほうを向いた。将来はどうなるとお考えですか？「三つはすべて生き残っていますし、私にはこのまま存続するように思えます」と、バトラーは愛想よく答えた。ただし、すべての研究が危機に瀕していた。

翌年、ワズワースとゴールドステインの虫の知らせが現実になった。ケルマー・プリングルが62歳で亡くなったのだ。ほとんどの人は、彼女が体か心の痛みのせいで薬を過剰摂取したのだと考えている。一人のコホートリーダーがこの世を去り、ひとつのコホート研究はこの世に生まれてこなかった。残りのコホートの運命は、その時点ではまだわからなかった。

5　年を重ねて賢くなる

コホート、真価を発揮する

　1991年7月23日の夜について、ダイアン・アイルズの記憶にずっと残ることになった出来事もあれば、ずっと空白のままの出来事もある。

　忘れられないのは、朝5時に3345グラムで元気に出てきた第1子、アレックスの誕生だ。アイルズは出産まで多忙に過ごしていた。ブリストルのナットウェスト銀行でフルタイムの仕事をし、アレックスが生まれる3週間前に、コンピューティングの学位取得のための試験を受けていた。その7月の夜に破水すると、彼女は出産のためにまっすぐ病院に向かった。そのころにはブリストルの女性の98パーセントはそうしていた。しかし子宮収縮がなかなか進まず、陣痛を促すために廊下を歩き回っている時間があまりに長かったため、スタッフは夫を家に帰した。彼が去って1時間ほどしてから医師がアイルズを診察すると、子宮口が完全に開いていることがわかり、いきみ始めるように言った。「いいえ、だめです」と、彼女は言った。「夫がへその緒を切りたがっているのに、ここにいないのですから」。彼には電話したのでこちらに向かっていますよ、と医師は答えた。

さまざまな薬が広まっていたうえ、国民健康保険のおかげで無料だったにもかかわらず、45年ほど前のガートルード・パーマーと同じように、アイルズは出産のために望んだ鎮痛処置を受けなかった。痛みを麻痺させるために通常脊髄に注射される硬膜外麻酔をしたいと決心したときには、分娩が進みすぎてできなかったのだ。それでも、それから1時間半にわたっていきんだときの痛みや、最終的に医療チームが赤ん坊の出口を広げて無事に取り上げるために3センチ切開した痛みについては、あまりよく覚えていない。わかっているのは、赤ん坊が出てきて、医師が胎盤をゆっくり取り出すためにへその緒を手繰り寄せていると、へその緒がぷつんと切れたことだ。その時点で医師から、胎盤を引き出して傷口を縫えるように、硬膜外か全身麻酔のどちらかを勧められた。「思ったんです、「硬膜外はしない――お産の痛みをなくすために硬膜外をしなかったのに、胎盤のためになど絶対やらない」と」と、アイルズは言っている。彼女が全身麻酔を選んだので、そのあとのことは空白だ。胎盤――円形の組織の塊で、一般に重さは約700グラム、ディナー皿くらいの大きさで、生の臓物が入ったゼリー状の袋に似ている――が滑り出てきたときには意識を失っていた。

アイルズは、自分の胎盤がたいていの胎盤と同じように病院の焼却炉に送られたのか、それとも科学者によって丁寧に洗われてバケツに入れられたのかも、よくわかっていない。彼女は事前に、ブリストル市で始まっている子どもの研究のために、それをもらってもいいかと科学者から訊かれていた。「持って行かれたかもしれません」と、アイルズは言う。「手術室で持って行かれたかも。返してほしいとは言わなかったでしょう。別に料理するとか、何かするわけではありませんから。それがどこに行くのか、あまり気にしませんでした」。

胎盤の行き先として最も可能性が高いのは、科学者が第4次イギリス出生コホート研究の一環として集めていた、異例のヒト組織コレクションである。第4次コホートは前回の21年後にようやく動きだしていた。現在およそ9000個の胎盤が、ブリストル郊外の安全な貯蔵庫に収められている。胎盤は一つひとつ、組織を保存する化学薬品のホルマリンを満たした白いバケツの中で浮かんでいる。そのバケツが何列もの棚に並んでいる様子は、とても奇妙な白いビーチバケツのコレクションのようだ。

胎盤は、このコホートがこれまで生きてきた約25年のあいだに、科学者が収集した組織のほんの一部である。そのほとんどは「バイオハザード」と「ヒト組織局」と表示のある施錠されたドアの向こうだ。市内にある研究本部の暗い地下室に通じるそのドアを開くと、24時間警報器に接続されているウォークイン式の冷凍庫がある。そこには、かつてバナナやピーマンが入っていた空き段ボール箱の中に、母親の血清――全身に血球と栄養素を送る透明な液体――の入った瓶が積み重ねられている。さらに数歩進むと、血液、尿、唾液の入った小瓶が詰め込まれた冷凍庫がずらりと並ぶ。青い金属製の箱には、へその緒を紙のように薄く切った横断面を収めた顕微鏡スライドが重ねられている。光に当てると、かつて第4次コホートの赤ん坊と血液のやり取りをしていた2本の動脈と1本の静脈が見える。

アイルズは長年にわたり、自分とアレックスの組織をたくさんこの貯蔵庫に提供してきた。彼女がとくに覚えているのは、科学者が子どもの歯を送ってくれと言ってきたときのことだ。彼女はそれを寄付してもかまわなかった。「どうせゴミ箱に投げ入れていたでしょうから」。彼女は実際、そのとき7歳になっていたアレックスが、夜中に歯の妖精が部屋にやって来て、歯と交換に枕の下にお金を置いていく話を怖がっていると知り、そんな妖精はいないのだと言い聞かせなくてはならなかった。アレックスの歯はすべて透明のビニール袋に入れられ、ほかの4000人の子どもたちの歯と一緒に、科学者の地下冷凍庫に集められている。隣の冷凍庫には、1万5000個の切り取られた爪と、2万房の髪の毛を収めた箱がある。地下室にはさらに血斑のついた厚紙が詰まった箱が四つ、フリーズドライされた血漿の小瓶の詰まった箱が三つ保管されている。合わせると、この研究で150万点近い生体サンプルが集められている——さらに、もっとたくさん集める計画がある。

この驚くべき組織貯蔵所の発端は、1982年に第4次コホートを実現させる試みが失敗したあと、その傷をいやそうとしていたジーン・ゴールディングにまでさかのぼらなくてはならない。ゴールディングはチャンスを待っていた。1970年生まれコホートをバトラーとともに研究し、彼が完成させない論文のいくつかを書くのを手伝った。しかし彼女は相かわらず、自分の出生コホートは名案だとかたくなに信じていた——そしてほどなく、人生が彼女に2度目のチャンスを投げかけた。

1985年、ゴールディングは世界保健機関（WHO）が主催する会合に出席するため、モスクワに飛んだ。ヨーロッパの子どもの健康を改善するという、ややあいまいな議題である。そこで英語を母語とするのがゴールディングだけだったので、彼女は毎晩議事録を書き上げ、翌日提示する役に指名された。2日後、ヨーロッパの子どもたちの健康に悪影響をおよぼしているのが何か、誰もよくわかっていないし、それを突き止める方法についても、誰もたいした結論に達していないことが明白になった。そこでゴールディングは、彼らがすでに決断していて当然だと自分が思ったことを書くことにした。1982年生まれコホートの企画書を引っ張り出し、それを報告書に盛り込んだのだ。そして、多くの国は出生コホートを立ち上げ、のちに結果を比較するべきだと提案した。

大規模出生コホートに関する彼女の提案が、なぜ1979年のオックスフォードよりも85年のモスクワで好意的に受け取られたのか、正確な理由はわかりにくい。ひとつ考えられるちがいは、WHOは支払うべき費用について考えていなかったことだ。WHOは実際、いくつか小規模な予備的研究を委託して、そのあとヨーロッパ中の保健省に、各国がそれぞれ資金源を見つけられれば、出生コホート研究は実施する価値が十分にある、という文書を送った。これで最初からほとんどの国が脱落した。* しかしゴールディングは成功させようと決意していた。WHOからコホートをつくるお墨つきをもらったのだ。あと必要なのは資金、そして参加に前向きな数千人の妊婦だけである。

ゴールディングは1982年生まれコホートの意欲的すぎる計画で手痛いやけどを負ったため、今回はいくつかの点を根本的に変えた。まず、先行する三つのコホート研究が過去の経緯に負わされていた荷物の大半を投げ捨てた。1週間または1カ月の出生すべてを記録しようとするのではなく、1年あまりのあいだに、できるだけたくさんの出生を集めようとすることにした。そして研究を全国に広げるのではなく、エイヴォン州だけに限定する。** その州にブリストルがあり、州名の由来はブリストルを流れる川である。彼女のサンプルは全国の子どもの記録や代表にはならないが、登録する妊婦の人数を劇的に減らせるというメリットがある。そしてゴールディングにとってすべてが手近にあるということは、ダグラスやワズワースやバトラーのように大勢のデータ収集係を全国に展開しなくてはならないより、面談や検査を管理しやすいことになる。地域を限定したことで、コホートにエイヴォン親子縦断研究と

＊　いくつかの国はゴールディングとともに、ヨーロッパ妊娠出産縦断研究と呼ばれる研究に参加し、4万人以上の子どもを追跡した。

＊＊　この州は公式には1996年に廃止され、ブリストル市、グロスターシャー州、およびサマセット州に再編成された。ゴールディングがこの場所を選んだおもな理由は自分が住んでいたことだったが、ここの子どもたちは都市、いくつかの町、そしてもっと田舎の地域に、うまい具合に入りまじって分布していた。

いう名称と、ひどくわかりにくくて有名な略称のALSPACがついた。参加者はみな、もっと親しみやすい「90年代の子どもたち」という名前で呼んでいる。

出生コホート研究がこれまでよりはるかに好意的に見られるようになる変化が、国際舞台で起こりつつあった。その最たるものが、驚異的なテンポで加速する遺伝子研究の発展である。生物学者は数十年にわたって、体を構成要素に分解することに重点を置いていた。私たちの組織をつくり上げている細胞から、さらにズームアップして、細胞をつくり上げている分子に分解していく。彼らがとくに固執するようになったのがDNAだ。ヒトの細胞の中心に丸まっているひも状の分子で、長さ方向に遺伝子と呼ばれる部分が含まれている。1953年、イギリスの科学者たち――とくに有名なのはジェームズ・ワトソン、フランシス・クリック、モーリス・ウィルキンス、ロザリンド・フランクリン――が、DNAにはねじれたはしごのような二重らせん構造があることを発見し、この分子がどうやって生物学的情報を保存し、細胞から細胞へと伝えるかを明らかにしたことによって、生物学の様相が一変した。DNAを構成するのは化学文字の配列であり、細胞は遺伝子内のその配列を読み取り、それを使って細胞の構造と機構をつくるタンパク質分子を構築できる。DNAははしごの半分に当たる鎖2本に分裂し、それぞれがはしごのもう半分を再構築して、そっくりの複製二つになり、複製が娘細胞に伝えられる。これは驚異的な分子であり、以来ずっと生物学者をとりこにしてきた。

遺伝学の急速な発展は、人間の病気の原因を理解しようとしていた疫学者にとって重要だった。それはつまり、感染性の微生物や環境汚染、喫煙、食事、社会階級など、本書でこれまでに言及してきたさまざまな因子として、人が自分のいる環境で遭遇する影響の範囲を超えて、視野を広げられることを意味した。遺伝疫学という新たな探求分野が開けたのであり、親から受け継ぐDNAがどのように本人の病気へのかかりやすさに影響するか、研究者は理解しようと試みている。そのためには、変異したときに病気を引き起こす遺伝子をひとつだけ見つければいい場合もある。しかし心臓病や糖尿病のような慢性疾患には多くの遺伝子が関与するので、それを特定する仕事ははるかに複雑だった。

1990年にはDNAへの執念は頂点に達し、とうとう科学者はヒトゲノム・プロジェクトの正式な開始を発表した。ヒトのDNAに含まれている30億個の文字の配列を決定しようという、力を誇示するような高コストで大注目の国際的な試みである。それをコード、青写真、生命の書、何と呼ぶにしろ、ヒトゲノムの配列によって、この驚異の分子がどうやって健康な人間の体をつくるのか、その配列のどんな異常が病気のときに体を故障させるのか、明らかになることが期待された。

これは出生コホートへの支持を獲得しようとしていたゴールディングにとって、興味深い状況だった。ひとつに、探索科学――「情報漁り」――の価値についての議論が、国際的に展開されることを意味した。ヒトゲノム・プロジェクトは大規模な探索研究だった。なにしろ高いコストをかけてゲノム配列を探索するのだが、何が見つかるのかは誰にもよくわかっていなかった。その発想に賛同しない科学者もいた。彼らの指摘はこうだ。遺伝子そのものはヒトゲノムのほんの一部にすぎない（そのあいだに続く膨大なDNAは重要でないとされたので、ジャンクと呼ばれたほどである）。DNA文字すべての順序を決めるのは単純な反復作業だ（DNAを配列解読装置にかけることになる）。資金は、特定の遺伝子の働きに関する仮説を検証するための、もっと目的を絞った実験に使ったほうがいい。しかしこのような主張はゲノムプロジェクトの支持者にかき消された。取りかかって、すべての配列を決定しないかぎり、ゲノムに何があるかを知ることは不可能だ、と反論したのだ。今日、科学者はヒトゲノム・プロジェクトが有意義だったと認めている。なぜなら、遺伝子と細胞の働き方についての膨大な情報をもたらしたからであり、科学者はその情報の潜在能力を人間の健康のために利用し始めたばかりである。

しかしゴールディングは、1980年代半ばに新しいコホート実現のための活動を再開したとき、高コストの探索的な出生コホートに対する反対が、相かわらず鉄のように強固であることを知った。国の景気は好転しつつあり、研究資金が増えていることなど関係ないようだった。MRCのような大きい資金提供機関は、包括的な仮説や結果の保証のない長期的なデータ収集活動には、ほとんど関心を示さない。もしコホート研究にお金を払い始めたら、永遠に底なしの穴に注ぎ込まなくてはならなくなると、誰もが思っていた。そのためゴールディングは別の方針を取らざるをえなかった。ひとつの組織が費用を支払ってくれないとしても、たくさんの組織がそれぞれ少しずつ払って、合わせて全額を達成することは可能だ。彼女はコホート研究が答えを出せる具体的な仮説をたくさん特定して、政府機関、慈善団体、企業、そのほか支援の説得相手として思いつくあらゆる人物に、猛烈な勢いで申請書を書き始めた。それから16年にわたって、彼女と共同研究者は約670枚の助成金申請書を書いた。3枚に1枚は成功し、残りの2枚は却下されている。しかし資金は少なくとも徐々に入りだした。

ヒトゲノム・プロジェクトには、ゴールディングにとって別の影響もあった。配列が何を意味するか理解する方法をコホート研究が教えてくれると気づいた、先見の明ある科学者もいたからだ。ゲノム——DNAの文字目録——ひとつだけでは実際には、人間の健康を理解するという観点ではあまり意味がなかった。もっと大きな課題は、各人のゲノムが隣の人のそれとどうちがうか、その差が人間の発達と健康にどう影響するかを、解明することにあったのだ。どのヒトゲノムも隣の人と99パーセント以上同じなので、これはけっして容易な仕事ではない。ちがいはどこにあって、それは何を意味するのだろう？

この問題に取り組む方法のひとつは、大規模なコホートの詳細な医療情報を、そのDNAサンプルとともに集めることだ。そうすれば遺伝子コードの変異を、身長や体重、成長パターンや病気の発症のような、特定の特徴と関連づけることが可能かもしれない。この種の遺伝疫学は従来の疫学と似ているが、小さな改変がいくつかある。たとえば、喫煙と肺がんの関連を探すよりむしろ、特定の遺伝子配列とがん（あるいは別の疾患）との関連を探すことが目的だ。最終的な目標――疫学者の夢――は、遺伝子配列と喫煙のような環境因子の両方がどう組み合わさって病気を生み出すのかを理解することである。

ゴールディングは遺伝学者ではなかったが、彼女はすぐにマーカス・ペンブレーという遺伝学者とチームを組んだ。DNAを集めることは、成長する子どもたちの詳細な質問票情報を集めるのと同じくらい重要だと、彼女を説得した人物だ。二人はDNAを抽出するための母親の血液サンプルと、入手できる赤ん坊のまさに最初の血液サンプルとして、出産後にへその緒から滴り落ちる血液を集めることにした。そしてDNAはほんの序の口だ。生物学者の視点からすると、出産はヒト組織を集めるまたとないチャンスである。なぜなら、胎盤、臍帯、臍帯血というかたちで、とてもたくさんの不要な残骸が出るからだ。人が何百グラムもの血液と肉を無頓着に差し出すことをいとわず、そうすることができる機会は、出産のとき以外にはない。ゴールディングは集めるべき組織のリストに、胎盤と臍帯を追加した。血液やら胎盤やらで、このコホートの計画はかなり大がかりな様相を呈し始めていた。ゴールディングが1982年生まれコホートの完敗から学ばなかった教訓がひとつあるとしたら、データ収集の的を絞って簡潔にすることだ。妊娠中に実施される四種類の最終質問票だけでも、110ページになっていた。あなたが使用するのは、自宅の電話／ビルの中の公衆電話／街角の公衆電話／隣人の電話　ですか、それとも歩いて5分以内にはないですか？　あなたの自宅または庭に、ドブネズミ／ハツカネズミ／ハト

／ネコ／ゴキブリ／アリ／イヌ／その他　が侵入しますか？　どのくらいの頻度で、ソーセージ／バーガー／パイ／パスティー／鳥肉／レバー／腎臓／心臓　を食べますか？

これまでのコホートは取り組まなかったが、このコホートは取り組まなくてはならない科学の進展がもうひとつあった。医学倫理、つまり医師と研究者は研究に参加している人々の扱い方においに配慮しなくてはならない、という考えだ。第3回までの出生調査では、誰も母親に情報がどう使われるかを詳しく話さず、質問に答えることに同意するかぎり、それは承諾と見なされた。彼らが倫理にもとっていたということではなく、それが当時の標準的手順だっただけである。しかし第4次コホートが計画されるころには、科学における期待が変わっていた。研究倫理に対する新たな認識は、第二次世界大戦後のニュルンベルク裁判から高まった。ドイツ人医師が強制収容所での人体実験という吐き気を覚えるような行為で、有罪判決を受けた裁判である。1964年、世界中の医師を代表する世界医師会が採択したヘルシンキ宣言は一連の倫理原理であり、個人は研究への参加について情報にもとづいて決める権利を有するべきであり、彼らの健康がつねに最優先される、と言明している。人間の研究プロジェクトは倫理審査委員会を通らなくてはならず、参加者は研究に入る前に同意書にサインしなくてはならないというのが、次第に慣例になっていった。しかし1980年代でも、まだその手順は取ってつけたようなもので、科学者にしてみれば、研究を邪魔したいだけの熱心すぎる倫理学者との論争に巻き込まれていると感じられることもあった。

新しいコホートのために、ゴールディングのチームは当時としてはとても画期的なことを行なった。倫理審査をしぶしぶ受けるのではなく歓迎したのだ。そのために独自の倫理委員会を設立し、最高の科学的手法を実行したいという願望——通常できるだけ多くの情報を収集しようとする——と、研究にかかわる人々に何気なく与えかねないダメージとを、比較検討しようとした。委員会には弁護士、科学者、倫理学者、そして革新的なステップとして、研究される母親自身も加わった（委員会は計画について、ゴールディングが困惑するまで厳しく質問することもあった）。議論された問題のひとつは、父親のDNAを登録して集めるかどうかであり、明らかに有意義に思われたが、最終的に委員会はやらないことに決めた。当時のDNA検査の研究によって、自分がパパだと思っていた人とはちがう男性を父親とする子どもが、全体の10パーセントもいるという気まずい事実が暴露され、それがニュースで報道されていた。結果的に自分たちの望まない実父確定検査をすることになるのを恐れて、親が研究参加のサインをしないことを、委員会は心配したのだ。* この倫理委員会は非常に有効だったとされたため、およそ20年後、イギリスが50万人の成人から健康情報と生体サンプルを集める大規模な試みを始めたとき、この1991年生まれコホートの委員会が考え出した規定を借り、少し手を加えて使った。

1990年夏には、胎盤用バケツが用意され、ほぼすべての準備が整ったが、ゴールディングとしては安心して開始できるほど十分な資金がまだなかった。しかしついに、環境省の責任者から電話がかかってきた。環境省は屋内の大気汚染の測定を母親に依頼できるよう、たっぷりの資金をコホートに出しており、結果を処理するためのスタッフを雇っていた。なぜ研究は始まっていないのか、責任者は知りたがった。その瞬間ゴールディングは、たとえ18カ月分の資金しか用意できていなくても、コホートを始めなくてはならないと悟った。「尻を叩かれて始めたのです」と、彼女はのちに言っている。

＊　ゴールディングは父親の情報とDNAを手に入れるチャンスを逃したことを後悔するようになり、最後の2、3年、父親たちに遅まきながら研究に登録してほしいと頼んだ（実父でないことについての不安は薄れていて、倫理委員会は問題ないという判断を下した）。

ゴールディングはまだ2000―3000人の妊婦を必要としていたので、関心を集めるためにテレビやラジオで講演し、医師の診療所でチラシを配り、スタッフを雇って妊婦がスキャンを受ける超音波クリニックを回らせた（アイルズは20週目の超音波検査で勧誘された）。チームは「妊娠中ですか？」という見出しをつけ、研究についてヒンディー語、ウルドゥー語、パンジャブ語、グジャラート語、ベンガル語、中国語、ベトナム語で説明されているポスターも配った。ほかのコホートは少数民族を募集する努力をあまりしていなかった。イギリス人のほとんどが白人だったからだ。しかしイギリス以外出身の人口の割合がじわじわ上がっており、科学者たちはこのコホートでは計算に入れることを切望したのだ。そして1991年4月、コホートの赤ん坊が大挙して生まれ始めた。

問題は赤ん坊ではなかった。チームが気づいていなかったのは、何千という胎盤と臍帯を集めることの難しさである。とくに出産後のボーッとしているときなら、なおさらだ。当然のことながら赤ん坊を主役として取り上げる一方で、臍帯血を特別なチューブへと吸い出し、臍帯のサンプルを切り取り、胎盤をバケツに入れてよけておかなくてはならない。この手順があまりにあわただしくて複雑だったため、ゴールディングのチームはブリストルの助産師に、母親が研究への参加にサインしているかどうかにかかわらず、あらゆる出産で胎盤を保存するように依頼した。あとで選り分け、書面で許可を得ているサンプルだけを取っておいて分析するという手順が、少なくとも1年は取られた。さらにゴールディングは、とにかく胎盤を確実に手に入れるために、「潤滑油」を使う必要もあった。ほとんど知られていない事実だが、組織からの抽出物をアンチエイジングのクリームに使う製薬会社に、胎盤を売っている病院もあって、助産師はその売上金を自分たちの仕事の特典だと考えていた。その収入減を埋め合わせるために、ゴールディングは集めた胎盤ひとつにつき50ペンス払うことに同意したのだ。

胎盤の対価はゴールディングの財政的苦悩のうちで最も小さいものだった。彼女には帳尻が合わないことはわかっていた。そこで睡眠時間3時間ですむように自分を鍛え、残りの時間はほとんど、助成金の申請書か苦肉の策の計画書を書いていた。第一の極端なシナリオはすべてをすぐに中止することだったが、それでは結果が出る前にすでに使ったお金を返すことになる。極端なシナリオの二番目は、データ収集を実施し、最終的に資金が入って来ることを必死に願うことだ。彼女が取ったのは二番目の道である。40―50名いるゴールディングのスタッフは毎月、大学から自分たちの仕事はもうすぐ終了するという手紙を受け取った。ところが翌週になると、ゴールディングが延長を請け合い、スタッフはもう1カ月分支払うという大学からの手紙を受け取ることになる。ゴールディングは、すべてがどうにかうまくいくとやみくもに信じて、ひたすら突き進んだ。これまでに登録した母親全員あての３０００枚のクリスマスカードにサインした。すべて掌握しているから何も心配はないと全員に言い聞かせるだけでいい、と彼女は考えた。この研究が沈没するわけはなかった。

しかし１９９１年12月、取り繕ってきたうわべがついにはがれ落ちた。コホートが5万ポンドあまりの赤字に陥ったときのことだ。もう隠すことはできない。あるメモが小児保健部のスタッフに回った。財務部がコホート研究の費用を支払うために研究活動機密資金をすべて凍結する、という内容だ。先輩研究者たちはそれぞれのオフィスで、自分の資金がゴールディングの無責任な借金返済のために浪費されようとしていることに、怒りを爆発させた。「大変な騒動でした」と、スタッフの一人が回想している。ほどなく大学は、コホートを終了すると圧力をかけていた。

ゴールディングはクリスマス休暇を返上し、大学の副総長あてに、研究を存続させるための資金を借りることを許してほしいと懇願する手紙を書いた。ひどく寒い夜、彼女は副総長の家まで行って、その手紙を手渡しで届けた。いま、この最も重要なときに、研究を中止するわけにはいかない。ほぼすべての妊婦が参加に同意してくれたが、赤ん坊はまだ半分しか生まれていない。そして生まれた研究対象の赤ん坊は猛烈な勢いで成長しており、バーブー言ったり、ハイハイしたりしている。人間が最も速く、最も劇的に変化する数カ月なのだ。時間がゴールディングの敵になっていた。子どもたちが1歳のときの情報を集めなければ、彼らの人生におけるこの決定的な時期を逃すことになる。

ゴールディングの手紙は共感を生んだにちがいない。大学は借金をして研究の命を数カ月延ばすことに同意し、そのあとさらに数カ月延ばした。たしかにゴールディングは毎回頭を下げなくてはならなかったが、つねに延長を勝ち取った。1992年の大晦日、コホートの最後の赤ん坊が生まれるころには、彼女は1万4541人の妊婦──該当地域の適格者の70パーセント──と、1万4062人の生きて生まれた子どもを参加させていた。*

しかし、ゴールディングは1歳時の調査を断念しなくてはならなかった。その代わり生後15カ月に質問票を送り、それ以降、少なくとも年に1回は子どもたちに連絡した。当初、科学者は親に質問するだけだった（よちよち歩きのお子さんと意地の張り合いをしたことがありますか？　お子さんが部屋にいるとき、テレビをつけるのは週に何回ですか？）。その後、質問票は子ども本人にも直接送られた。（私は、とても頭が良い／頭が良い／あまり頭が良くない／まったく頭が良くない　と思う。あなたは、陰毛が生えていない／細くて薄い色のものが生えている／大人のように濃い色の太いものが生えている？　コカイン／クラック／アンフェタミン／吸入剤／鎮静剤／幻覚剤／オピオイド／その他　をやってみたことがありますか？）。100枚以上の質問票に加えて、科学者は彼らを定期健診に招き、手に入れられるものはなんでも組織バンクに保存し続けた。

その一方、コホートの借金はついに150万ポンドに達した。

第4次コホートが生まれていたころ、最初のコホートは中年期に近づいていた。1984年、MRCの査察チームがロンドン発ブリストル行きの列車から降りた。ワズワースが担当していたあいだ、1946年生まれコホートにどう対処していたかを評価するためだ。ワズワースは疲れ切って、イライラしていた。彼のチームは懸命に仕事をしており、36歳の対象者たちの血圧、体重、食事、肺機能、そして精神的健康に関する何千という測定値を集めてきたが、いま、人生盛りの若い成人を追跡することに価値があったことを示す必要がある。さいわい、彼には有力な手がかりがあった。

ワズワースが関心を抱いたのは高血圧だった。その時点で、心臓血管疾患のリスク因子として十分に実証されていた。そこで彼は、何が見つかるか確かめるために、何千という血圧測定値をすべてグラフにした。最初にわかったのは、大勢のコホートメンバーの血圧が危険なほど高いことで、そのことはこれまで気づかれていなかった（これはバターフィールドの尿の調査と似ている。診断前にすでに糖尿病に向かっている人が多いことを示した調査だ）。しかしそのあと、ワズワースはコホート研究者にしかできないことをした。人々の血圧値の差を説明できる因子を探して、コホートについてこれまでに集められてきた生涯のデータ全体を調べ始めたのだ。すると社会階級が目についた。下流の社会階級に生まれた人のほうが、成人してから高血圧になる傾向があった。これは、健康に対する階級の影響が消えていないことを示唆している。体重の重い人のほうが高血圧になりがちなこともわかり、それは太りすぎや肥満の人は

＊　ゴールディングのコホートの赤ん坊は1991年から92年にかけて生まれているが、便宜上、1991年生まれコホートと呼ぶことにする。

心臓血管疾患のリスクが高くなるという通念と合致する。次にワズワースは、体重の影響は幼少期に始まったのだろうかと考えた。コホートの子ども全員の体重が長年にわたって記録されてきたおかげで、彼は答えを見つけるまたとない立場にいたわけだ。

ところが実際にワズワースが発見したことは、まったく想定外だった。体重と血圧の相関は人生のスタート時点までさかのぼることができたのだ。出生体重が低かった赤ん坊は、36歳になったときの血圧が高い傾向にあった。赤ん坊の体重が35年も先の血圧と関連しうると考えるのは、尋常でないように思えた。喫煙や運動不足や食事など、成人の行動や生活習慣が慢性疾患のリスクを決めるという、疫学で優勢な考えに逆らうものなので、なおさらだった。実際、あまりに尋常ではなかったので、ワズワースは当初その関連は誤りにちがいなく、その原因は交絡因子にあるのだと考えた。彼は引き続きデータをいじり、あれこれの交絡因子を調整して、関連が見せかけであるかどうかを確認しようとした――が、見せかけではなかった。彼は1985年11月に『ブリティッシュ・メディカル・ジャーナル』誌に論文を発表した。その時点までにすでに、MRCの査察官はワズワースのデータを見て、このコホートにもう5年間資金を出すと納得していた。1日議論したあと、議長がワズワースを部屋に呼び入れた。「われわれがここに来たときには、もううんざりしていたので、あなたの研究を終わりにすると決めていました。しかしあなたに説得されましたよ」。

血圧の論文が出た日、デイヴィッド・バーカーという疫学者が、自分の職場であるサウサンプトン大学からワズワースに電話をかけた。「きみに出し抜かれた」と、バーカーはワズワースに告げた。バーカーも、出生体重が慢性疾患のリスクに影響するという結論に達しつつあり、彼の研究は数カ月後に発表されることになっていた。「これこそまさに科学が進むべき道だ」と、彼は言った。当時、二人ともそれがどれほどのことか、まったく知らなかった――バーカーは有名になり、疫学は慢性疾患の原因についてはるかに深い理解へと進みつつあった。その核心にコホート研究があったのだ。

バーカーの考えが芽生えたのは、イングランドとウェールズの色鮮やかな地図が載った分厚い本からだった。その本は死の地図帳で、1984年にバーカーと仲間の免疫学者によって出版された。各ページには、1968年から78年までのあいだ、さまざまな一般的原因で死亡した人の数が図示されている。しかしバーカーが最も関心を抱いたのは、心臓病による男女の死者数を示した二つの地図だった。死亡率が低い地域は緑、高い地域は赤に色分けされている。イングランド南部の大半は国で最も裕福な地域であり、健康的な緑色で覆われているが、ウェールズとイングランド北部の貧しい地域の大半には、赤い色がまき散らされている。これらの地図を研究したあと、バーカーと同僚のクリーヴ・オズモンドは、赤い色の地域では何がちがうのかについて頭をひねった。

バーカーにしてみれば、心臓病は成人期の乱れた生活習慣が原因になりうるという従来の考えは筋が通らなかった。なぜなら、貧しい赤色の地域の人々のほうが裕福な緑色の地域の人々より、生活習慣が乱れるはずだと考える明確な理由はないのだ。そのためバーカーは別の説明を探した。その答えを見つけたのは、心臓病の地図を1921年から25年までの乳幼児死亡率を示す地図と重ね合わせたときだった。この時期は心臓病で死亡した成人の多くが生まれた期間である。彼は二つの地図が結びつくことを発見したのだ。心臓病の罹患率が高い地域は、だいたい乳幼児死亡率も高かった。バーカーとオズモンドは1986年に『ランセット』誌の論文でその結果を報告し、その地域の赤ん坊は出生前と直後の栄養が不良だったと述べている。その厳しい条件のせいで多くの赤ん坊が死亡した――したがって乳児死亡率が高い――が、生き延びた赤ん坊も何十年も先に心臓病にかかりやすくなった。

これは興味深い考えだったが、それが真実だと人々を説得するには、地図にもとづく緩やかな相関だけではまったく足りない。子宮内の赤ん坊の成長と成人してからの疾患リスクのあいだにもっと強い関連が必要だった。それが見つかったのは、胎児の成長を示す最初の優れた指標は赤ん坊の出生体重であることに気づいたときだった。そこでバーカーは、出生体重をずっと昔に記録されていて、すでにかなりの人数が死亡または病気になっている集団を探し始めた。* 古い出生体重の記録を求めて、全国の保健担当職員に手紙を出し、最終的に、1911年から48年までにハートフォードシャーで生まれた赤ん坊の医療記録をもっている公文書保管人のデスクにたどり着いた。記録はすべて大量の帳面に手書きされている。公文書保管人はバーカーに、50年間は公開できないという医療情報の守秘義務があるので、それを渡すわけにはいかないと話した。この段階で、幸運がバーカーに手を貸した。記録の一部がマッチ・ハダム村のものであることがわかったのだが、そこは彼自身の家族が戦争中に引っ越す前にいた場所であり、妹が生まれた場所だった。つまり、彼の妹の出生体重が台帳のどこかに書かれているということだ。「私よりこの記録の面倒を見るのに適した人はいないと思います」と、バーカーは言った。保管人は態度を和らげ、バーカーは帳面を自分の車のトランクに積み込んで走り去った。

疫学者が成人の健康に対する幼少期の影響を無視していた理由のひとつは、人々の集団を誕生から死亡まで追跡するのには、労力も費用もかかるからだ。そこでバーカーがやったことは、とても抜け目なかった。彼はルールを破ったのだ。昔の出生記録を掘り出したあと、2年以上を費やしてその赤ん坊だった男性たちを探し出し、彼らが生きているか死んでいるか、死んでいる場合はどうして死んだのかを明らかにした（男性に的を絞ったのは、女性は結婚したあとに名前が変わることが多いため、探し出すのが難しかったからだ）。彼は人々の一生の始点と終点の情報を収集し、そのあいだの数十年の状況を省くことによって、ゼロから出生コホートをつくり出したのである。これは現在、ハートフォードシャー・コホート研究と呼ばれている。

バーカーが出生体重と死亡のあいだの点を結んだとき、興味深いパターンが現れて、彼が考えていたことを裏づけた。出生体重が最小で1歳時の体重が軽かった赤ん坊は、大人になったときの心臓病による死亡率が最も高いことがわかったのだ。この結果は、ワズワースが１９４６年生まれコホートから引き出した、低出生体重と高血圧が関連する結果とそっくりだった。高血圧も心臓血管系が悪くなり始めていることの指標である。しかしまたもや１９４６年生まれコホートの研究は、別のコホートのせいで影が薄くなってしまった。過去にフレーミングハムのような大規模な成人コホートで経験したのと同じである。その理由は、ワズワースが論文の中でその関連性についてあまり大きく書き立てなかったことにある。ありそうもないことのように思えたし、胎児の成長と成人の健康をつなぐメカニズムについて、彼にはよくわかっていなかったのだ。しかしバーカーはわかっていた。そしてさらに、子宮内で栄養を与えられない胎児は、将来の心臓病に対して弱くなるように「プログラムされる」のだと提示した。結果的に心臓が安上がりにつくられ、その手抜きのせいで細いひびとごく小さなきずが残る。本人はそんな欠陥があるとは知らないうちに、大人の生活による消耗でゆっくり傷んでいき、ある日、弱った心臓がへたばってしまう。子宮内の条件が成長中の赤ん坊に長期的な影響を残すというこの考えは、現在、「胎児プログラミング」と呼ばれている。

＊　バーカーが１９４６年生まれコホートの記録を使えなかったのは、そのころ30代だったコホートメンバーは、大勢が心臓病を発症するほどの年ではなかったからだ（バーカーいわく「規模が足りないし、死んでいる人も足りない」）。

バーカーが現れるずっと前から、子宮内や乳幼児期に経験する出来事が、生涯にわたって健康に影響をおよぼす可能性があることを示す証拠はほかにもあった。1934年、ウィリアム・ケルマックという化学者が単純だが強力な分析を実施して、この結論にたどり着いていた。彼はイングランド、ウェールズ、スコットランド、スウェーデンで生まれた人たちを生まれ年で分けてから、彼らの死亡率を調べた（実質的に、数世代にわたる一連の出生コホートに分類したのである）。すると、死亡率は生まれ年が遅いコホートほど徐々に下がっていることがわかり、これは子どもが生まれて最初の年を過ごす生活環境が、徐々に改善されている結果だと考えた。彼は「人間の健康は、子ども時代につくり上げた体格によって、おもに決定される」と書いている。

その考えは40年以上たって再び、別の著名なコホート研究によって浮上してきた。このコホートもバーカーの場合と同じように、出生のずっとあとにつくられた。1944年10月、ドイツ軍がオランダの占領地区への食料供給を遮断したため、人々は1日わずか500キロカロリーというわずかなパンとジャガイモで生きることを余儀なくされた。そのため、1945年5月に国が解放されて食料供給が再開されるまで、飢餓が広がった。「オランダの飢餓の冬」と呼ばれたこのあいだ、妊婦は十分な食べ物を得られず、胎児はひどい栄養不足に襲われたのだ。これで科学者が自然実験と呼ぶものがつくり出された。現実の生活が介入して操作変数となり、のちに科学者が結果を調べるのである。1970年代、科学者は徴兵中に集められた40万人あまりの男性の医療記録を分析することによって、子宮内での飢えが大人になってからの健康に影響するかどうかを調べた。そして、妊娠前半に飢えに苦しんだ母親の子どものほうが十分に食べた母親の子どもより、肥満度が2倍であることがわかった。のちの追跡調査で、飢餓が最悪のときにできた子どもは、統合失調症リスクなどの健康障害評価値が高まることもわかっている。

しかしもうおわかりのとおり、科学は発見と再発見を繰り返すものだ。バーカーが１９８６年に『ランセット』誌で初めて研究結果を発表したとき、それは新たなかたちで科学者の心をとらえた。その理由のひとつはハートフォードシャー・コホート研究を生み出した彼の抜け目ないやり方であり、ひとつは彼が自分のアイデアを宣伝する福音主義的な熱心さだった。そして当初、彼の研究に対する注目のすべてが好意的だったわけではない。実際、徹底してこき下ろした疫学者もいた。なにしろその研究は、慢性疾患の原因は大人の生活習慣にあるのだとする、実証された考えに真っ向から異議を唱えるものだった。疫学者はとくに自己批判的な科学者集団でもあり、ほかの研究者が見逃した交絡因子をなんとか探そうとしている。つねに互いの研究のあらを探しているのだ。バーカーの研究の場合、彼が考慮しなかったきわめて明白な交絡因子は社会経済的地位である。小さく生まれた子どもは、下流の社会階級に生まれたり、人生で社会的な不利益を受けたりした可能性も高く、その結果、大人になって喫煙のような健康に悪い行動を取る可能性が高いということもありえる。そのため、不遇の身が低出生体重と大人になってからの健康障害両方の真の原因であり、両者の疑似関連性を生み出した可能性もある。

バーカーの研究が反発を招いた理由はほかにもあった。そのひとつはバーカー自身である。彼は自分の考えをあまりに自信たっぷりに推したせいで、ほかの科学者たちを逆にいら立たせた。さらに、彼の研究のようなものが意味するところに、ただ困惑する人もいた。なにしろ、子宮内にいるときのように自分でまったくコントロールできない出来事が、何十年も先の健康障害の起こしやすさを決める重要な役割を果たしうるというのだ。大人の生活習慣モデルの良いところは、私たち全員に逃げ道を与えていることだ。タバコや食べすぎなどリスクの高い行動を避けることで、病気の危険性を弱めることができる。病気のリスクは出生時にすでに体に刻み込まれているとするバーカーの説では、そのような逃げ道はないように思われた。考え方全体が決定論めいている。私たちの進む道は、自分ではどうにもならない出来事によって決定されているという考えである。

しかし、交絡因子を考慮に入れても、胎児期の成長不良と成人期の病気との関連は裏づけられるとする研究が出てくるにつれて、不安は次第に受容に取って代わった。バーカーはさらに研究成果を広げた。心臓病、高血圧、あるいは2型糖尿病のリスクが高い人は成長に特定のパターンがある、つまり出生時および生後2年間は体が小さいが、そのあと急速に体重が増えていると示したのだ。胎児期の発育中の栄養不足が、そのような慢性疾患のリスクを増大させるという考えは、彼の名前と同義になり、「バーカー仮説」（場合によっては「胎児起源仮説」）と呼ばれるようになった。多くの科学者が現在、バーカーの研究成果が疫学の転機だったと見ているのは、焦点を成人の生活習慣から幼少期の重要性へと移したからだ。そして彼らはいまだに、どうして子宮内での経験が胎児に一生続く変化を生じさせることができるのか、正確なところを理解しようと研究している。

バーカーは胎盤の役割に興味をそそられるようになった。胎盤は成長する胎児に酸素と栄養素を送る経路なので、その成長を制御する役割を担っている。* さらに彼は胎児プログラミングの考えを、必然的で根本的な結論まで突き詰めている。その結論とは、次世代を慢性疾患から救う最善の方法は、胎児が必要な栄養を確実に摂取できるように、子どもが生まれる前から行動することだ、という考えである。妊娠してからでは遅すぎてあまり効果はないので、女性の健康を妊娠するずっと前から改善し、彼女たちの体が妊娠を支えるのに必要なものを蓄えているようにすることが重要だ、とバーカーは強く主張した。誰もがこの意見に賛成しているわけではないが、研究成果のおかげで、十分な栄養が胎児期および幼少期に重要であるという点では意見が一致している。一方、胎児の成長に焦点を合わせたバーカーの最初の考えは、もっと広い概念に拡張され、懐妊の瞬間から出生して幼少期までの発育は、生涯の健康を方向づけるのに重要とされるようになった。この考えは「成人期疾患の胎児期起源」と呼ばれることもある。要するに、幼少期は重要なのだ――非常に。

疫学におけるこの風向きの変化は、たまたま出生コホートを運営していた誰にとってもすばらしいニュースだった。すでに出生、乳幼児期、小児期、そして成人期の健康に関する詳細な情報を集めている研究ほど、幼少期と成人期の関連を解明するのに良い方法があるだろうか？　バーカーの考えが広まったおかげで、１９４６年生まれコホートは命拾いをした――バーカーがこのコホートを救ったのだと言う科学者もいる。

ほどなくワズワースのチームは、乳幼児期から小児期の発育と成人期の特質の複雑な関係を明らかにし始めた。小さい赤ん坊のほうが、社会階級の影響を考慮に入れても、40歳代で高血圧になるリスクが高いことが確認された。そして大きい赤ん坊のほうが、若年成人になったときの認知力と学歴が高い傾向にある。立つ、歩く、その他の発達上の診査事項を比較的遅くパスした子どものほうが、成人になって統合失調症を発症するリスクが高いことは、精神疾患の発端が幼少期に見つかるという考えを裏づける強力な証拠だ。バーカーの考えとコホートのデータバンクが合致した興味深い例がひとつあった。ワズワースのチームは体重の重い赤ん坊のほうが50代に達したときに握力が強いことを示した（科学者は

＊　彼は考えを練っているとき、ある会合でゴールディングと出会い、１９９１年生まれコホートに関する彼女の計画を聞きつけた。「ジーン、ほかに何をするにせよ、胎盤だけは盛り込んでください」と、彼は熱心に勧めた。どう使うかはわかっていなかったが、いつの日か、自分が使うことになると感じていたのだ。

コホートメンバーに、握力を測定する小さな電子装置をできるだけ強く握るように指示していた。握力は筋力全体の標準的で集めやすい測定値である)。この場合の考えは、体重の重い赤ん坊は生まれつき筋線維が多く、このメリットが生涯の筋力に影響する、ということだ。しかし大きく生まれることと相関するのは良いことばかりではない。コホートの女性で大きい赤ん坊だった人は、乳がんを発症するリスクが高く、その理由はおそらく、潜在的ながん性細胞の蓄えが多かったからだろう。関連性は出生コホートから次々と湧き出てきて、そのつながりを説明するのが非常に難しい場合もある。関係はあるが、クモの巣の込み入った構造と同じように、それがどういうふうに構築されているのかを理解するのは難しいのだ。

しかし、幼少期起源説を支持する証拠は積み重なっていったが、成人期が重要だとする競合の考え方も消えなかった。それはまさにワズワースのオフィスの隣で花開いていた。1980年代半ば、ワズワースはコホート研究をブリストルから首都に持ち帰り、のちにイギリスの疫学と公衆衛生における神のような存在になったマイケル・マーモットが指揮する、ユニバーシティ・カレッジ・ロンドン（UCL）の新しい疫学科に合流した（ワズワースが移転したとき、大学にはパンチカードを保管するスペースがなかったので、彼はそれを廃品として売り、そのお金をダグラスとのランチに使った。ワズワースがダグラスと会ったのはそれが最後で、1991年にダグラスは亡くなった）。

マーモットは風変わりなイングランド人二人が世界を揺るがす研究を行なっていることを聞いており、その一人を喜んで迎え入れた。しかし彼もUCL疫学科のほかの研究者も、独自の大規模な成人コホート研究を2件抱えていた。1967年、研究者は心臓血管疾患、呼吸器疾患、および糖尿病に関するリスク因子を探すコホート研究に、中年の男性公務員を集め始めた。これはホワイトホール研究と呼ばれ、最終的に1万8000人以上のメンバーが集まった。公務員は、公文書の送達吏や守衛など高度な技術がほとんど必要ない仕事をしている最下級の人たちから、最上級の高級官僚まで、明確な等級に分けられている。最高位にあるストレスの多い裕福な役人は心臓病で死亡するリスクが最も高いのではないかという考え方があったが、ホワイトホール研究は逆が真であることを示した。等級が低い人たちのほうが、最高位の人たちよりも死亡率が高いのだ。

ワズワースが疫学科に入ったとき、マーモットはホワイトホールⅡと呼ばれる追加コホートを始めているところだった。今回は男女両方の公務員1万人以上を集めて、健康の社会的勾配の理由を見つけようという試みだ。そして、喫煙をはじめとする体に悪い行為など、予想されたリスク因子は原因の一部にすぎず、死亡率上昇の主な理由は、単調な仕事をしている人たちを苦しめる心理的・社会的に不利な条件、たとえば仕事のストレスの増加、上司からの支援の欠如、職を失わないようにするための苦労などにあることを明らかにした。したがって、マーモットは1946年生まれコホートを迎え入れたとは言っても、ホワイトホール・コホートと中年期成人に重点を置いていて、幼児期にはあまり関心をもっていなかった（ワズワースによると、あるときマーモットは会合のあとで彼をそばに呼び、メンバーが深刻な病気になるか死亡して本当に興味深い対象になるまで、コホートの面倒を見てくれることに感謝したという）。そのためここは、1946年生まれコホートにとってとくに快適な研究活動の拠点とはならず、学科を訪れた人たちは、けっして友好的ではない雰囲気を覚えている。すべての扉が閉じられているようだった。

さらに、疫学者は慢性疾患の原因に関する二つの競合する見解の板ばさみになっていた。一方は、喫煙、食事などの成人期の生活習慣が最も重要だと言っている。他方はバーカーが中心となり、胎児期の成長と小児期が重要なことだと主張する。科学者にとって、これは考えだけでなくお金をめぐる闘いでもあった。なぜなら、同じ限られた資金源を争っていたからだ。その答えが重要だった理由は、リスクが非常に高いことにもあった――慢性疾患の原因を知ることは、不健康の流れを妨げて食い止める最善の方法を明らかにする可能性がある。したがって、どちらが重要なのか？　ごく初期をどう過ごしたか、それとも成人してからどういう生活を送ったか？　女性の年齢は重要か？　男性は？　これを整理するには、何か非常にうまい考え方が必要だった。

ダイアナ・クーはエクセターからロンドン行きの列車に乗って、1946年生まれコホートの研究職のための面接に行った。彼女には、その職に就けないかもしれないと思う理由が三つあった。一つは法外なロンドンの家賃であり、もう一つは学科の無愛想な雰囲気。そして三つめは、彼女が疫学のことをまったく知らなかったことである。彼女は面接の出来がひどかったと独り合点していた。

たしかに彼女の出来はひどかった。しかしワズワースは彼女に優れた業績があることを知っており、彼女を採用した。クーはデヴォンの実家からロンドンまで週に1回通いながら心細い半年を過ごした。彼女は自分がひどいまちがいをしたのではないかと思っていた。そんなある日、ワズワースが彼女に、デイヴィッド・バーカーという人物に会いに行くのだが、たぶんきみも一緒に来たいのでは、と誘った。バーカーが立ち上がって、胎児プログラミングに関する持論を話したとき、クーはいままで聞いたなかで最高の話だと思った。初期の発達が生涯にわたって影響をおよぼしうるという考えは、彼女の頭だけでなく心にも訴えかけた。彼女の父親は子どものときに呼吸器疾患をわずらい、大人になって喫煙していて、48歳のときに肺気腫で亡くなった。バーカーの考えは心に響き、自分にとって重要に思えて、クーはしだいに自分がコホートにうまく着地したと実感するようになった。

クーは自分を「乗り越えた人たちの一人」と表現することがある。つまり、ベヴァリッジの戦後改革のおかげで、労働者階級のルーツから脱することができたということだ。彼女の父親は戦争中に水兵として雇われていたが、クーは11歳テストに合格し、そのあとケンブリッジ大学の入学試験にも通った。経済学を勉強するために入って、いきなりなぜか気取ったシェリーパーティーに招かれ、まったくついて行けなかった。父親が死亡したという知らせを受けたのは、大学1年生のときだった。偶然の出来事が人生を新たな道へと強い力で向かわせる可能性があることを、それからずっと確信するようになる。翌年の夏、彼女はあまりよく考えずにアメリカでのオペア〔海外でホームステイし、ベビーシッターをして報酬をもらい、現地の学校などに通う留学プログラム〕に応募した。ホストファミリーはジョセフ・スティグリッツだった。ノーベル経済学賞を受賞することになる人物であり、妻のシャーロットもやはり有力な経済学者だった。仕事場はアメリカの知識人や政治家や有名人の保養地となっているマーサズ・ビンヤード島にある夫妻の家で、クーは一生を変える6週間を、スティグリッツ夫妻の生まれたばかりの赤ん坊をビーチであやしながら、夫妻やその有能な友人たちと新古典派経済学について議論して過ごした。自信をもった彼女は、恋にも落ちた。シャーロットの弟のピーターは、いまや40年来の夫である。イギリスにもどり、大学を卒業したあと、クーはＮＨＳの治療をさまざまな角度から評価する仕事を通じて、ワズワースとその妻を知ることになり、次の仕事を探し始めたときにワズワースに電話をしたところ、１９４6年生まれコホートでちょうど人を募集しているから、応募するように勧められたのだった。

ほどなく、誕生日カードや質問票、プログラミング、そして出生コホートを調べる業務全般にかかわるようになって、ロンドンで働くことについてクーが抱いていたためらいは薄れていった。彼女は40代、50代の女性に毎年詳細な健康調査を送って、更年期に関する集中的な研究を行なった。そして質問票の最後にいつも、女性が好きなことをなんでも書けるように白紙のページをつけた。そして何か書かれていれば、クーはそれをすべて読んで返事を書いた。まるで何千人もの女性と文通をしているような感じだ。その研究から、子どもと成人の健康のさらに不思議な関連が浮かび上がった。ダグラスの小児期の知能テストで成績が良かった女性は、良くなかった女性よりも閉経を迎えるのが数年遅い傾向があるのだ。これは説明がとても難しく、科学者はその相関が消えるかどうかを確かめるために、できるかぎりの因子を考慮した。しかしその相関は強固だった。あれこれ考えるのをやめて、はじめてその意味がわかってきた。脳は月経周期を決める生殖ホルモンの生成をコントロールする。知能テストは発育中の脳の全般的健康を反映するというのが通説である。つまり、テストの高得点は脳が全体的に十分に発達している証だ。少女が中年期に達したときに、ホルモンの調整によって生殖機能をより長く維持できることのしるしなのだ。

一方、クーはいつの間にか、慢性疾患の原因に関する二極化していく議論に巻き込まれていた。成人期の生活習慣のほうが重要なのか？　それともバーカーが言うように、すべては胎児期に起源があるのか？　1995年、クーはバーカーの研究の批判を行なうべきかどうか議論する疫学者グループの会合に出席していた。彼女は異なる考えについて言い争うのはばかげていると考え、ちがう道を提案した。「何が重要かについて、生涯にわたる証拠を実際に見直してはどうでしょう?」。そうすれば互いをこき下ろす状況を変えられるだろう。クーはもう一人の聡明な若い疫学者、ヨアフ・ベン゠シュロモと組んで、それを実行した。

その議論から芽生えた考えは見事なほどシンプルで、おかげで世界のことが少しわかってくる。クーとベン゠シュロモが気づいたのは、病気のリスクは小児期の経験か成人期の経験のどちらかだと争う必要はないことだ。その両方であり、ほかにもある。フィリップ・チータムの話が示すように、私たちの健康状態は生涯に起こるすべての結果なのだ。生物学的な側面には、親から受け継いだ遺伝子、子宮内での発育、小児期の成長、青年期の成熟、そして成人してからの行動が含まれる。社会的な側面には、出生時の社会階級、親、家庭、学校、職業、成人してからの社会経済的地位が包括される。ひとつのことが次のことに影響をおよぼし、それがまた次に影響をおよぼすといった連鎖反応が続いて、最終的にすべてのメリットとリスクが積み重なって、いま現在の健康状態をつくり上げているのだ。これらの連鎖はさまざまに展開する可能性がある。ひとつの悪いことが別の悪いことにつながる場合もある。貧しい社会経済的状況に生まれた子どもは、出生体重が低くなり、食事が貧しくなり、受動喫煙や家庭の不和にさらされ、教育の機会が少なくなるリスクが高く、そのすべてが結局は不健康につながる。その逆になって、良い経験が人々を生涯にわたって健康な道へと導く場合もある。クーとベン゠シュロモは自分たちのアプローチを「ライフコース疫学（生涯疫学）」と呼び、その考えは高い評価を得た。彼らはのちに、この概念は慢性疾患に限られないことに気づいた。がん、精神衛生、体力、そして老化にいたるまで、あらゆる健康や病気の状態の進展を網羅するほど、およぶ範囲は広いのだ。

多くの人がライフコース疫学の考えについて聞いたとき、クーとベン゠シュロモに最初に言う。そうだね、それはまったく当たり前のことじゃないのかい？　二人はそれを潔く認める。私たちが人生で出合う出来事や経験が、人生がのちにどう展開するかに影響するのは、たしかに当たり前のことであり、ずっと昔にこの結論に達した科学者もいる。とくに心理学の分野は数段先を行っていた。古いイエズス会の格言にいわく「子どもを7歳まで預けてくれれば、大人になったときの姿を見せられる」――人の心を形成する最適のタイミングは子どものときだということである。１９６０年代以降、発達心理学者はこの考えにもとづき、縦断研究を用いて、私たちの心が生涯の経験によって形成されることを示した。どちらかと言えば、疫学はライフコースの考えに気づくのがむしろ遅く、クーとベン＝シュロモは考えをほかから借りてきたと率直に認めている。それでも、クーとベン＝シュロモが疫学におけるライフコースの概念を明確に述べたことで、多くのことがうまく収まった。ある科学者が言っているように、「変革を起こす世界観」だったのだ。

ライフコースの考えは希望に満ちた考えでもあった。なぜなら、人生は決定していて、たとえば低出生体重で生まれた赤ん坊は中年期に心臓病で死ぬよう運命づけられている、と考えずにすむからだ。コホート研究者は一般に、人生の道筋を方向づける絶好のチャンスが最初の2、3年にあることを認めるが、私たちの運命がその時点で確定するわけではないとも即座に言う。ライフコースモデルによれば、人生は可鍛性であり、途中で出来事の連鎖を断ち切って、健康になる可能性を高めることもできると解釈できる。たとえば、1946年生まれコホートが明らかにした、低出生体重と中年期の筋力の弱さの関係を考えよう。それはけっして決まったことではない。生まれもった筋細胞が少ない人でも、もっている筋肉を鍛える筋力トレーニングによって、生来の不利な条件を補うことができる。ほかの条件も同じだ。あなたがこれまでに蓄積してきたどんなリスクも、喫煙しない、飲みすぎない、果物と野菜をたくさん食べる、体重をコントロールして、運動をするという、おなじみの指針によって、多少なりとも軽減できることが多い。

しかしライフコースモデルは明快であっても、それだけでは疫学が慢性疾患率軽減に近づくことはなく、それどころか、どれだけ進むべき道が遠いかを示すだけだった。病気の原因になりうる人生のすべての生物学的および社会的要因を考え始めると、そのような因子とそれらの関係を特定する仕事はさらに途方もなく思える。疫学者は喫煙のような大きなリスク因子の一部を特定していたが、ほかの無数の要因をすべて特定するのは大変な仕事であり、おそらく病気によって異なる要因リストがあるだろう。そしてもしあなたが限られた資金しか公衆衛生に使えない政策立案者なら、支出から最大のものを得られるように、何がリスク因子かだけでなく、どれが最も重要であるかを知ることが大切だ。妊婦の健康を支援するのにお金を使うべきなのか、それとも禁煙キャンペーンか、あるいは人々が歩くように都市を設計し直すことなのか？

明らかに疫学は第二次大戦後に進歩したが、その過程で途方もなく複雑にもなった。しかし出生コホートの観点からすると、その複雑さのおかげで彼らは仕事を続けることになった。人生のあらゆることが健康にどう影響するかを理解したければ、人生と健康についてほぼすべてを記録している研究がすでにあることは、何より役に立つ。そしてそれこそまさに、ゴールディングがなんとか生み出したものだった。

コホートの子どもたちの乳歯収集を決めるにあたって、ゴールディングは遠方からの忠告にしたがった。ニュージーランドのコホート研究が１９８０年代に乳歯を集め、子どもたちの捧げものに対して１本50セントのごほうびをあげた話を、彼女は耳にしていた。しかしほどなくニュージーランドの科学者たちは大きなミスをしたことに気づいた。怒った親たちから、歯１本の相場はわずか20セントであり、研究は相場を——ひいてはニュージーランド全土の子どもたちの期待を——思いがけず１５０パーセントもつり上げたのだと指摘する電話がかかるようになったのだ。それもあったし、いずれにしろお金がなかったので、ゴールディングは歯のお返しにバッジを子どもたちに送ることに決めて、子どもたちが

5歳のときから7歳になるまで歯を集めた。彼女は宣伝のチャンスにも気づいた。チームの一人を歯の妖精に任命して、彼女に杖を持たせ、かわいらしい子どもと一緒にポーズを取らせた。

1990年代後半のこの時点では、ゴールディングの情報漁りに少し当たりが出始めていた。研究者は現在、このコホートを世に知らしめ、公衆衛生に影響を与えたいくつかの結果を指摘している。そのような結果のひとつは、赤ん坊をどう寝かせるべきかに関する議論の決着に一役買った。1980年代、イギリスをはじめ各国で、あおむけに寝かされた赤ん坊のほうがうつぶせに寝かされた赤ん坊より、揺りかご死――乳幼児突然死症候群（SIDS）とも呼ばれる――のリスクが低いことを示す証拠が出るようになった。しかし小児科医と政策立案者のあいだには、あおむけで寝ることが多すぎる子どもは窒息したり、疝痛を起こしたりするリスクが高い可能性がある、あるいは、この習慣で筋肉と肺の正常な発達が遅くなる、という懸念があった。ブリストルのコホート研究は、この主張を検証できる立場にあった。1991年、ゴールディングが赤ん坊のコホート登録を約半分終えていたころ、イギリスの医療当局が、子どもをあおむけに寝かせるよう親に勧めるキャンペーンを始め、コホートの親たちはその助言にしたがうようになった。ゴールディングは親たちに、子どもをどういう姿勢で寝かせているかを尋ね、のちに赤ん坊が成長すると、あらゆる種類の病気や発育障害との関連を探した。結果は明るい材料になるものだった。あおむけに寝かされた赤ん坊に見られたのは、おしりのおむつかぶれと頭の皮膚炎がわずかに多いことくらいだった。これでイギリスの医師たちは、この習慣が安全であると確信することができ、アメリカの医学界も独自に、あおむけ寝キャンペーンを始めることになった。助言は今日も守られている。

ゴールディングのコホートは、妊婦の食事に関する助言の方向づけにも役立った。1990年代後半に健康の専門家は、魚を食べることが胎児の発育にとって有益だとする考えと、マグロやカジキなどの食物連鎖の最上位に近い種は、水銀その他の有毒汚染物質が高い濃度で含まれているという知識を、比較評価しようとしていた。ゴールディングは妊婦たちに食事について詳しく訊いていたので、これを論点として取り上げた。チームは魚を多く食べていた妊婦と、子どもたちの目と脳の良好な発育だけでなく、高いＩＱとの関連も引き出している。ある研究では臍帯血のサンプルバンクを用いて、ほとんどの妊婦は組織中の水銀濃度が非常に低く、その濃度は発育障害と関連していないことも示した。このことから、少なくともいくらかの魚を食べることのメリットは、その害を大きく上回ることがわかった。イギリスとアメリカの健康上のアドバイスは現在、メリットとリスクのバランスを取るために、女性は魚を食べるように、ただし毒素量が高いとわかっている種類の魚を避けるか、あるいは制限するように勧めている。

その一方で、遺伝疫学がゆっくりと発展しつつあった。２０００年6月26日、科学者は10年の歳月と30億ドルあまりのコストをかけてヒトゲノム配列の草案を完成させたことを発表した。これは非常に重大な科学的成果だったので、ビル・クリントン大統領と、ビデオ参加のトニー・ブレア首相によるホワイトハウスでの記者会見で発表された。この成果は「人間の自己認識の頂点を表す」と、『ニューヨーク・タイムズ』紙の記事が誇らしげに述べている。実際には、まだ登るべき長い道のりがあった。科学者はヒトゲノムをひとつ手にしたが、ゴールディングがＤＮＡバンクに貯蔵している、配列が決定していない数千というヒトゲノムを分析する技術は、まだ誰にもなかったのだ。「この非常に有能な男性遺伝学者たちはみな、遺伝学について大風呂敷を広げていた――彼らに実際に１０００人のＤＮＡを与えたら、お手上げだったのに」と、ゴールディングは振り返る。

数年後、技術が追いつき始めた。研究者はまだコホートメンバー全員の全ゲノム配列を解明することはできなかったが、多くのヒトゲノムの一部の配列を一挙に比較する大ざっぱな分析は行なうことができた。突然誰もが本人の医療データと関連づけられたDNAバンクを求めるようになった。ゴールディングとペンブレーが予測したとおりだ。そして1991年生まれコホートはその波をとらえるのにぴったりの場所にいた。このコホートの2007年のデータと、いくつかほかの大規模なヒト組織バンクを用い、肥満と関連した配列を求めてヒトゲノムが徹底的に調べられた。肥満もまた、この数十年で欧米諸国を徐々にのみ込みつつあった慢性疾患である。この調査ではFTO*と呼ばれる遺伝子が見つかり、この遺伝子のひとつのバージョンが太りすぎの人によく見られることがわかった。この「リスク」コピーを2個もっている成人は、リスクコピーのない人より平均で3キロ体重が多い。リスクコピーのある人は1日に数キロカロリー余分に食べる傾向があるとわかって、この発見もうなずけるようになった。リスクコピーがあることが、あなたを太らせるというのではない。ある科学者が説明しているように、「FTO効果はあなたを肥満度指数分布の片端から反対端に動かすのではなく、分布全体を少しずらすだけである。したがって、超細い人がほんの少し超細くなくなり、超太い人がほんの少しだけさらに超太くなるだけである」。

そこから、1991年生まれコホートを使った遺伝研究が始まった。最近では、胎児の成長、骨密度、湿疹、小児期の成長、そして歯の発達と、関連するDNA配列を特定するのに役立っている。さらに、教育を受ける年数や、大学の学位を取るかどうかに関連するDNAを見つけるのにも使われている。科学者がヒトゲノムの全配列を解析する能力は猛スピードで進んでいるので、いまや時間にして1日足らず、費用も1000ドル足らずで行なうことができる。ゴールディングのコホートでは2000以上の全ゲノムが、すでに完全に配列を解析されており、2、3年以内にすべて解析されている可能性が高い。ほとんどの場合、コホートのDNAを研究したい世界中の科学者は、実際のサンプルに触れる必要がない。いったん必要な許可を得れば、コンピューターのデータベースに保管されている遺伝情報を簡単にダウンロードできるのだ。ゴールディングにとっては、このようなあらゆる進歩のおかげで、睡眠時間を少し増やせるようになった。2001年以降、コホートにはMRCやウェルカム・トラストなど、いくつか重量級の資金提供者の支援がついているからだ。ウェルカム・トラストは世界最大の生物医学の慈善支援団体である。

同時に、ほかのコホートも徐々にDNAの世界に参入しつつあった。1999年、ワズワースは1946年生まれコホートの全メンバーからDNAサンプルを集めるための資金を確保した。2002年、1958年生まれコホートは健康を中心とする大規模スイープの一環として、彼らのDNAサンプルを貯蔵した（1970年生まれコホートは2016年に行われる次のスイープで、DNAを集める計画を立てている）。そして第4次コホートでの肥満に関する発見が、第1次コホートに調査の糸口を投げかけるという、見事なコホート間相互作用もあった。

1946年生まれコホートの体重は、とても興味深い道をたどっている。この戦後世代は食料が不足していたので、子どものときに太っていたメンバーはほとんどいないし、若年成人期でもほっそりしていた。しかし1980年代、コホートが30代半ばに入ると、肥満の割合を示す線は少しずつ上を向き、30代後半には急上昇した。たしかに社会経済的階層が低い人のほうが急速に太っているが、どの社会階

＊　正式名称は fat mass and obesity associated gene（脂肪量と肥満関連遺伝子）。

級も免れていない。その図式がさらに不可解になったのは、科学者が最初の二つの出生コホートを比較して、両方とも同じ１９８０年代に太り始めていることを発見したときのことだ。当然、そのときの年齢はちがっている。ヒトの遺伝子は集団の大半を突然急に太らせるほど急速に変化することはないので、遺伝子では説明がつかない。答えは環境と生活習慣にあるはずだ。両方とも１９８０年代に大きく変化した。イギリスの所得が上昇し、外食が手ごろな値段になり、車が移動手段になったのだ。科学者の考えによると、太りやすい遺伝子をもつ人々が、生活習慣や食事が激変したときに体重を増やし始めたのである。

２０１０年、１９４６年生まれコホートのチームで働くレベッカ・ハーディーという統計学者が、肥満に対する遺伝と環境の影響がどう相互作用するかを示すために、エレガントな分析を行なった。１９４６年生まれコホートのどのメンバーが、体重増加のリスクになるバージョンのＦＴＯ遺伝子と、ＭＣ４Ｒと呼ばれる別の肥満関連遺伝子をもっているかを調べ、次にそれを、出生以降12回にわたって測定されているコホートメンバーの体重と比較したのだ。わかったのは、過体重と高リスクバージョンの遺伝子の関連は小児期と青年期に強まり、20歳でピークに達したあと、コホートが年を取るにつれて弱まることだった。これはつまり、人生の早い時期には遺伝子が食欲と体重に強い影響をおよぼしているが、後半にはリスク遺伝子の支配力が弱まって、環境の力が取って代わるということだ。１９８０年代以降の体重増加の猛攻撃は、遺伝子がもうあまり効果をおよぼしていないことを意味する。ほかのコホート研究者は、この研究を絶賛する。なぜなら、健康に対する遺伝と環境の相対的影響を取り出すコホート研究の能力を、きちんと示しているからだ。

しかしこのような研究はやはり例外であって慣例ではなく、遺伝疫学は、多くの人々が当初望んでいたような、病気についての簡潔な答えを出していない。科学者がこれまで明らかにしてきたのは、心臓病や肥満のような一般的疾患に対して大きな影響を与える個別の遺伝子を見つけるのがとても難しい、ということだ。その理由はおそらく、関与する遺伝子がたくさんあって、それぞれは病気のリスクに少ししか寄与していないからだろう。そのせいで科学的分析は非常に困難である。というのも、もし遺伝子が罹病率のわずかな増加しか引き起こしていないなら、それが単なるノイズではないことを確かめながら、母集団にその兆候を検出するのは非常に難しいからだ。ハーディーの肥満遺伝子研究が示したとおり、遺伝子が環境因子と相互作用していることを認めると、万事がさらに複雑になる。こう考えてみてほしい。何千という遺伝子と何千という環境因子があって、すべてが相互作用しているが、その方法がわからない状況だ。この状況なら、科学者がもつれた糸の結び目のように、ほどこうとして挫折することがある理由を、あなたも理解できるだろう。

言ってみれば、疫学はみずからの成功の犠牲になっていた。疫学は強打者を発見した。つまり喫煙やコレステロール値のような、突き止めるのが比較的容易で、リスクを劇的に高める慢性疾患の主要因である。ところが、いまはもっと微妙な要因を探している。食物成分のように、病気のリスクに対する影響が小さくて特定するのがはるかに難しい要因だ。関連が因果であるかどうかを解明するのに役立つオースティン・ブラッドフォード・ヒルの判定基準があるのは確かだが、交絡因子をコントロールするのが難しいために、ヒルの基準を知っていることが役立つとは限らなかった。観察研究は限界に来ていると考える科学者もいた。「試験をしないかぎり、使い物にならない」と、ある疫学者が私に言ったが、残念ながらたいがいそのとおりである。ランダム化比較臨床試験は実行不可能、または倫理にもとる、または数十年かかるので、関連をこのゴールドスタンダードの試験にかけられないことが多い。たとえば、がんが増えるのを確認するのにかかりそうな何年ものあいだ、酒を飲む（または飲まない）、あるいは赤肉を食べる臨床試験に、人をどっぷり浸からせるのは非常に難しいし、人に何年間も汚染物質を吸ってほしいとは頼めない。そのためたいていの場合、科学者が提示するのはせいぜい観察研究だった。そのなかには、コホート研究を役立てる新たな道を見つけた疫学者もいる。

引退する年齢に達した2005年には、ゴールディングは自分のコホート研究は安泰と考えていた。助成金、組織、データベース、そして200件の科学論文をものにしている。彼女は手綱を引き渡す前に、徐々に教え込める後継者を見つけたいと思っていた。そのため、コホート終了についてのささやきが上層部から聞こえてきたときには愕然とした。研究が終わるという考えを笑い飛ばした会合のことを、ゴールディングは覚えている。「ばかげた考えだったから」と、彼女は過去に耐え抜いてきたあらゆる闘いのことを思い出して言う。「私には大なたが見えていなかった」。

大学の立場からすると、コホートを続けるという主張はそれほど既定路線ではなかった。いまだに約100万ポンドの負債があり、大量の情報と組織サンプル（胎盤を含めて）はほとんど触れられていないようだった。1946年生まれコホートを終わらせかけた議論も、再び表面化した。コホートメンバーはまもなく若くて健康な成人期の段階に入ろうとしていて、死亡するなど疫学者にとって興味深いことをするまでには何年もある。それでも多少の協議の末、大学は研究を中止しなかったが、リーダーとして新しい人を迎え入れた（ゴールディングは公式には引退したが、ほとんど毎日ブリストルのオフィスで働いている姿が見られる）。

ジョージ・デイヴィー・スミスは脚がとても長く、片方の耳にイヤリングをつけ、レザージャケットを着ている。彼が経験したコホート研究の下積みも、ほかの面々と同じように一風変わっていた。1987年、彼はスコットランドの納屋のドアをバタンと開けた。農業研究者が羊の死骸を燃やしている。彼はもうもうと上がる有害な煙を払いのけた。そして煙霧を突っ切って、裏手にずらりと並んだ食器棚まで歩き、忘れられたファイルを一揃い掘り出した。スコットランドの医師で生物学者のサー・ジョン・ボイド・オールが、戦争が始まる直前の1937年から39年にかけて、イギリスに住んでいた4999人の子どもたちについて集めたものだ。* 各家族が7日間に食べたもの——ミルク、肉、野菜、香辛料に分類されて——のほか、大勢の子どもの身長、体重、脚の長さなど、健康診断の詳細が記録されている。ボイド・オールの研究は食事と健康の先駆的調査であり、どれだけ多くの貧しい子どもたちが栄養失調になっているかを明らかにしている。彼がそのあと考え出した国の食糧政策は、戦争中もイギリスを支えた。

50年後、そのファイルをデイヴィー・スミスと同僚のスティーヴン・フランケルが集め、借りたバンに積み込み、フランケルが9時間近く運転してロンドンに運んだ。そのあと二人は記録をコンピュータ化し、そのころには50代、60代になっていた研究対象者を探すという途方もない取り組みを始めた。ボイド・オール・コホート研究と呼ばれるようになったその研究は、最も多くのカロリーを摂取した子どもたちは、がんになるリスクが高いことを示し、幼少期がその後の健康に予想もしないかたちで影響するという教訓を裏づけた。そしてデイヴィー・スミスにとっては、その研究が、コホート研究に対す

＊　その納屋はローワット栄養健康研究所の一部だった。同研究所は高い評価を受けているアバディーンの研究センターで、死骸を燃やして実験動物の化学分析を行なっていた。ボイド・オールがこの研究所の設立者だったので、ファイルが最終的にこの食器棚にあったのだ。

る、いまも抱き続けている深い愛着の種をまいた。

とはいえ、デイヴィー・スミスは1991年生まれコホートの引き継ぎを志望していたわけではなかった。彼がその仕事に対して出した条件のひとつは、大学がいつまでも消えないゴールディングの借金を帳消しにすることだった。彼はそれが魅力的な研究であり、ブリストルにとってすばらしいことであり、個人的にやりがいのある仕事だと思った。そしてコホートとその組織バンクを、知的好奇心をそそる問題に取り組むツールと見ている。彼がとくに夢中になっているのは、疫学者がまぎらわしい相関から原因を抽出するための、もっとうまいやり方を見つけることだ。

その方法のひとつは、コホートを別のコホートと比較することであり、それをデイヴィー・スミスは最近、母乳育児との因果関係を見つけるために行なった。1991年生まれコホートは、肥満が少ない、血圧が低い、知力が高い、その他さまざまな子どもの望ましい点と母乳育児の相関を示している。しかしイギリスでは、母乳育児をする母親は社会経済階級が高い傾向もある。そのため、子どもに役立っているのは母乳育児なのか、それとも何かほかの中産階級生活の要素なのか？　デイヴィー・スミスのチームは、ブラジルのペロタスを拠点とする出生コホートに目を向けることによって、問題を解決する方法を見つけた。そこの社会構造はちがっていて、母乳育児は社会経済的地位と関連していない。それを利用して階級の影響をはぎ取ると、母乳育児と肥満および血圧との関連は崩れたが、IQとの関連は残った。

デイヴィー・スミスの最大の洞察は、疫学における因果関係探究につきまとう交絡因子の排除に、爆発的に増えた遺伝学の知識を使う方法を見抜いたことだ。1999年、インドのゴアでの休暇中、彼は赤ん坊の息子が休んでいる小さな部屋の外にすわり、大学1年生用の遺伝学の教科書を読み始め、この分野を把握するまで次から次へと本を読んだ（「恥をかきたくなかった」と彼は言っている）。そして彼は現在、疫学にメンデルランダム化と呼ばれる技法を導入したことで知られている。名称の由来はグレゴール・メンデル。エンドウマメの交配によって遺伝の基本法則を推論したことで死後に有名になった、19世紀の修道士である。DNAが発見されたのはメンデル後の時代なので、彼がDNAについて何も知らなかったのは確かだが、彼が示したのは、親はランダムに抽出された遺伝子を次世代に伝えること、そして各遺伝子はほかの遺伝子とは無関係に受け継がれることだと、現在理解されている。コホートのDNAバンクを武器に、デイヴィー・スミスは因果関係を引き出す方法を、メンデルの法則に見つけたのだ。

たとえば、あなたは妊娠中の飲酒が子どもの認知発達を損なうかどうかという、異論のある問題を解明したいとしよう――デイヴィー・スミスが2013年に取り組んだことだ。疫学研究の成果は控えめに言っても錯綜している。妊娠中のほどほどの飲酒は悪い、あるいはよくわからない、あるいはためになることもある、などと研究によって結果もさまざまだ。しかし妊娠中に飲酒する女性は、社会経済的地位が高い傾向もある（これは直観に反する考えに聞こえるかもしれないが、イギリスの研究は一貫して、社会経済的階級が高い人のほうが低い人より多く飲むことを示しており、このことは妊娠中にまで波及している）。したがってこの場合の問題は、赤ん坊の発達中の脳に対するアルコールの影響を、優れた認知発達と強い相関がある高い社会階級の交絡効果から抽出することである。

そのためにデイヴィー・スミスは、保存されている1991年生まれコホートの母親のDNAデータを、アルコール・デヒトロゲナーゼと呼ばれる遺伝子の構造をもとにグループ分けした。この遺伝子の特定のバージョン――かりに「非飲酒」バージョンと呼ぶ――をもつ人々は、ほかの人よりすぐにアルコールの有害な副作用を感じるのであまり飲まず、妊娠中もそうであることは立証されている。メンデルの遺伝の法則によれば、この遺伝子の「飲酒」バージョンと「非飲酒」バージョンはシャッフルされてランダムに子孫に伝えられる（どの社会階級に生まれるかは関係なく、親のもつバージョンの遺伝子のランダム抽出を受け継ぐ）。そのため、科学者は母親のDNAのこの遺伝子を調べ、それをもとに、社会階級の交絡因子に関係なく、妊娠中に飲酒をした可能性が非常に低い妊婦のグループを特定できる。こうして紛らわしい階級との関連を方程式から取り除くと、妊娠中にあまり飲まなかった母親の子どものほうが、深酒をした可能性が高い母親の子どもより、11歳時の学校のテストの成績が良いことがわかった。デイヴィー・スミスは、何年も前に妊娠中の姉に1杯か2杯なら大丈夫と言ったが、いまでは気持が変わったと話している。

デイヴィー・スミスはすでに遺伝学の先に進んでいる。1991年生まれコホートを現在の疫学における最先端分野、すなわちエピジェネティクス科学へと引きずり込んでいるのだ。エピジェネティック・マークとは、DNAの化学的変化であり、タンパク質の生成を調整し、ときに生成をすべて止めることによって、遺伝子の振る舞い方を変える（ひとつの考え方として、遺伝子はボリュームのスイッチで、人が人生で出合うものがそのスイッチを大音量から無音までどこにでも調整できる）。社会科学者も医学研究者もエピジェネティクスにおおいに興奮している。なぜなら環境の影響――汚染物質、食事、運動、喫煙、ストレス、不利な条件など――が遺伝子のボリュームをどう調整し、ひいては私たちの体、行動、そして健康にどう影響するかを、明らかにできるかもしれないからだ。

だからこそ、ブリストルの1991年生まれコホート研究本部の階上で、30万ポンドする灰色の機械が、コホートメンバーのDNA上にエピジェネティック・マークをマッピングしているのだ。子ども一人ひとりの出生時のゲノムに散らばっているエピジェネティック・マーク、そのパターンがどうしてできたか、子どもが成長するにつれてそれがどう変化したかを示す、データバンクを構築する計画である。

これは最先端の分野であり、研究はちょろちょろと流れ始めたばかりである。2012年、ブリストル大学とニューカッスル大学の研究者がチームを組んで、1991年生まれコホートの出生時の臍帯血から集めた、DNA上のエピジェネティック・マークを調べた。そしていくつかの遺伝子に、子どもの9歳時の身長と体重に関連する特徴的なパターンがあることがわかっている。赤ん坊が発育するにつれて自然に生じたものもあれば、母親の食事、喫煙の有無、あるいは体重増加などと関連するものもあるかもしれない。しかし将来のカギを握るのは、何であれ、そのようなマークを刻みつけたものである。

2、3年前、バーカーはブリストルの胎盤がどうなっているかを知りたいと思い、デイヴィー・スミスに電話をかけた。胎盤は集められて以降、ちょっとした悩みの種だった。何年も総合病院の地下に積み上げられていたが、そのあと病院が閉鎖されたため、移動を余儀なくされた。ある日、組織を積んだトラックの車列が静かにブリストルの中心部を抜けて、新しいわが家へと運んだ。郊外の安全な貯蔵庫で、それ以来ずっとそこにある。しかし実際に何かに胎盤を使った人はほとんどいないうえに、大学にとっては保管するのに法外なコストがかかる。バーカーがデイヴィー・スミスと話したとき、大学はそのコストをかける価値があるかどうか疑問視し始めていた。

バーカーは胎盤がとても貴重だと考えていた。胎児プログラミングに対する関心が高じて、胎児の成長を調節する胎盤の役割のことが頭から離れなくなり、自分の考えを探究するために、二人の慈善家に資金を手配してもらっていた。バーカーは胎盤の大きさと形が心臓病と高血圧のリスクや、寿命にさえも関係していることを明らかにしていた。胎盤の研究はヒトゲノムの配列より、人間の健康にとって重要だとさえ言いたかった。したがって、バケツ9000個分の胎盤の用途を見つけられる人がいるとしたら、それはバーカーだ。

「私が解決するよ、ジョージ」と、バーカーは電話でデイヴィー・スミスに言った。バーカーはブリストル大学の副総長と親しかったので、彼に電話をかけ、胎盤を捨てないでくれと頼んだのだ。それからすぐにバーカーは、バケツを開け、胎盤をすすぎ、慎重にその写真を撮るために、若い女性を一人雇った。彼女は契約が切れるまでにおよそ1400個の胎盤の写真を撮った。もうバーカーにとっては十分な数だった。バーカーは写真を使って胎盤葉の数を数えた。胎盤葉とは胎盤組織のひだで、そこで母親の血液と胎児の血液間できわめて重要な気体と栄養素の交換が行なわれる。次に彼は、数えた胎盤葉の数と、かつて各胎盤にくっついていた子どものさまざまな健康記録とを照らし合わせた。

2013年に発表された結果によると、葉が多い胎盤は子どもの9歳時の高血圧と関連がある。その理由はいまだによくわかっていない。余分な葉は胎盤がきちんと機能せず、胎児に必要な栄養素を供給するのに苦労しているしるしなのかもしれない。そのせいで胎児は、何年か先に血圧が変化するようプログラムされるのかもしれない。バーカーは胎盤葉の数を左右しうる母親の因子を求めて、コホートのデータバンクを探す計画だった。「仮説については訊かないでくれ、結果が出たときに教えるから」と、彼は言った。しかし悲しいことに2013年の夏、バーカーはそこまでなし遂げる前に亡くなった。

ゴールディングもまた最近、自分の古いサンプルを新しい用途に使っている。70歳を優に超えている彼女は、白髪を後ろにまとめ、子どものときに患ったポリオの後遺症のため、モーターつきの車いすに乗ってしゃべる。2、3年前、ゴールディングと共同研究者は冷凍庫を開けて、妊娠初期の妊婦から採取した1000を超える尿サンプルを解凍した。そしてシーフードや乳製品から摂取されるヨウ素が、軽度または中程度に不足している女性が多く、そのような女性の子どもは8歳時のIQが低く、9歳時の読解の成績が悪いことを明らかにした。これは衝撃だ。なにしろイギリスでは、ヨウ素不足が大きな問題とは考えられていなかった。ところがこの研究は、それがこの国の子どもの脳の発育に対し、認識されないまま重大な影響をおよぼす可能性があることを示唆している（これで妊娠中に魚を食べることのメリットを指摘した以前の研究も、いくらか説明がつくかもしれない。なぜなら魚の豊富な食事は母親のヨウ素レベルを上げるので、子どものIQを高めるのに役立つ可能性があるからだ）。この研究もまた、妊婦からできるかぎりあらゆるサンプルを集めるというゴールディングの決断の正当性を裏づけている。この関連を見つけられる唯一の方法は、妊娠中に始められたコホート研究だった。過去にもどって尿サンプルを集めることはできない。

そしてだからこそ、1991年生まれコホートのチームは物事をもう一歩進めている。2013年、コホートメンバーの子どもを勧誘し、妊娠と出産にともなうサンプルと組織をすべて集め始めるという、大規模な新しい段階に入ったのだ。第3世代を追跡するという考えに、生物学者は興奮して触手を伸ばしている。その理由はヒトの生殖の特異性にある。男性は生涯にわたって、次世代に貢献するもの――精子――をつくるが、女性の卵子はそうではない。女性がもっている卵子はすべて、まだ胎児のときに発育中の卵巣で形成される。いったん生まれると、それ以上卵子をつくらない。つまり、祖母の妊娠に影響した出来事――たとえば食事や喫煙など――が、発育中の胎児の卵子にも生物学的痕跡を残した可能性があり、孫が生まれれば孫の健康にも影響がおよぶかもしれない。あなたのおばあさんが妊娠中にやっていたことが、さまざまなかたちであなたに影響をおよぼしうるのだ。そしてコホート研究者たちは、祖母の人生における出来事と、集めようと計画している孫についての一連のデータの関連を探すことによって、それが厳密に何であるかを決定することができるかもしれない。

研究員はさらに前に進もうとしている。彼らには「胎盤ホットライン」がある。地元の病院から出産があったと知らせが入る携帯電話で、誰かが駆けつけて組織を集められるのだ。ぴかぴかの白いプラスチックバケツが大量に床の上に用意され、マニュアルには、胎盤の胎児側は灰色でしわが多く血管が見えており、母体に付着していた側はごつごつしていて濃いえび茶色をしていると、その見分け方が説明されている。さらに、ブドウ大の胎盤組織サンプルを切り取り、ホルマリンの中で保存し、DNAを抽出する方法が書かれている。私がこの原稿を書いているとき、チームはすでにこの手順にしたがって、31のフレッシュな胎盤を第3世代の赤ん坊から採取して保存している。本書が刊行されるころには、その数はもっと増えているだろう。

情報はあらゆる形式で蓄積されている。ブリストルの科学者は、100種類以上の質問票を発送し、そのデータから世界中の科学者が1200本を超える論文を書いている。150万を優に超える生体サンプルも集められた。サンプルが混ざるかもしれないので、彼らはかなり前に小瓶にバーコードを貼りつけ、ロボットを使ってラボ内で処理するようになった。7000人超の子どもたちの不死細胞株——コホートメンバー自身が死亡してもずっと生き残って実験に使われる細胞のサンプル——も作製された。ブリストルの地下室の凍結液体窒素のスチール製タンクに、爪や髪や歯と並んで、保存されている。

ゴールディングの「漁り」アプローチは、彼女のコホートができたときには予想もできなかったようなかたちで利用されている。そしてこれからも、私たちがまったく予測できないようなかたちで利用されるかもしれない。

6 開かれる

コホート、宝を生む

第2次、第3次のイギリス出生コホートの思いもよらない救済手段を見つけるには、再び地下室に下りなくてはならない。ただし今回はエセックス大学のそれである。そこを訪ねる時間は、まずくつろげないだろう。

コルチェスター郊外にあるこの大学が誕生したのは、1964年、高等教育制度が大幅に拡張されている時期で、学問が国の新たな未来を築くと楽観視されているさなかだった。すぐに学生運動で悪評が立ち、デモ活動がしばしば全国的なニュースになった。その建築も1960年代の遺産で、冷たいコンクリートの建物には魂がないと言う人もいるだろう。キャンパスを構成するのは、しょんぼりした摩天楼といった態《てい》の灰色のビルで、寒風を吸い込んでは人気《ひとけ》のない広場に運ぶだけの中庭が、いくつかつらなっている。

この殺風景な風景のなか、コンクリートの通路を通って一棟の建物に入る。数段下りて暗い廊下を歩くと、レンガの壁に埋め込まれた鋼鉄の扉にたどり着く。壁は刑務所の塀に使われるようなワイヤで強化されている。三つのロックシステムを通過すると、新しいビニールのにおいがする狭いエントランスに出る。防犯カメラがあちこちから見つめている。どんな過熱の兆候も見逃さない温度計と、煙を感知したらすぐにキャンパス中の電話に通知する小さな天井センサーもある。入場を許されて、エントランスから次の扉を通り抜けると地下室にたどり着く。こんど目の前にあるのは音の壁だ。音を出しているのは黒光りしたコンピューターサーバーの列。さながらブンブンうなる冷蔵庫が並んでいるようだ。合わせると40テラバイトのデータ――欽定訳聖書1050万冊に相当する――を保存できる。エセックス大学のこのマシンには、世界屈指の大きさを誇る社会科学データが集められている。だからこそ、これほど厳重に壁とロックとセンサーで守られているのだ。イギリスの1958年生まれコホートと1970年生まれコホートのデータは現在、このUKデータアーカイブに保存されており、世界中の科学者がアクセスできる。

もちろん、コホートのデータを利用したい人のほとんどは、直接地下室を訪れる必要はない。アーカイブのウェブサイトにログインし、認証を通して、必要なデータを検索するだけだ。* たとえば「社会階級」を検索するユーザーは、1958年周産期死亡率調査のデータファイルを呼び出すことになる。「血液」「入院」「家事」「喫煙」、その他60の用語のどれかでも同じ手順だ。ほぼどんな検索でも、1970年生まれの子どもたちが16歳のときにバトラーが行なった大規模調査が出てくる。「婚前交渉」「ビデオ録画」「トイレ」「不登校」「情動状態」など、350以上のキーワードでファイルされているのだ。コ

＊　ユーザーには学者、政府職員、慈善団体や非政府組織のメンバーのほか、商用ユーザーもいるが、データにアクセスする許可は、営利目的に使わない条件でのみ与えられる。

ホートのデータは合わせて2ギガバイト足らず——現代世界では取るに足らない量——だが、国勢調査から犯罪調査、さらには1968年のイギリス人のカーペット購買行動調査のようなあまり目立たない情報まで、ほかの約7万2000件のデータセットと一緒に詰め込まれている。ちなみにカーペットの調査は一度しか使われたことがない。それに引きかえイギリスの出生コホートは、2012年4月から2015年9月までに37カ国の1318人に利用されており、ここに保存されているデータセットの中で使用頻度トップ10に入っている。

エセックス州やエセックス大学はしばしば失礼な扱いを受けるが、ひとつ言えるのは安全だということである。学生運動はとっくに終わり、大学はテロリストの標的になりそうもなく、自然災害のおそれもない。断層線上にはないし、川からも海からも離れているので水害の心配もない。それでもアーカイブに保存されているデータはすべて、施設内にある3台の別々のバックアップサーバーと、数キロ離れた極秘の場所にあるもう1台にコピーされている（これだけバックアップしておくのがかえって不都合なのは、めったにないが、誰かがコホートから抜けたい場合だ。システムからその人を消去するのが面倒である）。実際には、サーバーを物理的に守る強化壁とロックシステムよりはるかに重要なのは、バーチャル世界にいるおそれのあるハッカーからデータを守る、高度なファイアウォールと暗号化システムだ。

コホートのリーダーたちが夜眠れない理由は自然災害ではないし、ハッカーでさえない。コホートメンバーの極秘データが科学者にダウンロードされたあと、ノートPCの置き忘れなどの不注意なセキュリティ違反によって漏れてしまうかもしれないことだ。もしそんな事故が起きたら、マイナスイメージがコホートの評判を傷つけ、研究対象メンバーを遠ざけてしまうだろう——そうなったら協力的な参加者を失って、コホートはすぐに崩壊してしまう。だからこそ、データのセキュリティと機密性が研究リーダーの最優先事項になっている。データは個人を特定できる情報を取り除いて、匿名にされてから研究者に渡る。医療データのようなとくに慎重に扱うべきものはダウンロードできないし、安全なデータリンク経由でしかアクセスできない。それとは別に、アーカイブの最大の難題は、データを使える形式で保存することにある。古い形式が廃れるので、しょっちゅう新しい形式にデータを移さなくてはならず、ハムスターの回し車のように落ち着くところがない。コホートの一生のうちに、データは紙の質問票とパンチカードから半インチ幅の磁気テープへ、さらに光ディスクとハードディスクへ、そして最終的にこの黒いマシンに移された。現代の世界中のコンピューターストレージを支えているものと同じような、大容量のディスクドライブである。

イギリスのことなので、このデータセンターのすべてが最先端ではない。2年前、新しい安全なデータセンターを創設するためにアーカイブが大金を受け取ったとき、政府予算の期限にせかされ、資金をわずか2、3カ月で使わなくてはならず、しゃれたものを構築するには時間が足りなかった。そこで大学は手っ取り早く、古い倉庫を改装してこぎれいな騒音スペースに変え、それが全世界の大勢のユーザーに利用されている。第2次および第3次コホートが1980年代に置かれていた極貧の状況とは、隔世の感がある。当時はどちらのコホートもボロボロで、混乱していて、管理しきれないデータに溺れそうになっていた。

1960年代、まだ社会科学がイギリスで学問としての認知と評価を構築しようと四苦八苦していたころには、国がいろいろ社会調査を実施していても、保管場所がないので集めた情報が行方不明になるという懸念があった。それはつまり、前に行なわれた研究をほかの科学者が繰り返すことで、時間を無駄にしているということだ。さらには一部のデータがアメリカに売られているという告発まであった。

当時、社会科学研究審議会*はできたばかりの組織だったが、そのリーダーには先見の明があって、研究者がデータを預けたり共有したりできる中央保管庫が必要であると考えた。そしてアーカイブの場所の提供者として、新設されたばかりで社会科学に強かったエセックス大学を選んだのだが、その理由は同大学がいちばん安い料金を提示したことにもあった。1967年に開設されたときのアーカイブは、パンチカードの詰まったスチールのファイルキャビネットにすぎなかった。そこに最初に収められたデータは、ハンプシャー州の村の生活に関する調査で、住民に、村が住みやすいか、バスの運行についてどう思うか、教会や公会堂によく行くかどうかを訊いている。翌年には、1958年生まれコホートの7歳時スイープが初の大規模調査としてアーカイブに加わった。その後、コホート研究者はスイープを行なうたびに、こつこつデータを預け続けた。1980年代初めには、全国の世論調査や投票行動調査、家計支出調査など、あらゆる種類の主要な研究データがアーカイブに取り込まれた。この時代、データは通常、磁気テープで届けられ、たまに最新式のフロッピーディスクが使われた。

しかし不可解なことがあった。研究者はアーカイブに収められたさまざまなデータを研究に利用しているのに、コホートのデータに手を出す人はほとんどいなかったのだ。1984年までの14年で、この豊富なコホートデータの利用について、アーカイブが受けた問い合わせはわずか83件だった。実際にデータがやり取りされたのはその半分以下であり、そのデータが論文や書籍で発表されるだけの着実な結果につながったのは4分の1にすぎなかった。この国のデータの宝庫がエセックスで朽ち果てていくのは実に痛ましかった。しかも理由がはっきりしない。そこでESRCは調査することにした。調査を依頼されたのはジョン・ビナーという細身でエネルギッシュな科学者だった。彼が最終的に第2次、第3

次のコホートを救い、きちんと認めさせることになる。

当時のビナーはイギリスの人口調査にどっぷり浸かっていた。彼の研究者としてのキャリアの始まりは、１９６０年代に行なわれた10代の性行為に関する革新的な調査だった（思ったほどには、している若者は多くなかった）。そのあと保健省の禁煙運動に情報提供するために行なわれた男子生徒の喫煙に関する大規模調査に移った。この調査が行なわれたのは、喫煙と肺がんを結びつけたドールとヒルの画期的疫学研究から10年以上あとで、男子生徒のほとんどはそのリスクを聞いていたが、それでも約３分の１が喫煙しており、その理由は、強そうに見えると思うし、仲間に溶け込みたいからだということを、ビナーは明らかにした。彼の調査は、喫煙が学業成績の不振や、見て見ぬふりをする親と関連していることも示した。この調査をきっかけに、ビナーは問題行動の原因に関心を抱くようになった。しかも彼は政策に関係する研究をすすんで行なった。このふたつの資質はやがて、イギリス出生コホートの基盤を強固にするのに役立つことになる。しかし１９８４年当時、ビナーは１９５８年生まれコホートについてほとんど何も知らず、それがなぜ利用されていないのかを調査するよう、ＥＳＲＣが自分に依頼している理由もよくわからなかった。それでも彼はその仕事を引き受け、自分の経験から最善だと考えることを行なった。調査を実施することである。コホートのデータを利用しようとした40人ほどに電話をかけたり会ったりして、事情を聞いたのだ。するとすぐに、コホートに手を出す人がほとんどいない理由が明らかになった。

第一の最も明白な問題は、ほとんどの人がコホートの存在を知らなかったことだ。全国児童局の科学

＊　名称は１９８３年に経済社会研究審議会（ＥＳＲＣ）に変更された。

者による刊行物をたまたま見つけて、はじめて電話をかけるといった有様だった。しかもコンピューターがまだ黎明期で、ほとんどの社会科学者はデータの扱い方の訓練を受けていなかった。そのうえ、社会科学者のあいだには方法論をめぐって長年の敵対意識があった。面談や集団観察のような定性的手法を使ってデータを集め、そのあとテーマやパターンを探す科学者もいる。このようなアプローチは社会学、人類学、心理学のような分野で使われることが多かった。たとえば、市場調査員がフォーカスグループを観察し、インタビューするときにも使われている。一方、定量的手法は数値データの収集と統計的分析を行なうもので、経済学や実験心理学のような分野ではつねに基本だった。コホート研究の仕事のほとんどは、大量の数値データをともなうので定量的手法に属する。科学者にはたいてい自分の好みの手法があって、そうではないほうを疑いの目で見ることもある。定性的手法を使う人たちは、定量的手法を実施するために必要な数学のスキルに不案内で、複雑な人間の行動を人間味のない統計では理解できないと考えていた。定量的手法を追求する人たちは、定性的手法は精密ではなくてバイアスがかかりやすいと見ていた。いまでは、手法それぞれに適所があると考えられてはいるものの、多くの社会科学者はいまだに、自分を定性か定量のどちらかに分類しがちだ。

第二の問題は、コホートのデータセットが巨大になっていたことだ。（質問票への答えのような）400あまりの測定値が、何千というコホートメンバーそれぞれについて記録されている。しかもデータはごちゃごちゃだ。どんな測定値があるのか、それがどういうふうに集められたか——現在メタデータと呼ばれていて、数字や事実を検索するのに役立つ種類の情報——について説明する文書もほとんどない。コホートにあった唯一のメタデータは、ケルマー・プリングルがタイプしたメモとややこしいコードブックである。コホートに原始的なメタデータしかなかったのは意外ではない。局の研究者は自分たちが使うためにデータを集めていたのであり、彼らは研究を隅から隅まで知っていたからだ。しかしそのせいでほかの人たちには理解しがたいものになっていた。

このような状況を克服して、コホートのデータを利用しようとするだけの能力と勇気のある定量的な社会科学者がいたとしても、次に第三の問題にぶつかっていただろう。実際にデータを入手するためには、局やデータアーカイブとの間で手紙、電話、許可申請のやり取りを何度もするという、不条理な手続きを乗り越えなくてはならないのだ。あげくの果てに科学者は、LPレコードほどの大きさだが、レコードよりはるかに重い磁気テープを、みずからエセックスのキャンパスまで持参し、必要なものをテープにコピーして、第一級のコンピューターセンターまで直接持ち込まなくてはならない。分析を実施する手段はそこにしかないのだ。このわずらわしい手続きすべてに数週間、あるいは数カ月かかる。実際、ある研究者チームは2年を費やしてデータを解析しようとしていたが、それでもそこから有益なものを何も引き出せていなかった。なんとも悲しいことである。局の全員がイギリスに関するこの価値ある情報を必死で蓄えてきたのに、世界中のほかの人たちはその存在を知らないか、知っていたとしても、扱いにくくて利用できないと思っていた。

しかし問題を認識することが解決への第一歩であり、ビナーはわかったことをすべて報告書に書き、状況を改善するための方法に関する勧告を添えて、1984年10月にESRCに提出した。報告書は長くて退屈だったが、それでもコホートの生涯で最大の転機だったかもしれない。ビナーはコホートを改革するべきだと進言した。その存在を科学者に宣伝し、データはこれ以上、面倒くさがられないようにユーザーフレンドリーなものにしなくてはならない。ビナーが鋭かったのは、データを使えばコホートを救えると見抜いたことだ。この時点までコホートのデータは、ほんの一握りの科学者しか鍵を持っていない施錠された図書館のようなものだった。図書館の扉を開くことさえできれば、新しい世代の科学者とコンピューターが、創意工夫をこらしてその内容から何かを発見する方法を見つけるはずだと、ビナーは確信していた（納税者がコホートのためにお金を払っているのなら、結果は誰にでも利用できるようにするべきなので、科学者はそのデータを公開する義務があるとも、彼は強く感じていた）。

ビナーの提言は理解ある人の耳に届いた。というのも、社会科学界全体としては数値データの利用を受け入れていたのだ。1980年代半ばには、社会科学自体が禁句と見なされることがあまりに多かった最悪のサッチャー時代を切り抜け、この分野はより効率的で学究的なものとなっていた（サッチャーは11年間首相を務めたあと、1990年についに辞職した）。社会科学はロスチャイルド報告書からも学んでいた。この報告書は、SSRCが精密な調査と一般の関心がある研究に重点を置くべきだと勧告していた——換言すれば、科学のための科学ではなく、利用できる応用科学に向かう潮流があったのだ。有力な社会科学者は、社会科学は生き残るために適応しなくてはならず、それはつまり定量的手法と、とくにコンピューターの急速な進歩に目を向けることだと気づいていた。数学とコンピューター技術を容易にこなせる現代の科学者を育てなくてはならない。つまりビナーがコホートのデータを公開する動きを提言したとき、すでに扉は開いていたのだ。

ビナーが気づいていなかったのは、コホートのデータを調べる過程で自分がこの研究のとりこになることだった。ビナーの提案を実行に移すことになる人物は、ビナー自身だった。

1958年生まれコホートは、リーダーのミア・ケルマー・プリングルが引退して以降、苦境に陥っており、最終的に引き継ぐ意思のある人物を探し始めた。ロンドンシティ大学の統計学者、ジョン・フォックスが適任に思われた。1984年のある日、彼は全国出生コホートを受け継ぐことに興味はないかという手紙を受け取った。青天の霹靂である。「私はコホートについて何も知りませんでした」と、彼は言っている。「差出人は3人の大臣とESRCの長で、「この研究を引き継いでいただけないか」というのです」。彼は1958年生まれコホートについてはあまり知らなかったかもしれないが、大量のデータセットを選別して分類することに特化した、世界的な研究をシティ大学で構築していた。そこでフォックスは貧窮しているコホート研究を引き受けて、再び自立を目指すことに同意した。

イギリス出生コホート科学者は、研究に対する強い情熱を抱く人が多い。フォックスも例外ではなかった。彼はすぐにコホートの魔力にすっかり取りつかれた。コホートを担当していた数年間で、彼はまるで自分自身が始めた研究であるかのようにコホートのために奮闘し、財政支援を見つけることに熱中しすぎて、自分の家を抵当に入れることまで考えたほどだ。しかしその必要に迫られる前に、フォックスはアメリカに飛び、国立衛生研究所（NIH）を訪ねた。アメリカで生物医学研究に政府資金を供給する主要組織で、大規模で資金の潤沢なMRCのようなものだ。そこでの会話は、フォックスにとって人生で最も前向きなものだった。NIHの研究者は、イギリスが1世代の子どもを追いかけているという考えをとても気に入り、イギリスのコホートを同じくらいの年齢のアメリカのコホートと比較する絶好のチャンスだと考えたのだ。[*] 昼食のあと、フォックスはNIHからコホートに50万ポンドを提供する

＊　しばらくして行なわれた研究は、コホートメンバーとその子どもたちに目を向けている。そしてイギリスのコホートのほうが、幼いときには（だいたい5歳から9歳）読解と算数のテストで進んでいることがわかった。その理由はおそらく、イギリスの子どものほうがアメリカの子どもより、正規の学校教育を1年早く始めるからだろう。しかし子どもたちが10代になるころには、この差は消えていた。

という約束を取りつけた。当時としては大金だ。フォックスが朗報とともにイギリスに帰ったときには大騒ぎになった。あのアメリカのNIHがコホートに資金を提供する用意があるという事実はイギリスに衝撃を与え、この研究にはなんらかの価値があるのかもしれないと気づかせた――そしてもしそうなら、自分たちの貴重な研究をアメリカに売り渡すとは、フォックスはいったい何をしているのだ？　ほどなくESRCはアメリカに対抗して、さらに多くの資金を出した。

1988年にフォックスが去ると、*ビナーがコホートの主導権を握り、その最大の問題に取り組んだ。つまり、データが利用されていないことだ。1世代の子どもに関する信じられないような情報が蓄積されているのに、それにアクセスしているのは、コホートを存続させている内輪の科学者以外にほとんどいない。そこでビナーは自分の救助計画を実行に移した。彼のチームは数年かけてデータを修正して扱いやすくし、国際的な研究者コミュニティにその存在を宣伝し、利用しやすくした。データへ手引きするための伝道師として、コホート研究者の派遣も行なった。科学者が必要なものを見つけられるように、データ辞書を作成した（出生体重のN515から、これまでの人生にどれくらい満足しているかのN50972まで）。また、科学者や学生がお試しできる小規模でわかりやすいデータセットを宣伝した。目的はコホートの豊富なデータを味見してもらい、あわよくばとりこにすることだ。同時にビナーは、コホートメンバーが33歳になる1991年に次のスイープを計画していた。混乱と資金不足のせいで、前回のスイープ以来、丸10年も、コホートメンバーの人生は記録されないまま過ぎていた。

質問票が発送されようとしていたちょうどそのとき、出生コホートに再び方向転換が起こった。1970年生まれコホートの精力的なリーダー、ネヴィル・バトラーが、ロンドンのビナーのオフィスに現れたのだ。私のコホートを手伝ってくれないか、と彼は言った。

常識的に考えれば、この質問に対する答えはノーだっただろう。1970年生まれコホートは、1986年の16歳時大規模スイープ以降、悲惨な状況にあった。そのスイープで成果がほとんど現れなかったのだ。新しいデータはエセックスのアーカイブに預けられることなく、したがってほかの人にとってこの研究はないに等しかった。

しかしバトラーは無頓着に突き進んでいた。1986年スイープの結果を処理するために、ブリストルの孤児院の建物に30、40人のプログラマーなどスタッフを詰め込んだ。その多くは中等学校卒業者の就職を助けるための政府計画、ユース・オポチュニティ・プログラムで安く雇った人たちだ。タイプするべきものがあまりにたくさんあったので、昼間と夜間それぞれの秘書を雇い、コホートだけでなく自分の慈善団体である子ども研究国際センターのために企画する、寄付金集めイベントも次第に壮大になっていった。1989年にはイギリス屈指の馬術障害物競走場、ヒックステッドでチャリティ昼食会を催した。目玉はシャンパン・レセプション、チャリティ・オークション、アフタヌーンティーとイチゴ、そしてエドワード王子の出席である。しかし、コホートの後援者は自分たちが病気の子どもを助けているのだと思っていた反面、科学者はコホートについて、バトラーがうわべだけ成功に見せかけているが、実のところ空理空論が散らかり放題なのではないかと疑っていた。バトラーが寄付者からどれだけの小切手を勝ち取っていたにしても、コストが何百万ポンドにも上る時代に、全国的なコホート研究を支えるには十分でなかった。まもなくブリストルの孤児院にいるプログラマーとタイピストの数は減ってい

＊　フォックスはコホート研究に熱心だったが、イギリスの医学統計局長という夢の仕事を引き受けるために去った。

き、最終的にこの慈善団体はバトラーと一人の忠実な秘書だけになった。のちに二人は孤児院の建物も出て、バトラー家の一階に移った。バトラーは年を取りつつあり、やがて自分の愛するコホートには助けが必要だと悟った。

バトラーは助けを求めてロンドンに行った。最初に電話したのは、1946年生まれコホートの継続に忙しいワズワースだった。しかしワズワースの母親が病気になり、約束をキャンセルしなくてはならなかった――彼はいまそれを命拾いと呼んでいる。もうひとつコホートを引き継いでいたら、身体的にも、精神的にも、研究的にも破滅につながっていたからだ。しかしビナーはそのチャンスに飛びついた。「全力をつくそうと思った」と、彼は言っている。

ビナーは初めてこれらのコホートについて知ってからずっと、複数のコホートがその時点まで連携してこなかったのを、とても残念に思っていた。それぞれが生き残るために独自に激しく闘っていたために、姉妹コホートと協力する時間もエネルギーもほとんど残っていなかったのだ。コホートが資金をめぐって競い合っていたこと、そしてコホートのリーダーがけっして親密ではなかったこともわざわいした。ビナーに言わせれば、もったいない話だった。なぜなら、一つのコホートが1世代について何かを示していて、コホートが二つあるなら、科学者は世代を比較してその差異と共通点を理解できるからだ。

たとえば社会階級はどうだろう。コホートに関する初期の研究から、1946年生まれと1958年生まれの子どもの生活は、不利な状況に生まれた子どものほうが学校で後れを取るリスクが高いなど、社会的背景によって決まることは明らかだった。しかし、1970年生まれ世代もそうなのか、もしそうなら、国は社会階級の壁を乗り越えやすくなるように変わったのか？　このような質問に答えるには、複数のコホートを比較するしかない。そうすれば、科学者は国が彼らの周囲でどう変わっているか、それがコホートメンバーの人生の展開にどう影響するか、見ることができる。そのため、バトラーがビナーに1970年生まれコホートを引き受けてくれるかと訊いたとき、ビナーは二つ返事で引き受けた。一つのコホートが何かを照らしているなら、二つ合わせれば灯台になりうると考えたのだ。

そういうわけで1990年代には、1970年生まれコホートからの大量のデータがエセックスのデータベースにどっと入ってきて、姉妹研究と合体した。これでビナーとしては、あと必要なのはそれを利用してくれる科学者だけだった。

そして科学者は利用した。ビナーの戦略は大成功を収めたのだ。あらゆる分野の科学者が、イギリスとその国民に関する驚くべきデータベースについての噂を耳にし始めた。どうやら一部のマッド・サイエンティストが、1958年と1970年のある1週間に生まれたすべての子どもの出生を記録することにして、以降、彼らの人生を微に入り細に入り記録しているらしい。想像してみろよ！　エセックスのデータアーカイブにかかる電話の数も増え始め、1990年代から2000年代にかけて、イギリス国内外の科学者が、家族、教育、仕事など、現代生活のあらゆる複雑な社会問題を理解するために、コホートのデータを掘り出すようになると、そのデータを使った研究が爆発的に増えた。短期間の失業はその後の稼ぎに影響するのか？（する、著しく）。学歴を得ることは金銭的に価値があるのか？（ある）。教育とキャリアを追求する女性は子どもを産むのが遅い？（これもイエス）。いまでは、大きな発見は何かと訊かれると、コホート研究者は眉を寄せ、口ごもって、落ち着かなくなる。何も言うことがないわけではなく、言うべきことがたくさんありすぎて、どこから始めればいいかわからないのだ。コホート研究者による著作目録には、1958年生まれコホートについては2500件あまり、1970年生まれコホートについては770件あまりの論文と書籍が列挙されるが、それでもまだまだ不十分だと、誰もが明るく認める。コホートが影響をおよぼしていない社会科学研究の分野を見つけるのは難しい。

しかし、いちばん注目を集めたのは、ロンドンの小さな経済学者グループによる研究だ。彼らがコホートのデータをいじり始めたのは、ビナーだけの功績ではない。コホートメンバーが就職してお金を稼ぐ年齢に達していて、お金といえば経済学者が研究したがるテーマだったからでもある。この経済学者グループは、コホートに手を出し始めたとき、自分たちの研究が長く続いて、やがて物議を醸すことになるとは思ってもいなかった。

経済学者たちはコホート研究の新参者だったかもしれないが、すぐに自分たちが初期のコホート研究の中心だった古い問題に取り組んでいることに気づいた——とくに貧困と社会階級の影響だ。格差の議論はけっして消えたことはなかったが、サッチャー時代に新たな盛り上がりを見せていた。貧しい暮らしをする家族の数は1980年代に歴史的レベルに上昇し、社会の最富裕層と最貧困層の所得格差が劇的に広がった。同時に、1990年にマーガレット・サッチャーが辞職してジョン・メージャーが首相になったあと、さらに7年続いた保守党支配に、多くの人々がだんだん疲れを感じていた。1997年、トニー・ブレアが変化を約束し、労働党の圧倒的勝利を勝ち取る。ブレア流の「ニューレイバー」政策のひとつは、特権より実力が物を言う平等な社会をつくるという公約だった。彼は、政権の最優先事項三つを「教育、教育、教育」だと約束したことで知られている。教育制度の不平等をなくし、すべての子どもが自分の潜在能力を十分に発揮できるようにするつもりだったのだ。

さらに労働党政権は、戦略を個人の見解ではなく証拠によって方向づけることも約束した。「証拠にもとづく政策決定」と呼ばれる、広範囲で活発化していた動きの一環だ。政治家は理論とイデオロギーにもとづく政策から離れて、代わりにデータと事実を用いて、どうすれば最もうまく国を良くできるかを考え出す、という考えである。発想の直接の源は、イアイン・チャーマーズをはじめ大勢が推進した「証拠にもとづく医療」であり、医師は患者の治療法を決めるのに、個人的見解ではなくてランダム化比較試験などの厳密で客観的な研究にもとづくことを求めている。証拠にもとづく政策への新たな注目は、イギリス出生コホートにとっては朗報だった。経済学者が社会を理解するためにコホートのデータを探り始めているのと同じで、労働党の政策立案者がすべきことを示唆するデータを受け入れることを意味した。しかし証拠にもとづく政策は、証拠にもとづく医療とはかなり異なる。なぜなら、医学研究者が相関と原因を区別するために使う代表的な手法のランダム化比較試験を、社会科学の研究者が行なうという選択肢はほとんどないからだ。たとえば、薬や医学的手法の効果をテストするときのように、影響をテストするために人を異なる社会階級、異なるタイプの学校、富裕層と貧困層、結婚している親と離婚している親に、ランダムに割り当てることはできない。ほとんどの場合、研究者が証拠を得られるのはせいぜいコホートのような観察研究である。

この状況にレオン・ファインスタインという切れ者の経済学者が登場した。彼は１９９０年代末に、博士課程の研究の一環でコホートのデータを使い始めていた。ファインスタインが興味を抱いたのは、教育制度の改善が格差を減らすという公約だった。だが、本当にそうなのか？　社会階級間の学業成績の格差は子どもが学校に入る前から生じるのかどうか、ファインスタインは知りたいと考えた。もしそうなら、不平等への取り組みは就学年齢前に始める必要がある。答えを出すには、子どもの社会階級だけでなく幼少期の知的発達の評価基準が必要であり、彼はまさしくその必要なものをコホートのデータバンクと、ほとんど存在を忘れられていた１９７０年生まれの子どもたちについて集められた記録に見

ファインスタイン・グラフ

1970年生まれコホートの子どもたちが生後22カ月、42カ月、60カ月、120カ月のときのテスト平均点。親の社会経済的地位（SES）および22か月時でのテストのランク地位。

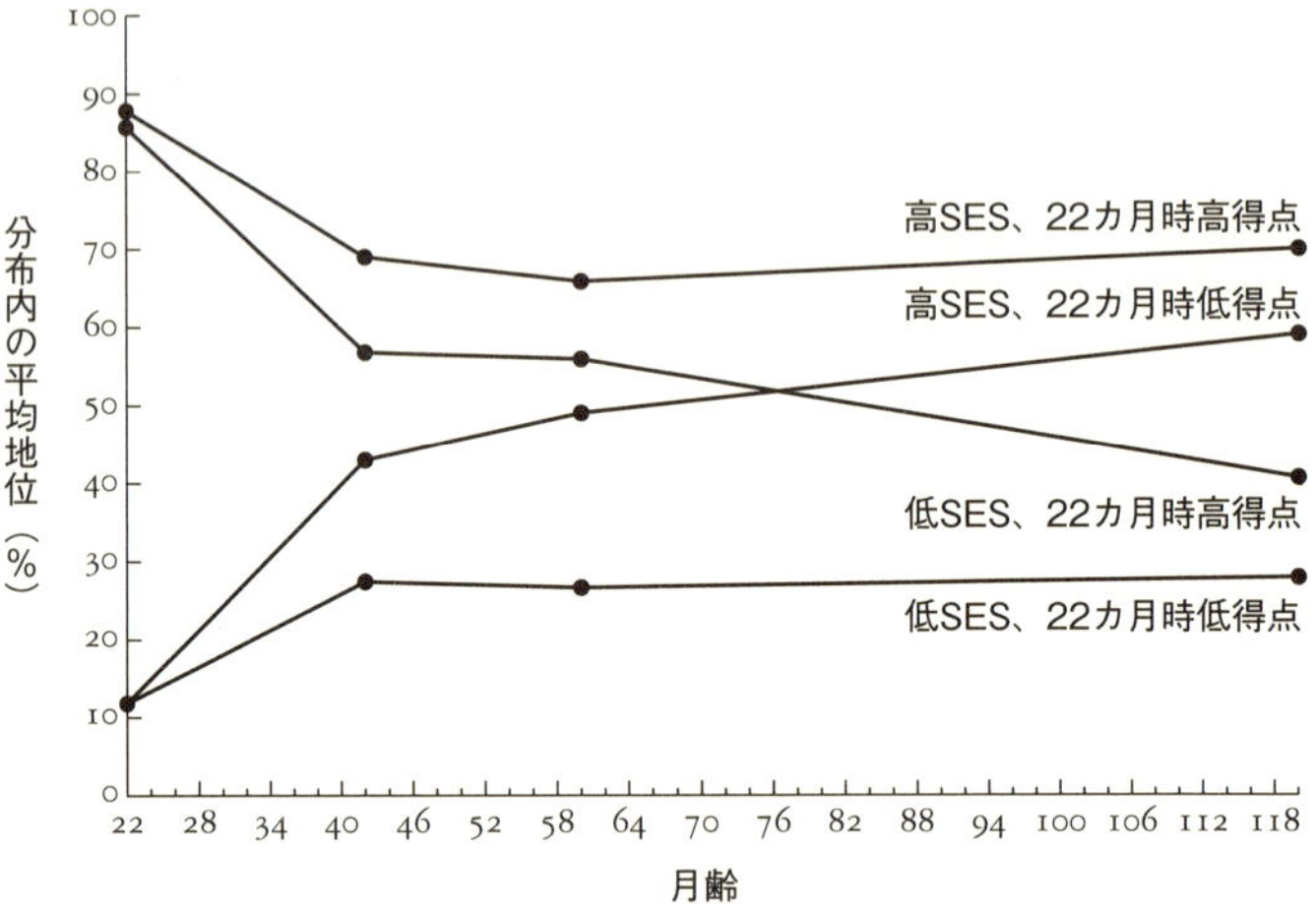

出典　Feinstein, L., Economica 70, 73-97 (2003).

つけた。

1972年、コホートの子どもたちが2歳くらいだったとき、胎児の栄養不良が子どもの発育に長期的影響をおよぼすかどうか調べるための、医師による小規模な研究が始まっていた。調査は子どもの約2割を探し出して、一連の試験を行なっている。「ママ」と言えるか？　目、鼻、手、足を指せるか？　積み木の搭をつくれるか？　ズボンや靴を脱げるか？　次に子どもたちが3歳半になったとき、もっと難しい課題をやらせた。10個のサイコロを数えられるか？　車、カップ、リンゴ、魚、イスの絵を名指しできるか？　この研究では、栄養不良だった可能性のある赤ん坊でも、早く成長して、体重が重い仲間に追いつく傾向にあることが示された。しかしそれ以降、その情報が使われることはほとんどなかった。ファインスタインはデータを掘り出したとき、評価基準がやや場当たり的だとわかったが、標準化された認知テストにかなり近いので、それほど幼い年齢の子どもの知的能力を測るには十分と考えた。彼はデータをすべて自分のコンピューターに取り込み、さらに子どもたちの5歳時および10歳時の認知テストの結果と、家族の社会階級もダウンロードした。そのうえですべてを合わせて作成したグラフは、コホート界では非常に有名になり、「ファインスタイン・グラフ」と呼ばれるようになった。

ファインスタインは横軸に子どもの年齢、縦軸に認知テストの成績を置いた。そして四つのグループを選んだ。最上級の階級に生まれ、22カ月時のテストで最高得点を上げた子ども（裕福・賢い）、最下級の階級に生まれて、同じくらい高得点を上げた子ども（貧しい・賢い）、そして最上級と最下級に生まれて、テストの点がとくに悪かった子ども（裕福・鈍い／貧しい・鈍い）である。* 1970年生まれコホートについて集められた異例なほど豊富なデータを利用してファインスタインが問いかけたのは、この異なるグループの認知テストの成績が時間とともにどうなっていったか、である。

ファインスタインによると、裕福で賢い子どもと貧しくて鈍い子どもの線は、だいたい平坦である──教育的観点から言うと、3歳半から10歳まで成長するあいだに、あまり良くも悪くもならなかった。それに引きかえ、貧しくて賢い子どもの認知テストの成績はだんだん下がっているため、彼らの進歩を表す折れ線は下を向いている。同時に、裕福で鈍い子どもの得点は少しずつ上がっていき、最終的に5歳から10歳のあいだでグラフの線は交差し、裕福で鈍い子どもの得点が貧しくて賢い子どものそれを上回っている。これは非常にシンプルで衝撃的な図である。この2本の線は、イギリスではいちばん頭の

＊　私は便宜上、単純な分類名をつけている。ファインスタインは生後22カ月のテストをもとに、本質的に賢いか鈍いか分類することはできないので、子どもたちは高得点と低得点に分類すべきだと主張している。

良い労働者階級の子どもが、いちばん愚かな中流および上流階級の子どもに、あっという間に必然的に追い抜かれることを示しているように見える。

過去50年の出生コホート結果に目を通した人にとって、これはたいして意外ではなかっただろう。1960年代にダグラスは、中産階級の学童は同じくらい賢い労働者階級の友だちをどんどん引き離すことを示していた。そして第2次コホートの研究も、不遇の身の子どもはそうでない子どもより、学業成績が劣る傾向にあることを明らかにしていた。それから30年以上たってファインスタンが、第3次コホートの学業成績にも階級が大きな影響を与えていることを立証したのだ。しかし彼はさらに先を行き、富裕層と貧困層の成績の格差は驚くほど幼いころに現れ、そのあと時とともにどんどん開いていることを明らかにした。階級の影響の新たな実例が示されたことで、人々は再び感情的になった。

ファインスタインはこのグラフを、博士論文中の1章と2003年の学術誌『エコノミカ』の論文で発表した。しかしグラフはすぐに、はるかに広く周知されることになる。大学の講座で取り上げられるようになり、それから解説書、ブログ、新聞記事、政府の政策文書、さらには世界中の講演で話題になった。まさに飛び立ったのだ。ある評論家が書いているように、それは「腹を立てるべきもの」だった。なぜなら、ニューレイバーが不平等をなくし、階級が意味をもたなくなるようにすることを約束していたちょうどそのとき、階級がそれほどまでに単純かつ鮮明に分かれていることを示したからだ。出生コホートはしばしばイギリスに鏡を突きつける――そしてそこに見えるものが好ましくない場合もあるのだ。

ファインスタイン・グラフは階級が重要であることを示しただけではない。異なる階級の子どもたちの成績格差は、ごく幼い年齢で現れているので、その差をなくすには、就学年齢より前に子どもたちを支援するのが最善であることを示唆していた。これこそまさに、労働党政権が必要としていた類の証拠だった。1998年以降、政府はシュア・スタートと呼ばれる重要な全国プログラムを導入していた。就学年齢に達する前の恵まれない子どもたちを、健康、早期教育、および家族支援を目的としたプログラムによってサポートするものである（このプログラムは1960年代にアメリカで導入されたヘッド・スタート・プログラムにならっている）。ファインスタイン・グラフが世に出たとき、政策立案者はシュア・スタートこそまさに実行・拡張するべきことだという主張の裏づけとして用い、2000年に政府はそのための資金を倍以上に増やしている。じつを言うとファインスタインは、この種の幼年期プログラムが格差を縮め、グラフの線を引き寄せるという証拠を示したのではない。証拠を示すには、そのような介入プログラムを通して子どもたちを追跡し、参加しなかった子どもたちと比較する実験が必要だったわけだが、のちに社会科学者がそれを試みている。しかしファインスタインは、シュア・スタートのような取り組みは試す価値があると賛成した。子どもが学校に行くまで待っていては遅すぎるようだった。

政治家はこのグラフを喜んで受け入れていたが、学界ではすぐにそれが正しいかどうか疑問視された。2011年4月、二人の研究者がこのグラフとその解釈方法は重要な問題だと主張する論文を発表して、話題になった。ロンドン教育研究所のジョン・ジェリムとアンナ・ヴィノールズが、生後わずか22カ月の子どもが受けた比較的大ざっぱなテストをもとに、子どもの能力を正確にクラス分けすることは難しいと主張したのだ。テストの日に、たまたま積み木の塔が崩れなかったとか、訊かれたときにたまたま自分の鼻を指さしたなど、ただのまぐれで「賢い」グループに入り、あとのテストで成績がそれほど良くなかった子どもも相当数いるかもしれない。二人の研究者の主張によると、ファインスタインの結果はこの種の統計ノイズでぼやけている可能性があり、彼らがもっと適切と考えるデータと手法を用いて修正してみたところ、異なる様相のグラフができたという。この分析では、貧しくて賢い子どもはファインスタインの報告ほど大きく下がっていない——そして裕福で鈍いグループと線は交差しない。あるブロガーはこの話を「キラー・グラフの盛衰」と名づけている。

ヴィノールズとジェリムは、ファインスタイン・グラフの核心を攻撃したわけではない。恵まれない子どもたち全体としては、裕福な出自の子どもたちより教育テストでの点数が悪い傾向にあり、この格差は幼いときに現れていることには同意している。しかし、貧しい子どもたちが成長するにつれて能力を失うとは限らない、と主張している——そして、政策立案者はひとつの結果だけを強調しすぎないほうがよい、と警鐘を鳴らしたのだ。一方、ファインスタインはこの議論を歓迎している。自分の研究で誤って解釈されている細かい点がいくつかあったと述べている。同時にまた、グラフは世間と政治家の想像力をとらえ、階級格差の根源に注目させることによって、多くの有益なことをしたとも書いている。

1970年生まれ世代の幼少期に階級が大きくかかわっていることをファインスタインが示そうとしていたとき、社会的流動性、すなわち人がどれだけひとつの社会的地位から別の地位へと移動するかを示す尺度を、研究している経済学者もいた。そして彼らは、自分たちの考えを検証できるデータを求めて、出生コホートを深く調べていた。このテーマはごくありふれたものだが、その結果、どの出生コホートも現在まで経験したことのないような、激しい論争を巻き起こすことになった。イギリスの社会的流動性の研究は数十年前に始まっていて、中心になっていたのは、人々を職業にもとづいて社会階級集団に当てはめる社会学者だった。一般的に、ほとんどの社会的流動性研究のねらいは、親の社会階級を調べ、次にその子どもの社会階級を調べて、変化があるかどうかを見ることである。労働者階級の子どもがみな労働者階級の大人になっていて、上流階級の子どもたちがやはり上流階級であるなら、社会的流動性はゼロであり、誰も階級の序列を上がりも下がりもしていない。しかし労働者階級の子どもと上流階級の子どもが大人になったとき、階級のあらゆる領域に均等に広がっていれば、社会的流動性が非常に高く、誰もが序列を上がったり下がったりしている。イギリスの状況はこの両極端のあいだである。

社会学者は社会的流動性が時代とともにどう変化しているかを調べ、それを二通りに表現した。絶対的社会的流動性と相対的社会的流動性だ。絶対的社会的流動性は、ひとつの階級から別の階級に移動している人の実数を考慮する。社会学者は20世紀中盤の数十年で、絶対的社会的流動性が次第に高まっていたことを明らかにした――別の階級に移動した人が増えていたのだ。そのおもな理由は、人々を上の階級に引き上げる専門職や管理職の仕事が生まれていたことにある。つまり上層部に余裕があって、人々は上昇してそのスペースに入った。しかし20世紀が終わるころには、専門職の成長が失速するにつれて、社会的流動性の黄金期とも呼ばれるこの上への動きは、男性にとっては踊り場にさしかかった（女性の状況はまた別である）。

相対的社会的流動性を用いて表現すると、全体像はちがう様相を呈した。階級構造における広範な変化を考慮に入れたうえで、ある社会階級の子どもが序列を上がったり下がったりする可能性を、ほかの出自の子どもたちと比較するのだ。たとえば黄金期には、大勢の子どもたちが労働者階級から中産階級に移動したかもしれないが、ほとんどが同時に上に移動していれば、労働者階級の子どもの相対的流動性は、ほかの子どもより高くはない。そのため社会学者は、イギリスでは20世紀の大半を通じて絶対的社会的流動性は高まったが、相対的社会的流動性はほぼ不変だと結論づけていた。この差異が説明しにくく、わかりにくいからこそ、社会的流動性の研究はおもに学問的追究だったのだが、経済学者とイギリス出生コホートが状況を逆転させた。

1990年代、イギリスにおける格差の議論が高まっているなか、数人の経済学者が別の方法で社会的流動性を評価しようとした。人々が社会階級の序列を上がったり下がったりしたかどうかを見ようとするのでなく、経済的な序列を上がったり下がったりしたかどうかを見ようとしたのだ。そのねらいは、親の所得を調べてからその子どもの所得を調べ、同じ家族が相かわらず社会の底辺にいるかどうかを確かめることだった。当時、そのために手近にあった最善のデータは、1958年生まれコホートのものだった。コホートメンバーが16歳の子どもだったときの世帯所得と、コホートメンバー自身が33歳になったときの所得が記録されていたのだ。経済学者のロレイン・ディアーデン、スティーヴン・マチン、ハワード・リードは、コホートのデータを掘り返し、それを用いて相対的社会的流動性の新たな推定値として、子どもの稼ぎが親のそれよりもかなり多く、または少なくなる可能性をはじき出した。

この研究の結果、子どもの稼ぎは親の稼ぎとかなり強い相関関係にあることがわかった。所得が増えた人や減った人もいるにはいるが、子どもの所得の大部分は親の所得の金額で説明がついたのだ。このことは、貧しい子どもが裕福な大人になり、裕福な子どもが貧しい大人になるのを妨げる障壁があるという考えを裏づけているが、それはたいして意外ではない。しかし研究の次の部分は意外だった。2000年には、1970年生まれコホートが30歳になったときの所得に関するデータが入手可能になった。経済学者は、複数の分析で二世代にわたる社会的流動性を比較し、どう変化したかを評価するまたとないチャンスに恵まれたのだ。これこそまさにビナーが、1958年と1970年生まれコホートのデータをエセックスのアーカイブに集め、科学者にそれを利用するよう誘ったときに望んでいたことだった。そしていま、彼の戦略が効果を上げようとしている。比較を行なうために経済学者は、バトラーが19

86年に行なった目眩がするほど細かい調査で集められたデータを抜き出さなくてはならない。16歳のコホートメンバーの親に尋ねた所得の値だ。さらに、コホートメンバーが30歳のときの所得を示すデータも引っ張り出した。

この研究は、ジョー・ブランデンの手にゆだねられた。研究者として経験を積み始めたばかりで、ロンドン・スクール・オブ・エコノミクスで博士号を取得しようとしていたときだ。初めてコホートのデータを自分のコンピューターに取り込んだとき、彼女は仰天した。データセットは巨大で、週に何回ドリッピングを食べるかというような無関係のものもあるようだ。しかしひとたびショックが過ぎて数字を分析すると、そのデータから転がり出たものは大変な衝撃だった。実際、そのあと起こったことを考えると、その時点で誰もが少し興奮しすぎたのではないかと、いま彼女は思っている。

ブランデンと同僚が見つけたのは、社会的流動性の悪化である。1970年生まれの子どもたちの所得は、58年生まれの子どもたちの所得よりも、親の所得と強く結びついていたのだ。経済学者はこれをわかりやすく示すために、58年生まれの相対的に貧しい少年を、親が二倍稼いでいた裕福な子どもと並べて考えた。58年生まれが大人になったとき、裕福だった人のほうが貧しかった人より平均で17・5パーセント多く稼いでいる。それほど貧しい子どもたちは不利な状況にあるのだ。しかし研究者が70年生まれの裕福な少年と貧しい少年で同じように考えると、大人になったとき、裕福だった人のほうが貧しかった人より25パーセント多く稼いでいた。つまり70年生まれの子どものほうが、生い立ちから抜け出すのが難しくなっている。貧困は粘着性を増してまとわりついているようだった。これは衝撃的である。なにしろ、相対的社会的流動性はイギリスではほぼ不変である、という社会学者の考えと矛盾している。さらに、イギリス国民は生まれたときの経済的状況に縛られていることを示唆する、暗い結果である。経済学者がイギリスをほかの国々と比較すると、状況はさらに悪いようで、ヨーロッパのどの国よりも社会的流動性が低く、同じなのはアメリカだけであることがわかった。

社会的流動性が下がったのなら、何がそれを押し下げたのか？ 経済学者は明白な答えをひとつ、両世代のあいだで大きく変わった教育に見つけた。58年生まれコホートが学校を終えた時点から70年生まれコホートが学校を終えた時点までに、高等教育の広がりが進行していたため、16歳を過ぎても学校にとどまり、大学に進学する子どもの数がかなり増えた。ブランデンらがコホートのデータを使ってこのことを調べたとき、裕福な家族がこの展開から最も恩恵を受けていることがわかった。たしかに、全体として高等教育に進む子どもが増えたが、割合としては裕福な子どものほうが多い。これが観察された社会的流動性低下の主な理由であると、彼らは結論づけている。70年生まれの裕福な子どものほうが、学歴が高くなる可能性も高いため、給料の高い職に就いて、貧しい子どもたちを引き離す可能性が高くなるというわけだ。*

この研究が騒動を巻き起こす最初の兆しが現れたのは、2002年3月、ブランデンが結果を、コヴェントリー近くのウォーウィック大学で開催された、王立経済学会の年次総会で発表したときのことだ。講演そのものはどうということはなく、彼女が話しているあいだ、聞いている学者たちもとてもリラックスしているように見えた。しかしセッションのあと、広報担当者が彼女をタクシーに乗せて、インタビューのためにバーミンガムにあるBBCのペブル・ミル・スタジオに連れて行った。ブランデンは当時25歳で、自分にとって初の重要な研究について話すために、ラジオの全国生放送に出演しようとしていた。「私は完全に舞い上がっていました」と、彼女は言う。インタビューはそれが最後ではなかった。

それから2、3年のあいだ、ブランデンらが自分たちの研究を発表し論じると、派手な論争が起こった。ブランデンらの考えは、比較的貧しい出自の政治家やジャーナリスト全体の共感を呼んだ。たとえば、1958年生まれの労働党政治家アラン・ミルバーンは公営住宅で育ち、ジョン・メージャーは労働者階級の出――父親は大衆演芸場の曲芸師をやったり、庭に飾るノーム人形のセールスをしたりしていた――で首相になった。彼らの周囲に見えていたものは、研究が示していることとまったく同じだった。彼らは比較的貧しい環境から這い上がったが、自分より10年、15年あとに生まれた政治家が裕福な出自であることに気づいていたのだ。とくに顕著な例は、のちのデイヴィッド・キャメロン首相とニック・クレッグ副首相であり、どちらも私立学校の出である。1966年生まれのキャメロンはイートン校、67年生まれのクレッグはカルディコット校とウェストミンスター校に通っていた。「イギリスの影響を受けるあらゆる集団において、2013年の上層部有力者は圧倒的に私立教育を受けた人たち、あるいは裕福な中産階級で占められている。私のような生い立ちの者にとっては、それが本当にショッキングだ」と、メージャーは演説で言っている。

リンゼー・マクミランという別の若い研究者も、論議を巻き起こした。58年生まれコホートと70年生まれコホートのデータを比較して、医師、弁護士、会計士など選り抜きの専門職の人たちは、70年生まれのほうが高所得世帯の出である可能性が高いだけでなく、平均的にIQが低いことも明らかにしたのだ。このことは、裕福な子どもは平均して先輩たちほど賢くなくても、トップの職業に就いていた

＊　出世するには裕福でなくてはならないという考えは、法律、政治、医学、ジャーナリズム、および実業世界の中心人物を調査した2007年の研究によって、確固たるものになった。私立学校――一般に裕福な家族ばかり――は、全児童の7パーセントしか教育していないにもかかわらず、各界の大物の半分以上が私立学校に通っていたのだ。他国と比べて乏しい社会的流動性、全体的な社会的流動性の低下、そして社会の特権階層から生まれるイギリスのエリート、すべてを考え合わせると、この調査はますますお金によって分断されていく国を暗示していた。

るという考えを裏づけている。あるいは、ある経済学者が露骨に言っているように「裕福な家の出だが、頭は鈍い」。

経済学者の研究が波紋を広げた理由は、ファインスタインの研究と同じだった。社会的流動性が低下しているという考えはとてもわかりやすく、格差についての議論が高まっているさなかという絶好のタイミングで出現したのだ。研究資金の一部は、社会的流動性の改善を目標とする慈善団体のサットン・トラストから出ており、団体は研究に注目を集めるためのプレスリリースを発行した。するとすぐに結果はメディアに取り上げられ、あらゆる派閥の政治家に利用された。ニューレイバーがまだ政権の座にいたとき、研究は社会的流動性を高めて教育を優先させようという前からの活動を支持するものだったので、党の目的にかなっていた。その一方で保守党は、ニューレイバーの戦略が機会均等に失敗していると主張するのに有効だと考えた。ブランデンの研究結果は、周囲のどんな人もねらえる機関銃のようだった。「本当のところ、ちょっとおかしなことになっていました」と、特別委員会や政策説明会に何時間も費やしていたブランデンは言っている。

しかもブランデンはファインスタインと同じように、自分の研究は重宝されているにもかかわらず、激しい攻撃にも遭遇していることを知った。批判の先頭に立っていたのはジョン・ゴールドソープだ。彼は20、30年にわたって、所得間ではなく階級間の社会的流動性を研究している社会学者で、経済学者が認めたような流動性低下の証拠を確認していなかった。ゴールドソープによると、コホートの所得の測定値はあまり信頼できないので、経済学者の分析はまちがっているという。それはある一瞬を切り取った測定であり、人々が職場や職業を変えるときに生じる変動を考慮に入れていない。ゴールドソープは、この変動は70年生まれコホートの世帯所得のほうが58年生まれコホートのそれより大きいと主張する。なぜなら昔は、たとえば縫った衣服1枚、あるいは摘み取った果物1ポンドにつきいくらで賃金をもらう肉体労働者がたくさんいて、その所得は週によって変わる可能性がある。1970年代までにそのような職業の多くは消え、労働者は固定の月給をもらう傾向が強くなった。もしそうであるなら、58年生まれコホートの親たちの所得データは、70年生まれコホートのデータほど正確ではなく、それが経済学者の研究結果を説明するかもしれない。58年生まれコホートの親と子どもの稼ぎの相関のほうが、70年生まれコホートのそれと比べて弱いのは、単に前者の年代のほうが後者の年代に比べてデータの「ノイズ」が多いせいなのかもしれない。ゴールドソープは経済学者の研究や、社会的流動性について広まっている誤解と思えるものに強い苛立ちを覚え、論文や講演やインタビューで広く訴えた。

経済学者も反撃のために、自分たちの計算を徹底的に調べ、6年間の研究のすえに2003年、結論はまったく同じだとする論文を発表した。社会的流動性の測り方が社会学者とちがうからだというのだ。経済学者の主張によるとこの相違の理由は、富裕層の所得が1970年代以降に貧困層のそれより大きく上昇したため、各社会階級の人々が稼ぐ所得の幅が拡大したことにある。その結果、70年生まれの子どものほうが58年生まれの子どもよりも、親の社会階級にはそれほど強く縛られていなくても、親の所得には強く縛られているのかもしれない。ゴールドソープはそう思っていない*──そして双方とも目下ほとんど話すことはなく、疲れ気味だ。（現在コホートリーダーの一人が、この社会的流動性についての議論を社会科学の学生の教材として使っている。学生たちは数字の分析で決定的な答えが出ると思い込んでいるが、

＊　2015年、ゴールドソープとエリゼベット・ブコディらが再び、四つの出生コホートを比較する研究から、社会的流動性が変化していないことを明らかにした。1946年、58年、70年に始まったコホートと、科学者がほかのデータセットを使って構築した80年代初期生まれのコホートを比較したのである。

それはまるで見当ちがいなのだ)。一方、世間一般にとってこの応酬はどうでもいい。なぜなら、イギリスの社会的流動性が長期的に低下しているという考えはいまやゆるぎなく、そのせいで論争の複雑さが覆い隠されているからだ。

しかし経済学者でさえ、その考えは拡大解釈だと言っている。ブランデンらは、自分たちの初期の研究にはデータ点が二つのコホートからの二つしかないので、観察された社会的流動性の低下が長期的傾向の始まりであるかどうかについて、何も語っていないことを十分に認めている。それを解明するには第三のコホートが必要であり、1980年代初期生まれのコホートが最適だっただろう。その子どもたちは世紀の変わり目に成人していて、ニューレイバーの政策で不利な条件の子どもたちの出世が容易になっていたかどうか、確認するチャンスを生んでいただろう。しかしご存じのとおり、1982年生まれコホートはつくらないという決断はずっと前に下されていた。経済学者はそれをひどく後悔している。

学界での論議はまだ盛んなようだが、ブランデンによる当初の研究の影響も続いているようだ。2011年4月、この研究が再び大きく報道され、さらにファインスタインの研究と、70年生まれの裕福で鈍い子どもたちが貧しくて賢い子どもたちを追い抜いたことを示す彼のグラフも取り上げられた。連立政権〔保守党と自由民主党による第1次キャメロン内閣〕が社会的流動性の戦略を発表したため、経済学者によるイギリスの出生コホートに関する研究は両方とも、注目を集めた(ニック・クレッグ副首相は戦略開始を告げる下院での演説で、ファインスタイン・グラフに直接言及している。「5歳までに、貧しい出自の賢い子どもたちが裕福な出自のそれほど賢くない子どもたちに追い抜かれる――そしてその時点から先は、格差がさらに広がる傾向にある」)。報告書は、親の所得と社会階級が子どものライフチャンスに多大な影響をおよぼすと主張している。そして社会的流動性を政府の政策課題の中心に据えることを約束しており、それからほどなく政府は、政策が恵まれない子どもたちのライフチャンスを高めているかどうかを示すために使うとして、一連の「追跡因子」を導入した。追跡因子には、就学前の発達目標を達成している貧困層の子どもの人数や、数学と英語の一般中等教育修了試験（GCSE）で好成績を収めた貧困層の16歳の人数などが含まれている。以降、ブランデンとファインスタインの研究は、政策や学術文書にときどき現れている。ある教授は世界中で行なっている講演で、ファインスタイン・グラフを200回以上見せたことがあるそうだ。

この騒ぎはすべて、ファインスタインとブランデンに複雑な気持を残した。出生コホート研究は自分たちを有名にするのに役立ったが、落ち着かなくて危うい気持にもさせられている。なぜなら、研究結果について誰も彼もが言いふらし、研究の結論の域をはるかに超えた政策を正当化するのに使われているからだ。二人ともその理由をきちんと認識している。彼らの研究はわかりやすいメッセージを発信し、しかもタイミングが完璧だったのだ。階級と格差についての全国的な議論が始まったちょうどそのときに出てきた。60年以上前、ジェームズ・ダグラスは戦時中の報告書で政治家はデータを好きなように使えると学んだが、いまこの二人の若い経済学者もまさに同じことを学んでいる。

このことから、12年ちがいで生まれた何千人という赤ん坊の人生を追跡しようという、どちらかといえば気まぐれだった決断は、仕掛け人には想像もつかなかったような波紋を起こしていることがわかる。バトラーが1986年の調査で16歳のコホートメンバーの親に所得を教えてくれと頼んだとき、コンピューター通の経済学者のことなど考えもしなかっただろう。医師が何千人という1970年生まれの手に負えない幼児が靴やズボンをはけるかどうか評価したとき、その情報が40年先の政府の政策や学会の議論のもととなるグラフを生み出すとは考えていなかっただろう。

しかしそれが出生コホートである。スタート地点はわかっているかもしれないが、最終的にどこに行き着くかはけっしてわからない。そしてこれこそまさに、ビナーの身に降りかかったことなのだ。彼はひとつの研究に着手していたが、気づけばほかにもたくさんのことに熱心に取り組んでいた。

1991年までさかのぼろう。ビナーが第3次コホートを引き継いだとき、ネヴィル・バトラーとある約束をしていた。バトラーはコホートメンバーが21歳のその年、メンバーの1割の読解と数学の能力をテストするための資金を首尾よく確保していたのだ。数年後、ビナーは同様の調査を58年生まれコホートの1割に対して実施した。コホートメンバーは能力について直接訊かれた（子ども向けのお話の本を音読できますか？　この半年、あなたは、料理本／聖書／フィットネスのような自己啓発書を読みましたか？）。ほとんどの人は自分の読み書きに問題があることにめったに気づいていない。このことは十分に実証されている。意識的に隠そうとしているからではない。問題があってもなんとかやりくりするのに慣れているので、問題があること自体がわかっていないのだろう。そのため、調査では能力の直接テストも行なった（配管工のリストは電話帳の何ページに載っていますか？　68ペンスのパン1斤と1個45ペンスの缶入りスープを2個買うと、2ポンドでいくらお釣りをもらえますか？　21×14フィートの部屋の床面積はどれだけですか？）ビナーはそのとき気づかなかったが、このようなやや気まぐれに聞こえる質問への答えは、現代のイギリスに関する別の不愉快な事実を明かすことになり、それが彼のその後のキャリアのほとんどを支配することになった。

二つの調査結果から、イギリスでは驚くほど多くの割合の成人が、基本的な読みと計算に苦労していることが露呈した。どちらのコホートでも約19パーセントの成人が、大半は学校を卒業したにもかかわらず、読解レベルが11歳の子どもに期待されるものより低いことが示された。具体的には、このレベルの読解力の人は電話帳で配管工が載っているページを特定できない。つまり、日常生活に必要な読み書きができないと見なされそうな人たちだ。計算に関して状況はさらに悪いようだった。全成人のおよそ半分の能力が、11歳の子どもに期待されるものに届かず（計算機を使っても、部屋の面積を計算できず）、4分の1は7―9歳に期待されるレベルより低かった（2ポンドの問題でお釣りを答えられなかった）。OECDのほかの国々とイギリスで基本的能力を比較すると、イギリスは最下位近くをふらついていることがわかった。これほど基本的能力の欠如が広がっていることは、コホートによって明るみに出るまでほとんど気づかれていなかった。

当時、成人の読み書きについて誰もあまり考えていなかった――が、そんな無頓着はすぐに消えた。個人で見れば読みや計算に苦労するのはきまりの悪いことであり、就ける仕事も制限される。国レベルでは大きな財政的代償をともなう。なぜなら、雇い主は求人したい職に適した人材を見つけられないからだ。基本的能力の欠如は経済のブレーキと見られるようになり、コホートの研究結果はのちに、成人の読み書きと計算能力が少し向上すると、約30億ポンドの節約になることを示した。大勢の無学は国にとって数十億ポンドの損失になるという考えに、政治家はすぐさま飛びついた。このコホート研究の結果が出たのもまた、タイミングよく、証拠にもとづく政策を強調するニューレイバーが政権を握ろうとしていたときだった。ビナーは、その結果を知るべき人に確実に知らせた。コホートが生き残りたければ、政策立案者が有意義で有益だと思うような証拠を差し出す必要があると、かなり前に気づいていたのだ。彼の資質のおかげで、ビナーが責任者であるあいだは資金が途切れなかったことはたしかだった。彼はほかの科学者から、遠回しにではあるが、「政治家」と評された。長年のあいだに多くの科学者がコホート研究にほれ込んだが、やせ形で白髪のビナーは、研究への熱意を物理的エネルギーのように発している。

1998年、労働党政権は統計学者のサー・クラウス・モーザーに、この基本的能力についての問題を調査するよう委託した。ビナーはその委員会のメンバーだった。その報告書は、コホート研究の結果にかなり依拠したものになり、就労年齢で日常生活に必要な読み書きができない人の数を半分にするための国家戦略を提唱した。それにしたがって労働党政権は2001年、GCSEの英語または数学の合格点に相当する能力がない人たちに向けた無料の成人講座など、成人の読み書きと計算の能力を高めるためのさまざまな対策を講じる、スキルズ・フォア・ライフを立ち上げた。2000年代半ばにテレビを見ていた人なら誰でも、この構想の影響をひとつ記憶しているだろう。グレムリン――耳のとがった灰色の生きもので、基本的能力がない人々をばかにする――を主役にした一連のコマーシャルである。このCMは成人教育講座に申し込めばグレムリンを追い払えるとアピールしたので、最終的に数百万人が受講した。

スキルズ・フォア・ライフ・プログラムは数年続き、結局数十億ポンドが注ぎ込まれた。これもまた、コホートの証拠と政治改革を直接結びつけられるケースだが、戦略が国民の基本的能力にどれだけ影響を与えたかは、あまり明確でない。残念ながら、読み書きを覚えないで初等および中等学校をすでに終えている人に、数週間の成人教育がどれだけ役立つかを示す証拠はなかったし、プログラムの効果が評価されたとき、成人教育講座を受けた人のほうが受けなかった人より、1、2年後に賃金や雇用が改善したことを示す証拠もほとんどなかった。しかし、たしかにプラス効果はあった。ほとんどの場合、受けた人は自尊心が高まって、資格や良い仕事を獲得しようとするようになった。また、基本的能力に重点を置くことによって、小学校で毎日1時間読み書きと計算に専念する時間が設けられるようにもなった。1970年生まれの子どもたちのように、準備不足で社会に出ることはないようにするためだ。基本的能力の問題が話題から消えることはなく、以降、ビナーの研究結果はさまざまな国内外の政策文書、下院の議論、委員会公聴会に影響を与えている。

基本的能力が注目されるようになったことで、ビナーとコホートにはお金も舞い込んだ。スキルズ・フォア・ライフの一環として政府はビナーのチームに、成人の読み書きと計算の能力に関する国家的研究センターを設立する資金を気前よく出したのだ。取り組むべき手ごわい問題のひとつは、どうしてかなりの割合の人が読み書きや足し算のやり方をよく覚えていないのに、少なくとも11年の義務教育を修了したのか、である。これは遠い昔のことではない。1970年生まれの子どもたちは80年代に中等学校に通っていて、現在国を治めている人たちと同じ世代に属している。何がまちがったのか？　それを解明するためにビナーのチームは立ち返って、34歳時点での70年生まれコホート全員の読解と数学の能力をテストした。次にデータを調べ直して、現在読み書きに苦労しているコホートメンバー（注目されたのは7─9歳レベルの読みと算数の能力しかない人たち）の人生を、ちゃんと読み書きできる人たち（16歳に期待される標準に到達し、GCSEで妥当な点を取れる人たち）と比較した。

この比較によって、ビナーは再び子どもたちの不利な状況と向き合うことになった。字の読めない人が問題に直面する最初の兆候は、わずか5歳のときに現れている。その時点のテストでバトラーは、「たいこ」や「むし」という言葉に対応する絵を指さすように、そして円、十字、四角などのいくつかの図形を書き写すように指示した。そのようなスキルをマスターするのに苦労していた子どもたちは、約30年先に字の読めないグループに入ることになるリスクがはるかに高く、多くの場合、このような問題は親や教師に気づかれないままだった。そしてすでに察しがついているかもしれないが、この子どもたちはたいてい、幼少期に不利な条件を突きつけられている。お金が非常に乏しいなか、労働者階級または失業中の親のもと、窮屈な住環境で育ち、親は読み聞かせをすることもなく、子どもの教育に無関心な傾向が強い——要するに、スタート時点からたくさんの難題を抱えていたのだ。

ビナーが字の読めない人たちの人生を調べていくうちに、事態はさらに悪くなった。彼らはどの段階でも後れを取りがちであることがわかったのだ。資格を取得せずに学校を出ることが多く、教育は時間の無駄だと考えることが多く、低賃金・低スキルの職に就き、失業を経験することが多く、最終的に貧窮して劣悪な住環境にいるか、ホームレスになることが多い。男性は30代半ばで独り暮らしをしている可能性が高く、女性は10代で母親になるか、4人以上の子どもを産む可能性が高い。どちらもコンピューターを所有または使用する可能性が低かった。これはコンピューターのスキルを必要とする仕事が増えている世の中では非常に懸念されることだ。悲しいことに、このようなことすべての影響が次世代に跳ね返るのが見受けられる。ビナーはコホートメンバーの子どもも調査している。計算と読み書きの能力が乏しい親は、子どもに読み聞かせをする傾向が弱く、子どもたち自身も学校にあまり関心がない。

これは悲しいことだが意外ではない。それまで50年以上にわたって行なわれてきたコホート研究からの結果と、まったく同じだからである。第1次、第2次コホートの研究は次々と、困難な状況で人生をスタートした子どもたちを取り上げ、彼らを追跡して、その人生がしばしば困難な道をたどり、彼らは苦労したり失敗したりするリスクが高いことを示していた。ビナーは第3次コホートでその結論に反対方向から達したのだ。まず読み書きと計算という特定の基準を満たさない人たちを見つけ、彼らの過去をたどって達した結論は、先行研究すべてとまったく同じだった。つまり多くの場合、彼らは困難なスタートを切っている。この研究から、ビナーはこのような問題の多い人生を表現する方法を考案し、

「不遇の軌道」と呼んだ。つらいスタートを切った子どもは、読み書きを覚えるのに苦労し、次々と悪い出来事に遭遇しがちで、そのせいでだんだん困難な人生行路へと押しやられる。

　これは世界中のさまざまな分野から出ている、人の生涯の軌道に関する研究と一致している。疫学の科学者はライフコースの考え――誕生から小児期、成人期まで、生涯に出合うあらゆるものが健康の状態に関与するという考え――に向かっていた。社会学の研究者はずっと前に、生涯の出来事と経験が最終的な行き先に影響するという同様の考えにたどり着いており、やはりライフコース・アプローチと呼んでいた。これも当たり前に聞こえる考えかもしれないが、だからといってこの考え方に価値がなくなるわけではない。

　社会学でとくに有力なライフコース研究は、カリフォルニアで行なわれた2件の子どものコホート研究に端を発している。最初の研究は１９２０―２１年に生まれた学童１６７人を集めたもので、その正常な身体的・知的発達を示すために、彼らを１９３０年代のあいだ徹底的に研究した。２番目の研究はその数年後に始まり、１９２８―２９年に生まれた２５０人近い子どもが関わった。そしてその数十年後、グレン・エルダーという社会学者がその古い記録の一部を掘り返して、別の目的に利用した。１９２０年代末から10年のあいだ大きな生活苦をもたらした世界大恐慌の影響を検討するためだ。エルダーは、最初のコホートには不利な境遇を抜け出した子どもが多いことに気づいた。その理由はおそらく、彼らの乳幼児期は、大恐慌の影響が現実に出始める前に過ぎていて、しかも彼らが独り立ちしたのは最悪の時期が過ぎたあとだったからと考えられる。それに引きかえ2番目のコホートは、不利な境遇から激しい打撃を受けて、そこから抜け出せない別のパターンを示していた。このグループはちょうど世界大恐慌が起こったときに生まれており、つまり発育期に家庭で大きな困難をたくさん経験したということだ。その後の青年期には第二次世界大戦が起こり、そのあいだ多くの親は再び身を粉にして働くことになり、子どもたちはさらに多くの困難に見舞われた。

エルダーはこのデータを使って、人々の生涯におよぶさまざまな影響を理解するための枠組みを構築した。そして、人のライフコースは歴史上のどの瞬間に生まれたか、そして結果としてどんな出来事――たとえば世界大恐慌――に遭遇するかによって決まる、と提唱している。さらに、そのような出来事の影響は、それが人生のどのタイミングで起きたかに左右されるとも述べている。大恐慌が二つのコホートの生涯におよぼす影響は、それをいつ受けたかによってまったく異なることがわかったからだ。

そのうえ、ライフコースの考えには別のきわめて重大な要素があった。人は歴史上のどの瞬間に生まれたか、あるいはどんな社会環境にいるかに制約されているのは事実だ。しかしそのような制約のなかにあっても、行路を変えるような選択をしたり行動を起こしたりすることによって、生き方を決めるチャンスがあるのもたしかである。エルダーはこれを「人間行為力 human agency」と呼んだ。社会学、心理学、哲学の分野で、人間が世界の中でみずから選択できる能力を表現するのに使われる用語である。この考えはまさにライフコース疫学に浸透していたものと同じだ。成人期の健康は出生時および幼少期の健康と状況に影響されるが、それで決定されるわけではなく、運動などの生活習慣の選択によって自分自身を向上させるチャンスがある、という考えである。

ビナーはエルダーの研究に強い関心を抱き、影響を受けていたため、ライフコースの考えをすっかり信じていた。そのため、1970年生まれコホートメンバーの問題だらけの軌道をたどっていたときも、ビナーは落胆しなかった。それどころか彼は、大勢いたコホート研究者の中で最も楽観的な一人として注目を集めるまでになった。つらい環境に生まれた人のほうが、不遇の軌道をたどるリスクが高いことは否定できない事実だが、それは避けられない運命ではなく統計上の傾向である。人生には適応性があり、適切な動機とチャンス、そして支援が見つかれば、人は困難を乗り越えられるのだと、ビナーは確信するようになった。

ビナーもダグラスと同様、不利な状況に対する最初で最強の緩衝材は親だと結論づけたが、そう考えたのは彼だけではない。とくに2、3歳までの子どもに対する親の関心と関与が非常に大切であることを指摘する証拠が、この時点までにコホートその他の研究から山のように出ていた。* コホート研究者にとっての難題は、親からの関心の影響と社会経済的階級の交絡効果を区別することにある。なにしろ多くの場合、裕福な親が最も関心のある親のように見える。研究者はこれをさまざまな方法でコントロールしようと試み、親の子育てが社会経済的地位とは関係なく重要そうであること、そして、関心のある親の影響は厳しいスタートにともなう不利な状況を部分的に埋め合わせられそうであることを、明らかにしている。経済学者もまた、この結論に達していた。2006年にブランデンは、恵まれない子どもたちがのちに学業で成功できるようにするのは何かを検討するため、1970年生まれコホートのデータの複雑な分析を行なった。彼女の報告書は『傾向に抵抗する *Bucking the Trend*』と題され、とくに生まれてから数年の親の関与は、ほかの何よりも重要であると結論づけた。たとえば、5歳のときに親に読み聞かせをしてもらい、10歳のときに教育に関心を示してもらった子どもは、30歳で貧窮している可能性がかなり低かった。

ビナーの研究は、人が人生をより良い方向に押しやれる方法をほかにも指摘している。そして彼は、

＊ 説得力のあるひとつの例は、「はじめに」で言及したドリア・ピリングの研究『不遇からの脱出』だ。途方もなく困難な人生のスタートから脱出した子どもたちには、彼らの将来に関心と野心をもつ親がいることを明らかにしている。

人生のいかなる時点でも、教育で状況を好転させることができると確信するようになった。ライフコースの改善に対して取るべき態度を表現するのに、「早すぎることはない、遅すぎることもない」というキャッチフレーズを考案した。十分な意欲と支援があれば、人は人生のいかなるときでもステップアップすることができるし、不遇の軌道に追いやられて抜けられなくなるとは限らないのだ。

この考えを最もうまく物語っているのは、スティーヴ・クリスマス、紙の上では生まれながらの落後者だった1958年生まれコホートの少年である。クリスマスには支えてくれる関心のある親も、関心のある学校もなかったし、父親の飲酒のせいでつねに家庭の問題を抱えていた。彼は11歳テストに落ち、なんの資格もないまま学校を出て、家はあまりに貧乏だったので、差し押さえ執行人が玄関にしょっちゅう訪れていた。その後も、彼は身長197センチの父親が酔っぱらったときに吐く暴言から137センチの母親を守るために、親元で暮らしていた。しかしクリスマスにはできることがひとつあった。一生懸命働くことだ。彼は学校を卒業した瞬間からそうした。地元の仕事は村の農場にしかなかったため、日中はそこで働いた。そのあと近くの海岸の町、ヘイスティングスにあるナイトクラブの用心棒のアルバイトに直行した。

クリスマスによると、転機が訪れたのは戸別訪問の保険代理人の仕事に就いたときだったという。彼はその仕事に全力を注ぎ、顧客にうまく接し、2年でマネージャーに昇進する。そして簿記、コンピューター、文書作成など、仕事に必要なものをすべて覚え、これが重要なのだが、かなりのお金を稼いで、しかも、母や父のように一文無しになってしまわないように、慎重に貯金した。彼は31歳で親元を離れ、結婚し、娘をもうけ、のちに独立ファイナンシャルアドバイザーになるための一連の試験に通った。クリスマスは自分が何とかやれたのは、人生をみずからコントロールでき、自分で物事をうまく運べるのだ、と気づいたからだと思っている。そして彼はあきらめていない。「できないことがあれば、ちゃんとできるまで進み続けるつもりです」。

もちろん、ちょっとした支障はあった。クリスマスは50歳のとき、白内障で部分的に失明し、屋根のかわらが見えないほどまで視覚が衰えた。彼は注射針や病院や、関係するすべてのものへの恐怖症がひどかったため、白内障摘出の手術を受けることに同意するまで5年もかかったが、手術を受けたときには新しい人生が開けたかのようだった（クリスマスはコホート研究者が血液サンプルを採取するのも拒否したので、彼のＤＮＡは生体バンクにはない）。二番目の問題が生じたのは、金融業界が新しい試験を導入したときだ。クリスマスは業務を行なうためにその試験に通らなくてはならなかった。彼は多くのコホートメンバーとちがって、基本的能力についてはそれほど苦労しなかったが、数学の試験は荷の重いものだった。２０１０年、それまで合格を目指して5回受験して5回落ちていたが、ついに血圧がひどく高くなって、彼は自分の職を離れざるをえなくなった。しかしそれまでに十分貯金していたので、半ば引退し、遺書を作成する独自のビジネスを経営することができた。

クリスマスの両親は同居したままだった。飲酒や虐待があっても別れることができず、ずっと一緒に暮らしていた。しかし２００2年に母親が80代半ばで亡くなると、クリスマスは父親の世話をするために週に一度訪れるようになり、父の酒量をなんとか減らそうとした。父親はある時、自分がやってきたことを申し訳なかったと彼に言い、彼を抱きしめた。クリスマスが子どものときにやってもらえなかったことだ。父親はその2週間後、２００3年1月に亡くなった。クリスマスは現在、2週間に一度ヘイスティングスにある両親の墓を訪れ、墓地のどの墓よりもきれいにしている。

クリスマスはコホート研究にも興味をもち、科学者が長年にわたって送ってきたさまざまなものをファイルキャビネットに保管している。10人に1人くらいが最終的に人生の落後者になっているとする報告書を覚えている。そしてこう考えた、「おやおや、私はその一人かな?」

不遇の軌道を回避する方法はほかにもある。1970年生まれコホートのマイケル・ジェイは暗い数年を過ごしたあとに、ひとつの方法を見つけた。彼の母親はジェイの父親と出会う前に、ほかのパートナーと5人の子をもうけていた。彼らの生活はすぐに、やむことのない虐待——精神的、身体的、性的——の中に沈んだ。ジェイは自分が住んでいた公営住宅の廊下に裸で突っ立ち、頭を扉に向けてテラコッタの床を見つめていたことを覚えている。それは彼や彼のきょうだいが、寝かしつけられたあとにしゃべった場合のお決まりの罰だった。やはり忘れられないもうひとつの記憶は、子どもたちがフライドポテトを食べているときに、父親が帰宅した晩のことだ。母親はまともな食事を用意していたのに、彼は彼女がグレービーソースを作っていなかったことに怒った。皿を彼女に投げつけ、結婚式の写真を窓から放り出し、そして彼女の肩を骨折させた。しかし父親がジェイの弟に向かって棒を振り上げるにおよんで、ついに母親は赤ん坊を抱き上げて逃げ出した。そのあとすぐに警察が来て、ジェイと兄や姉を保護した。

ジェイは養護施設と里親を転々とした。彼はいじめられ、いじめもした。10代には自分がゲイであることを受け入れるようになった。当時は21歳未満の同性愛行為は犯罪であり、その話題はまだほとんど無視されていた(コホート研究者が1970年生まれコホートメンバーにセクシュアリティについて尋ねたのは、2012年のスイープが初めてだ)。ジェイが率直に認めるとおり、彼は反抗的な「わるガキ」だった。里親は彼のセクシュアリティや行動に対処できず、彼を放り出した。しまいに、一人の職員にホモと軽蔑的に呼ばれたとき、彼は養護施設を飛び出した。そしてしばらくはホームレスだった。

ジェイが下向きの軌道から抜け出したのは、21歳でパートナーのロバートと出会ったときだ。ロバートはそれまで彼に欠落していた安定と愛情を与え、二人は互いを支え合う関係を育んだ。現在、ジェイは働きに出ている。客室乗務員として列車で紅茶のワゴンを押すなど、さまざまな仕事をしてきた。ロバートは神経障害を患っていて働くのが難しいので、家事を担当し、請求書が溜まらないようにしている。二人が一緒になってからジェイは飲酒量を減らし、タバコをやめた。彼らはイギリスの非常に厳しいマイホーム取得への足がかりをつかみ、公営住宅が売り出されたときに購入できたことを喜んでいる。この話ではコホートがいくつか好ましい循環を生んでいるが、そのひとつとして、ジェイのコホート研究への参加は、本人が気づかないうちに彼を助けたようだ。彼は何の資格も取らずに学校を出て、読書はたくさんするのに綴りがずっと苦手で、数字でパニックに陥ることもある。彼のその問題は、70年生まれコホートのデータバンクに報告された。知ってのとおり、研究結果全体をふまえて、政府は成人教育講座の開始を決め、数年前にジェイはその恩恵を受けた。読み書きと計算のオンライン講座を二つ受けて、最後には楽に試験に通ったのだ。

ジェイはよくわかっている。すべてがまったく異なる展開になった可能性があること、そして自分の軌道がずっと下向きカーブをたどっていたかもしれないことを。この事実を毎日身にしみて感じるのは、兄のことが頭をよぎるときだ。2件の殺人を犯し、残りの人生を刑務所で過ごすかもしれない兄のことだ。

第Ⅲ部

世代はめぐる

7　新世紀の子どもたち

コホート、生き返る

1999年を迎えたイギリスの科学者には、喜ばしいことがたくさんあった。1946年、58年、70年、そして91年に始められた、四つの出生コホートが継続している。これはおおいに誇れることだった。このように数世代の国民を追跡し、心身の健康の根本を理解するのに利用している国はほかになかった。しかも、出生コホート研究にもとづく明確な報告書が政府の中枢まで届き、社会的流動性、就学前教育、成人の読み書き能力など、さまざまなことに関する一連の政策を推進するようになったと、主張できる国もほかになかった。コホート研究は好調で、過去の世代についてわかったことがすべて、ゆっくりと現在に浸透していき、次世代の生活を少しずつ改善していた。

しかしこのように称賛されながらも、コホート研究者にはつきまとって離れない後悔があった。欠けているコホート、つまり12年ごと、1982年に行なうべきだったコホートについて、ずっと考えていたのだ。ジーン・ゴールディングの意欲的すぎる計画とそのタイミングの悪さのせいで、オックスフォードの会議室で葬り去られたコホートだ。提案された当時は資金が枯渇しつつあり、ほかの科学者はランダム化比較試験に夢中になっていた。時間がたってみると、イギリスのコホート研究にとって、実施しなかったこのコホートは喉に引っかかった骨のようなものだった。家族の再会を祝っていても、亡くなって空席になっている一人のことを、ずっとくよくよ考えて悲しんでいるようなものだ。

ゴールディングがのちに首尾よく第4次コホート――1991年生まれコホート――を始めたことも、たいして慰めにはならなかった。なぜなら、その研究は異質で、ギャップをきちんと埋めるものではないと考える科学者が多かったからだ。第4次コホートは一地域の子どもだけが対象であり、それまでの三つのコホートのようにイギリス全土を網羅して全国民を代表しているのではない。しかも1991年生まれコホートは、胎盤、爪、歯、DNAを貯蔵し、現代医学の研究に重点を置いているため、前時代の研究に根ざしている先行コホートとは、まったくちがうものに思えた。コホートの異端児であり、ほかとはなじまない研究だったのだ。

この20、30年の科学の進歩によって、四つのイギリス出生コホートは二分されてきた。コホートを始めたジェームズ・ダグラスは、1946年生まれコホートは社会科学と医学の両方にまたがるべきだと考えていた。そのため、すべてのコホートは長年にわたって両分野に関係する大量の情報を集めてきた。しかし新世紀を迎えるころには、いつの間にかそれぞれのコホートは、どちらかの分野に軸足を置くようになった。コホートを運営し、利用し、資金を出している科学者の影響だ。1946年と91年生まれコホートは生物医学コホートと見なされており、医学研究に重点を置き、医学研究者が率い、MRCのような医学研究機関から資金提供を受けていた。それに引きかえ、58年と70年生まれコホートは社会科学コホートと見なされており、社会科学者がリーダーとなり、利用し、おもにESRCから資金提供を受けていた。その境界は確かに絶対ではなく、社会科学コホートに関して行なわれたすばらしい医学研究もあれば、その逆もあったが、一般的に、コホートは二本の平行した道を進んでいた。分野の異なる科学者は話す言語やしたがう慣例が多少異なる傾向があるため、二分されたのだ。*

この分裂はおおむね、言葉にされない緊張感で表れるだけだった。「こちらのコホートのほうがそちらより良い」というくらいの感覚だ。しかし、相違点がちょっとした小競り合いを起こすこともあった。最大の論争の的はデータとその保管方法だった。社会科学者はずっと前に、すべてのデータをエセックスのアーカイブに預けて、学界が自由に利用できるようにすると決めていた。それが研究の幅広い利用につながり、科学者が繰り返し互いの結果をチェックし合うことができると考えてのことだ。しかし医学研究者はそうしなかった。なぜならこの分野の伝統では、プロジェクトを率いる科学者がデータを管理下に置いていたからだ。データを分析して結果を発表する最初のチャンスをものにするのは彼らであり、あとになって頼まれてはじめて、ほかの科学者と共有するのだ。その理由のひとつは、医学的データは非常にデリケートな機密と見なされる──誰も人の個人的な健康記録が漏れるリスクを負いたくない──こと、もうひとつは、この分野は競争が激しく、科学者は最初に発見して結果を発表しようと、つねにしのぎを削っていることにある（この10年ほど、データの匿名性を維持しながら、多くの医療データベースを研究者が利用できるように公開する動きが起こっているので、だんだんに時代遅れの慣例にもなっている）。

このようにデータへのアプローチが異なるということは、コホートの運営方法も社会科学者と医科学者では基本的にちがうということだ。社会科学者は二つのコホート研究を、科学界の利益のために運営している資源と考える。そしてスイープを計画するときは必ず、国中の科学者と政策通がコホートで検証するべき仮説を提案し、質問票作成に協力し、そしてデータを利用することができる。しかし医学研究者は自分たちだけで仮説を考え出し、データを自分たちの棚にしまい込む。どちらも自分のほうが最善のアプローチだと考える傾向にあるので、研究間に分裂が生じた。社会科学者の中には、医学研究者は莫大な費用のかかる研究を納税者のお金で行なっておきながら、そのデータを誰でも自由に使えるようにしないのは、ひどい話だと思っている者もいる。彼らに言わせれば医科学者は自分勝手で、データをガードして、自分が最初に利用する権利を確保し、興味深い発見をすべて発表し、研究者として出世できるようにしているのだ。医学研究者の側からすると、社会科学コホートには明確な科学的ビジョンがない。彼らの考えでは、社会科学者は従順にデータを収集し管理しているだけ、つまり政策立案者に言われたことを何でもやって、自分たちで針路を決めていない。みんな控えめなイギリス人なので、このようなことをおおっぴらに言う人はいなかった。一般に、コホート研究者はつねに互いに礼儀正しく、あとで陰口をきくのである。

そういうわけで、1999年を迎えたイギリスの出生コホートは国家的な大成功だったが、対抗意識とたられればを悔やむ気持のせいで、その輝きも曇っていた。このわだかまりをさらに悪化させたのは、いかにもイギリスらしい理由だった。この国は人々の生涯をいっせいに追いかけるという科学的研究を始めて、それに関して世界をかなりリードしていたが、いま新しいコホート研究の計画を続けないことで、その強みを失うおそれがあったのだ。同じようにイギリスが始めたのに他国にすぐ追い越され、や

＊　コホート研究は漠然と「生物医学」または「社会科学」のどちらかであると見られることが多いが、すべてが両方の研究分野にかかわっている。クロスオーバーの主要例として挙げられるのが2002年に始まって大成功したスイープである。1958年生まれコホートのメンバーが40代になったときの生物学と健康に焦点を合わせたスイープで、重要な科学的情報源になっている。

がて逆にこっぴどくやられてしまうようになったものは、クリケット、サンドイッチ、コンピューターなどたくさんある。私たちが短気で、近視眼的で、ケチなせいで、これ以上新しいコホートを始めなければ、そのうちどこかほかの国がコホート研究でも私たちを追い抜くことになるのだ。

しかし結果的にはそうならなかった。科学者がそれを知ったのは1999年夏、千年紀が変わる数カ月前である。世間では、みんなすでに大規模なおおみそかのパーティーを計画していた。スーパーマーケットはシャンパンの仕入れを増やし、テムズ川で見事な打ち上げ花火の計画が進行していた。出生コホートの世界で興奮が始まったのは、エセックス大学の荒涼としたコンクリートのキャンパスで電話が鳴り、ジョナサン・ガーシュニーという社会科学者が受話器を取ったときだ。ガーシュニーはイギリスの出生コホートとはあまり関係していなかった（当時は別の大規模な縦断研究に忙しかった）*が、それでも1999年の一時期は出生コホート戦略の責任者だったので、ESRCに関するかぎりは連絡窓口だったのだ。ガーシュニーは電話に出た。相手はスウィンドンのESRC本部の誰かで、びっくりするニュースを伝えてきた。「内閣府は2000年生まれのコホート研究を行なうべきと決定しました」。これは第5次イギリス出生コホート研究であり、30年ぶりに全国を網羅することになる。

それだけでなく、内閣府はコホートをすぐに始めたがっており、しかもそれを周知させたいと考えていた。「昼食までにプレスリリースを書いていただけませんか？」と、ガーシュニーは依頼された。

2000年生まれコホートの考えはどこで生まれたのか、解明するのは非常に難しい。その時点では、ジョン・ビナーが1958年および70年生まれコホート研究を、縦断研究センターと呼ばれるようになっていたロンドンの教育研究所のオフィスで運営していた。**たしかに、先行するコホートは注目されて勢いづいており、資金提供機関や官公庁の上層部では、コホート継続を支持する盛んなロビー活動が舞台裏で行なわれ、全国的な連続コホートを復活させる必要があるという認識もあった。そういうわけで、新たなコホート研究への情熱と支援は十分だ。あと必要なのは火つけ役だけだった。

コホート界の伝説によると、その火つけ役になったのはピーター・マンデルソン、1997年にトニー・ブレアの新政権で無任所大臣に任命された人物だ。マンデルソンは労働党をニューレイバーとしてブランド再生し、1997年の選挙で大勝に導いた黒幕の一人であり、のちに非情なやり方で有名になり、政治的スキャンダルで二度も大臣辞職に追い込まれたあと、不死鳥のようによみがえり、ほかの高官ポストに就任したことで知られている。

しかしその前に、政府がどうやって新世紀の幕開けを記念するべきか考え出すことも、マンデルソンの仕事だった。橋やドーム、荒唐無稽に思えるテムズ川岸の観覧車といった提案を選り分けているとき、この1000年に一度の機会をとらえて、2000年生まれの子どもたちについて調べる研究をしたら印象深いのではないかと、誰かが——誰かは誰にもわからないが——提案したようだと言われている。マンデルソンはその考えを気に入ったらしい。なにしろ、この重大な節目に生まれる何千人というイギ

＊　1991年、イギリス世帯パネル調査がイギリス各地の5500あまりの世帯について、メンバー全員の情報を集め始めた。出生コホート研究と同じように、世帯研究も長年にわたって人々を追跡するが、重要なちがい——そして経済学者がそのような研究を好む理由——は、出生コホート研究が長年にわたって個人を追跡するのに対し、世帯研究は人々の集団、つまりその家に住んでいる人全員を追跡することにある。変化する世帯構成や、その中の人間関係に関する情報を多く提供する。

＊＊　ネヴィル・バトラーはまだ存在感を維持していた。彼の忠実な秘書が週に一度、ブリストルからこのオフィスに彼を車で送ってきた。ごくわずかな寄付金しか集まらず、彼自身も80歳になろうとしていたのに、バトラーは出生コホート研究を支援する慈善団体の運営を続けた。彼のゆるぎない研究への情熱は、2007年に亡くなるまで続いた。

リス人のかわいらしい赤ん坊の研究には、否定しがたい劇的な政治的訴求力がある。そこで、あるニュースが流れた。もし科学者が出生コホートを2000年に始めるための確実な計画を練ることができるなら、それを実行するために相当額の資金が提供されるというのだ。

コホートのニュースが届いたとき、科学者は二つの反応を示した。まず、その考えをおおいに気に入った。次に、不可能だと思った。コホートの仕事に20、30年どころか2、3週間でもかかわったことがある人なら、新しい出生コホート研究を始めるには、少なくとも2、3年が必要だとわかっている。出生そのものから逆算すればわかりやすい。妊娠中の母親を登録するには、出産の約6カ月前に連絡を取り始めなくてはならない。その前に、産科医院で母親を募集する手順を確立するために6カ月が必要だ。どうやって全国規模で人を募集するか、どんな情報を集めるべきか、研究者が考え出すのに最低でも1年、現実的には2年を足さなくてはならない。全部合わせると2、3年になる。実際、1979年にゴールディングが不運なコホートを提案したときも、その息の根を止めたもののひとつはタイミングだった。1982年までの3年という短い期間でコホートを結成するのは、あわただしすぎて実行不可能に思われた。それから17年後の1999年夏、政府は科学者に翌年出生コホートを始めたいと言ったのだ――2000年に生まれる赤ん坊のかなりの数がすでに母親のおなかに宿っているのに。だからこそ、ガーシュニーはESRCからの電話でその計画を初めて聞いたとき、受話器を握ったまま言っていた。

「すみません、私にはできません」。

するとESRCは言った。「いいですか、2000年生まれコホートでなければ、コホートはまったくなしですよ」。

政府の立場からすると、2000年生まれというところが肝であり、新世紀のイベントに使うお金はふんだんにあった。一方、２００１年や０２年生まれのコホートでは同じ訴求力はないので、資金はほかに使われるだろう。そこで科学者は困った。大急ぎで２０００年に研究を開始して科学の信用を傷つけるリスクをおかすか、それとも研究はまったくなしにするか。

科学者たちは前者を選んだ。新しいコホートの貴重なチャンスをみすみす逃したくはないし、連続コホートを再開する機会も失いたくない。経済学者でＥＳＲＣ顧問のピーター・エリアスは、研究審議会の会合で状況が議論されたのを覚えている。「『まともではないが、私たちにはできる。できることはわかっている。だからやろう』と言ったのです」。そして彼らはやった。ガーシュニーは大急ぎでプレスリリースを書き、ＥＳＲＣは彼に、コホートが実現可能な計画であることを示すために、簡単なスコーピング（対象範囲の絞り込み）を指揮するよう依頼した（そして実現可能だと結論が下された）。そのあと、ＥＳＲＣは新しいコホートの運営に入札する科学者チームを募ってコンペを行ない、いちばん良いプランを勝者として判定することにした。この時点ですでに２０００年2月。新年のパーティーはとっくに終わり、新たな千年紀はすでに2カ月過ぎていたのに、責任者さえ任命されていない。事態は差し迫っている。

ビナーとコホート研究者たちは、急いで実行可能に思える計画をまとめた。2月に始めて、巨大な規模の研究を計画するのにわずか数週間しかない。この研究は30年あまり前の全国規模のコホート研究とは根本的にちがうものになる。今回は、生まれる季節のちがいによる影響を科学者が検討できるように、1年以上にわたる出生を集めよう。データは初めて直接コンピューターに入力されることにした。つまりコストのかかるプロの面接官を雇う必要がある（２０００年には、すでに山のような仕事を抱える全国の助産師や保健師を、さらに情報を集めるよう説得できるわけもなかったし、彼女らには時間も専門知識もなかった）。

この研究では、イギリスで増えつつある少数民族の集団を含めることを優先させよう。さらに信じがたいことだが、初めて最初から母親だけでなく父親も調査する全国コホートにすることにした。

しかし、調査で検討するべき項目には、おなじみのものもいくつかあった。1999年、貧困と格差は昔と同じくらい注目の話題であり、社会科学者は恵まれない子どもたちについてさらに知りたいと考えていた。そのために、意図的にそういう子どもたちを多く入れることにした。当時イギリスの子どものうち貧困生活を送るのはおよそ4分の1だったが、2000年生まれコホートでは貧困層の子どもが約30パーセントを占めた。これによって、困難なスタートの影響を説明する力が増す。*

これがすべて企画書に書き込まれ、2000年5月、ビナーのチームは研究を運営するコンペで勝ったことを知らされた。リーダーになったのは、ヘザー・ジョシという社会科学者である。彼女は三つの全国的出生コホートすべてで仕事をしたことのある、数少ない科学者の一人であり、それを利用して女性の賃金と雇用に関する先駆的研究を行なっていた。そして申し分のない科学者としての信用のほかに、彼女には生来の誠実さと決断力がある。しかしいま、ジョシと彼女の研究者チームは絶望的な難題を突きつけられている。ほぼ5カ月分の2000年生まれの赤ん坊はすでに生まれており、12月に生まれてくる2000年生まれ最後の子どもたちも母親のおなかに宿り、妊娠検査で存在を示している。研究の名称変更は政治的に受け入れがたく、したがって2000年に生まれた子どもを入れなくてはならないが、年末までにデータ収集を始められる現実的な方法はない。チームにはとてつもないプレッシャーがかかり、重苦しい空気が漂っていた。コホート研究者にとっては、まさしくミッション・インポッシブルである。彼らは窮地を脱することができるのか？

ジョシは腕まくりをして、やるべきことをやった。彼女のチームは次善策を考え出した。コホートを成功させ、なおかつ名称を残すこともできる、壮大な妥協案である。2000年9月以降に生まれる赤ん坊を募集することで、少なくとも2000年生まれの赤ん坊の一部を登録し、コホートの名称を正当化できるようにして、実際に親に面接するのは子どもたちが生後9か月くらいになる2001年以降にして、研究を組み立てるための時間を稼ぐのだ（ジョシは適格の子どもを割り出すのに、イギリスの大半の親が行なう児童手当受給の手続きを利用した）。じつのところ募集段階の半ばほどで、十分な数の赤ん坊が生まれていないため、目標の2万人に届きそうもないことにジョシは気づいた。そこで、一部の地域では2002年1月までを「2000年」生まれとするように研究を拡張した。

すでに生まれている赤ん坊を募集するというこの決定は、これまでのコホート研究からの大きな変化を意味した。これまでの研究はすべて、医師や助産師や保健師を通じて家族を募集し、妊娠と出産についての膨大な医療情報を集めていた。今回はちがう。ありえない研究期限のせいで、妊娠中の母親が観察されることはなく、出産の医学的側面に関して集められる情報がはるかに少なく、組織やDNAの収集もない。社会科学者はそのことをあまり気にしなかった——が、医科学者はもちろん懸念した。

これまでのコホートは、出生の詳細な研究という意味で画期的だった。喫煙と低出生体重の関係を確認し、産科診療の変革に影響を与え、周産期疫学における画期的業績となった。出生コホートは、妊娠と出産に関する詳細な情報の収集には科学的に価値があることを示し、胎児期と乳幼児期の発達が、その後の人生の健康を決定することは立証されていた。同時に遺伝子研究が急発展しており、大半の生物

＊　科学者たちはこれを実現するために、所得審査を受けて給付金を受け取っている世帯の子どもの割合が高い地域のサンプルを多く集めた。さらに少数民族や、北アイルランド、スコットランド、ウェールズで生まれた子どもも、多くサンプルにしている。

医学研究者に言わせれば、大規模な高コストの全国的出生コホート研究を、妊娠中および出産時の詳しい医学的情報や、母親と子どものDNAを集めずに始めるなど、理解しがたいように思われた。チャンスはふいになった——人目を引きそうな2000年生まれコホートにするという政治家の執念のせいで、捨てられてしまったのだ。そのため、いまだに2000年生まれコホートが話題に上るたびに、残念そうに唇を一文字に結ぶ医学者もいる。彼らにとって、そのように研究を開始したせいで、またとないチャンスを逸したのだ。しかし、脇から批判するのは大変けっこうだが、ジョシは資金と勢いが消えないうちにさっさと始めようと、全力で仕事をしていた。「あれほど集めたのは奇跡でした」と、彼女はいま語っている。*

その一方で、時代と科学の進歩がこのコホートにとって別の問題を生じさせた。1946年にガートルード・パーマーが「同意」するには、ただ保健師を自分の家に招き入れるだけでよかった。ところが2001年3月、調査員が最初の2000年生まれの子どもを訪問しようとしたとき、同意をめぐって医学研究倫理委員会にあやうく研究をすべて打ち切られるところだった。同意は研究における重大な問題になっていたのだ。委員会が指摘したのは、親になろうとする人たちに送られている手紙には、彼らが研究に参加できること（「もし参加したければお知らせください」）ではなく、研究を断われること（「もし参加したくなければお知らせください」）が書かれていることだった。そしてこれを強制的と考えたのだ。ジョシは「ゾッとした」と言う。コホートの沈没を防ぐために半狂乱で電話をかけまくったことを、彼女は覚えている。最終的に科学者と倫理学者は妥協点に達した。面接官は家の玄関に立ったとき、親が研究への参加を選ぶことをあらためて尋ねたのである。

そういうわけで、面接官は出発するとき、同意書、コンピューター、そして現状を検証する質問票を用意した（あなたは赤ちゃんの父親と、結婚している／別居している／離婚している／親密な仲である／ただの友だちである／なんの関係もない？　週に何時間、有料の保育を利用しますか？　今回の妊娠のために不妊治療を受けましたか？　赤ちゃんのおむつ替えについて、ほとんどあなたがする／ほとんどパートナーがする／だいたい平等に分担する／ほかの人がやる？）

無理な期限にもかかわらず、ジョシの面接官軍団はなんとか1万8818人の子どもを集めた――適格者の72パーセントである。1958年生まれコホートの98パーセントには遠くおよばないが、それは人々の生活や心構えが変わったからだ。最初の出生コホートが人集めをしていたときには、母親は国のために自分の役割を果たすのは義務だと感じていたので、全員が参加した。第5次コホートのころには、そのような感情は配給や手編みのベストと同様、こっけいなくらい時代遅れに思われた。現代の親は、国家的な科学事業に参加することが義務だと感じない。みんな忙しいし、自分に何の関係があるのかと思いがちだ。しかも以前より引越しをすることが多く、そのせいで追跡するのがはるかに難しい。そしてコホート研究者は親の参加を維持するためにがんばりながら、政府の関心もつなぎ止めなくてはならない。政府が気まぐれでコホートを始めたとしても、突然方針を変えて、すべてをキャンセルするのは止めようがない。科学者は子どもたちのスイープをやりたいと考えるたびに、資金を求めて闘わなくてはならないことを知っていた。しかし彼らは、2000年生まれの子どもたちが3歳、5歳、7歳のときに調査を行なうための資金を首尾よく勝ち取り、私がこの原稿を書いているいま、14歳時の調査を行

＊　社会科学者はコホートの計画と立ち上げのとき、確かに医学研究者と協力した――が、タイトなスケジュールのせいでできることは限られていた。さらに、開始時にコホートに資金を出していたのはESRCで、彼らの重点は医学研究ではなく社会科学にあった。

なっている。

2000年生まれコホートが始まったとき、イギリスは出生コホート研究の経験を50年以上積んでいた。それでも、この最新のコホート研究はあわただしくて、生物科学者にとってはひどい期待はずれであり、将来も不確実だ。しかし、同時に成功でもあった。科学者はついに、もうひとつのコホート研究を軌道に乗せたのであり、コホート研究の世界的リーダーとしてのイギリスの地位を固めることに成功したのだ。いまや五つのコホート研究があり、詳細に調査される子どもがあらたに1万8818人加わった。科学者は国がどう変化してきたかを見るために、データにどっぷり浸かろうと、うずうずしていた。

レベッカ・ウッドは、面接官が家の玄関に現れて、自分とパートナーと息子のトーマスに、2000年（またはそのあたり）に生まれた子どもの研究に参加してほしいと言ったときのことを覚えている。彼女は同意したが、その理由のひとつは、研究が終わったら息子の成果の記録をもらえると思ったからだった。数年後にようやく、そうではないと気づいた。情報はすべて統計として研究に投入されて、彼女には何も返ってこないのだ。しかし彼女は研究を続けたかった。一度かかわったら、「手を引くのは私の性分ではありません」と、彼女は言う。

2001年にトーマスが生まれたとき、ウッドは銀行でフルタイムの仕事をしていた。妊娠はすこぶる順調だったが、出産はそうはいかなかった。赤ん坊は逆子になっており、医師は難産を予想した――そしてそのとおりだった。予定日を5日過ぎたウッドは、陣痛誘発剤を投与され、13時間の痛みに耐えた。そして最終的に、早くいきみたくなるのを抑えるために硬膜外麻酔を受けた。トーマスが午前9時27分にようやく出てきたとき、彼女はすっかり疲れきって、部屋には手助けのために9人も医療スタッフがいたことがショックだったのを覚えている。彼女の話によると、退院記録はすべて階上の箱の中にしまっているが、この経験はすべて忘れられないものだという。

ウッドは半年以上の産休を取りたかったが、家族にお金が必要だったので仕事にもどった。彼女には法外な保育料を払う余裕などあるはずもなかったが、さいわい、両親が協力できるくらい近くに住んでいた。一家は旅行をする余裕もなかったが、住宅ローンを組んでいるし、なんとか子どもに必要なものを手に入れることができている（トーマスにはいま弟がいる）。そして彼女は、自分より困窮している人が周囲に大勢いることを知っている。彼女が住んでいるのは、イギリスでも貧しい地域のひとつだ。

ウッドはいつもトーマスに読み聞かせをし、善悪の区別を教え、彼が学校に行く準備を整え、そしてしつけも行なった（そうするべきだとコホート研究に教えてもらう必要はなかった。「自然にわかったのだと思います」）。トーマスが幼児学校に通っていたとき、落ちこぼれていることに彼女は気づいたが、その理由はおそらく彼が空想家で、しかも夏生まれなので学年でいちばん幼いことにあるのだと、学校から言われた。去年ようやく、彼は難読症――書いてある単語を読むことが困難な障害――と診断され、現在学校で読み書きを支援してもらっている。これはウッドには心配の種であり、彼女はもっと早く病気がわかっていればと悔やみ、今後の発達や就職する能力に影響するのではないかと思っている。

さらに心配なのは、トーマスが14歳になろうとしていて、全然話をしないか、あるいは小声で文句を言うという段階に入っていたことだ。「出産と10代の子どもがいることと、どちらがひどいことかわかりません」と、彼女は言っている。

2000年生まれの子どもたちは、比較的豊かで経済が成長している時代に生まれており、それまでのコホートが導入を助けてきたさまざまな改革の恩恵を受けてきた。第1次コホートが妊産婦への十分な給付金や健康管理を訴えたおかげで、2000年には妊婦はNHSによる無料の医療を受けられるだけでなく、雇い主または政府の給付金に支えられた4カ月以上の産休を取ることもできる。以前のコホートは、受け入れがたいほど大勢の子どもが出生時に死亡していることを明らかにした。いまではNHSおよび医療の根本的な進歩もあって、乳幼児死亡率は大幅に下がっている。

初期のコホートはすべて、貧しく不利な境遇に生まれることが子どもに与える長期的影響も示していた。現在、生活水準は格段に上がり、かつて一部の子どもたちが直面したのと同じ絶対的レベルの不利に悩む子どもはほとんどいない。しかし現実的には、貧困は相かわらず大きな問題だった。1999年、ニューレイバーは子どもの貧困を根絶すると派手な公約をして、子どものいる家庭への給付金に資金を注ぎ込み始めた。さらに出生コホートの研究は、上流階級の子どもと下流階級の子どもの教育格差は、就学年齢に達する前に現れることを示し、その格差を縮めるための介入は、幼少期に始めなくてはならないことを示唆していた。それも原動力となって、労働党政権は3—4歳児向けの無料の幼稚園と、小さい子どもがいる家庭を支援するためのシュア・スタート・プログラムを導入した。

こうして国は変わった。2000年生まれの子どもたちが生まれたイギリスは、戦後すぐ、第1次コホートが生まれたイギリスとはまったくちがう場所になっていた。子どもたちは身長が高くなって健康になり、冷蔵庫やコンピューター、テレビ、携帯電話、世界中の食べものが身の回りにある。しかし、科学者が2000年生まれコホートのデータを細かく調べ始めると、いやというほど知っている実態がまた見えてきた。いたるところに不平等の兆候があったのだ。

この時すでに、ロンドンの経済学者はコホートのデータに夢中になっていたので、2000年生まれの子どもたちの新しい数字を利用するチャンスに飛びついた。2000年生まれコホートが3歳と5歳のときの語彙力を調べたところ、最貧困層の家の子どもは最富裕層の家の子どもより、早くもまる1年遅れていることがわかった。前の世代で測定されたのと同じくらい大きな認知能力の隔たりだ。彼らは2000年生まれコホートのデータを、社会的流動性に関する論争の的になっている研究に当てはめて、1958年と70年のあいだに観察された社会的流動性の低下が続いているかどうかを確かめようと検討した。子どもたちの認知力テストの得点と親の所得の関連を調べたところ、社会的流動性が悪化している兆候は見つからなかった――就学年齢前の子どもを支援するためのさまざまな戦略が、裕福な子どもと貧しい子どもが以前よりも平等な速度で進歩するのを助けていることがうかがえる。しかし経済学者は結論を出すには時期尚早であり、子どもたちが学校を修了して就職するのを見守ってからでないと、2000年生まれが前の世代よりも、親の財産との関連が本当に弱いのかどうか、確かなことは言えないと知っていた。

データが既視感を起こす点はほかにもあった。とくに、コホート研究者が恵まれない子どもたち、最も厳しいスタートを切った子どもたちを調べたときだ。とりわけ印象的なのは、リカード・サバテスとシャーリー・デックスの二人の社会科学者が、2000年生まれの子どもが人生のスタート時に直面し、困難な軌道にはまってしまう原因となるおそれのある「リスク」のリストを作成した研究である。このリストには、過密な住居、経済的問題、10代の母親、家庭内暴力、身体障害、親の基本的な読み書きや計算能力の欠如、アルコール依存症、失業、鬱、妊娠中の喫煙などが含まれていた。そして二人は、そのリスクを二つ以上経験した子どもがコホートに何人いるかを集計した。この研究は本質的に、197

0年代のベストセラー『生まれながらの落後者?』の再現だった。この本が注目したのは、何もかもが不利な状況にあった第2次コホートの子ども、すなわち屋内トイレや給湯設備のない家に住み、所得が週に15ポンド未満の最も貧窮していた家庭の子どもだった。その後、生活水準は急上昇したが、2000年でもまだ、貧しくて過密な住宅で暮らすなど、さまざまなかたちで苦労している家族も多かった。新しい基準を使って科学者が取り組んだ疑問は、やはり生まれながらの落後者の可能性がある2000年生まれの子どもがどれだけいるのか、だった。

そして答えは「大勢」だった。二人の研究者は、2000年生まれコホートの赤ん坊の31パーセントはリストにあるリスクの一つに直面し、8パーセントは三つに直面していることを示した。この数字は『生まれながらの落後者?』のそれに匹敵する。『落後者』の当時、36パーセントの子どもがリストにあるリスクの一つを抱え、6パーセントが三つ抱えていたのだ。全国で推定すると、この輝かしい新千年紀に生まれた子どものうち、少なくとも8万3000人――そのきょうだいも計算に入れると何十万人――が、歴史から判断すると、前途多難になりそうな環境で育っているのだ。ジェームズ・ダグラスが、最初の出生コホートの恵まれない子どもたちが直面する窮境を示してから60年以上たって、ごく最近の世代でも、人生のスタートで不利な状況に直面している子どもが大勢いることがわかったのだ。

サバテスとデックスは次に、この子どもたちが成長していく過程で、すでに困窮の兆候を示しているかどうか見るために、データを検討した――困窮の兆候は明らかだった。リスクが一つ以下の子どもに比べて、二つ以上の子どもは3歳時と5歳時で語彙が乏しく、行動、情動的発達、社会性の発達、および多動性の測定値が悪かった。以前の出生コホートから出ている山ほどの証拠を一瞥するだけで、このような幼少期の兆候が彼らを困難へと向かわせていることはわかる。この2000年生まれでリスクが二つ以上の子どもたちは仲間より、最低限の教育しか受けず、資格をほとんど取ることなく、結局は失業や低賃金に行き着き、罪を犯し、危険なほど酒を飲むなど、大人になって逆境の度合いが増すリスクが高いと予測された。以前のコホートを見てビナーが不遇の軌道と呼んだものに、この子どもたちはまっすぐ向かっていたのだが、今回は2070年、80年以降という遠い将来へと、その軌道をたどっていくことになりそうだった。

事態はさらに悪いように見えた。サバテスとデックスが分析したところ、リスクが相互に結びついているため、政策で一挙に対処できるというような場合はないことが明らかになったのだ。最も一般的な組み合わせ——喫煙、経済的ストレス、10代の母親——でも、当てはまるのはわずか6パーセントの子どもたちで、ほとんどの家族は隣家とまったく異なる取り合わせのリスクを抱えていた。これは政策立案者に関するかぎり、憂鬱な結果である。なぜなら、その子どもたちを不利な境遇から引き上げられる、手っ取り早い解決策がないということだからだ。問題のある家族はそれぞれ独自の問題を抱えているので、その状況から抜け出すために必要な支援のタイプは家族によって異なる。

あるコホート研究者はこの研究をこう要約した。「いやはや、大きな問題が出てきた」

そのとおりだった。イギリスはたしかに問題を抱えていて、それはけっして新しいものではなかった。不利な境遇にある子どもがたくさんいて、彼らがつらい軌道をたどる傾向にあることは、ジェームズ・ダグラスが第1次コホートで子ども間の大きな格差を明らかにして以降、変化していない。そして再見されたことがもうひとつあった——親が助けになりうるのだ。

最初にさかのぼると、ダグラスはコホートについて先駆的分析を実施して、きちんとした子育てが子どもの学校での好成績と強く関連していることを示した。とくに重要なこととして、関心のある親がいることの効果は、労働者階級からスタートする不利を克服する助けになるようだった。長年にわたってダグラスは、子どもの教育に親がどれくらい関心をもっているか評価する試みとして、どれくらいの頻度で子どもの進歩について話し合うために学校に行くか、などの情報を教師から集めていた。そして、子どもの教育に強い関心をもっている親の子どもたちは、もっぱら能力にもとづく予想よりも、グラマースクールに入る人数がはるかに多いことがわかった。しかし１９６０年代には、ダグラスが報告した結果はほとんど見過ごされていた。「許されないことだ」と、ある科学者は言っている。

しかし新世紀のイギリスは状況がちがっていた。この時点までにイギリスのコホートなどから、関心と向上心のある親がいれば、子どもが貧困、下流階級、その他の不利な境遇による挫折を克服するのに役立つことを示す証拠がたくさん出ていた。良好な学業成績や、一般に順調な人生行路と関連しているのだ。しかし現場でつらい子育てをしている人なら誰もが知りたいのは、積極的で関心のある親になるというのは、実際に何を意味するのか、だ。子どもにとって最善のことをしたいなら、親は——そして社会は——何をするべきなのか？

ダグラスの時代以降、科学者はしばしばコホート研究を利用して、この点を明らかにしてきた。「関心のある」親と優れた成果の関連を取り上げ、それをさらに分析して、関心のある親がとることの多い、具体的な行動を明らかにした。たとえば、現在広く認められているとおり、とても幼いときから毎日子どもに読み聞かせをすることは、優れた学業成績と強い相関関係にある。同様のことはほかにもたくさんある。あるイギリスでのコホート研究は、３０００人の子どもを3歳のときから追跡し、幼少期の子育てのベストプラクティスに徹底して注目した。そして出た結論は、親が家庭で良い「学習環境」をつくるために行なうことはすべて、親の職業、学歴、所得よりも、子どもの知力と社会性の発達にとって重要だった。子どもと一緒に本を読んだり、歌や童謡を教えたり、絵を描いたり、アルファベットと数字を見せたり、図書館に行ったり、旅行や観光に連れて行ったり、といったことはすべて、子どもが大きくなったときの知力、社会性、および行動の高い得点と関連があった。この結論を広げ、子どもが大きくなってからの親の関与も重要だと強調する研究もあった。学校で何を習っているかについて子どもと話したり、宿題を手伝ったり、子どもの将来への願いを表現したり、継続教育の考えについて率直に話したり、といったすべてが、学業成績の向上と関連している。子どもの教育に対する関心は、おおいに成功の前兆となるようだ。

２０００年生まれコホートは、学習と関連する行動だけでなく、より幅広い、親としての「良い」行動を調べている。子どもに話しかけたり耳を傾けたり、温かく接したり、規則正しい食事時間と就寝時間を決めたり、威厳をもってしつけをしたり、といったことすべてが、明るい将来と強く相関している（平手打ちなどの体罰は、ひどい結果と関連していた）。ある程度、子育てへの意欲が子育ての手法そのものと同じくらい重要であるようだ。子どもを元気づけ、読み聞かせをし、外に連れ出し、ともに時間を過ごすことが、結局は、特定の学校の学区に引っ越すことにエネルギーをつぎ込むより、生産的かもしれない。

このような研究すべての難しさは、交絡因子を取り除くことにある。子どもに読み聞かせをし、図書館に連れて行き、時間どおりに寝かせるなど、あらゆる「良い」子育て行動をする親は、社会経済的地位が高い傾向もある――裕福で、学歴が高く、良い職に就いている。それなら、「良い」子育てが本当に子どもの良い結果につながっているのか、それとも実際には、裕福で学歴の高い親が家にいることの結果なのか？　これは、社会科学者がいまだに理解しようと努力していることであり、２０００年生まれコホートの研究結果が役に立っている。

２０００年生まれコホートの子ども1万人を対象にしたある最近の研究――睡眠のスケジュールが幼い子どもに与える影響を調べる最大級規模の研究――で、規則正しい就寝時間と良い行動の関連が明らかになった。この研究が注目を浴びた理由は、就寝時間が行動とただ相関しているのではなく、問題行動の原因であることを実証したからである。3歳、5歳、7歳と幼少期にずっと就寝時間が不規則だった子どもは、就寝時間が不規則だった年齢がどれかひとつだけだった子どもより、考えられる交絡因子を排除しても、問題行動を起こすリスクが高いことを、科学者は明らかにした。さらに、一度は就寝時間が不規則だったが、その後規則正しい睡眠スケジュールに切り替えた子どもは、行動にかなりの改善が見られることも示した。すべてが、規則正しい就寝時間を決めることで実際に子どもの生活が改善する、という考えを裏づけている。科学者たちはその理由をこう推測した。睡眠の乱れは脳内時計を狂わせるので、子どもはいつも時差ぼけの状態にあるようなもので、それが脳の働きを邪魔し、行動に影響するのだ。

これは高度な科学ではない。睡眠研究が注目を集めたのは、驚くべき結果だったからではなく、すでに子育ての常識になっているものを科学が裏づけたからである。コホートの研究結果の多くにも同じことが言える。ルールを書き換えることよりむしろ、人々がやるべきとわかっていること――子どもに読み聞かせをする、子どもと話しをする、等々――を支持する証拠を示しているのだ。とはいえ、それがわかると親の意志が強固になる。あるコホート研究者が出生コホートは貴重だと感じたのは、自分の強情な10代の子どもに、朝食を食べさせたり寝かせたりしようと苦労していたときだ。この種の言い争いでは、こちらに味方する科学文献があると本当に役立つ。

そうは言っても、これらの子育てに関する研究結果すべてに、コホート研究からのお決まりの警告がついてくる。つまり、成功の保証はどこにもないのだ。定期的に子どもに読み聞かせをすることは、集団全体を調べたときには優秀な学業成績と関連している。しかしだからと言って、あなたが定期的に自分の子どもに読み聞かせをしたらどうなるかについては、ほとんど何もわからない。子どものためにはなるだろうし、害をおよぼす可能性は低い。しかし子どもの人生での成功を保証するわけではない。

親の立場からすると、これらのリスクすべてが、自分の子育ての質について日常的にくすぶっている不安をあおり、罪悪感を燃え立たせることになる。科学ではよくあることだが、単純な教訓はないし、保証もない。しかし、もしあなたがこれを読んでいるなら、つまり、どうすれば自分の子どもに最善のことができるかについて考えているなら、あなたはすでに、なりたいと思っている積極的な関心のある親にかなり近づいている可能性がある。

出生コホートは最初から、貧困と子育ての両方が問題であることを示してきた。新世紀になっても格差は大きな議論の的であり、政治家はそれを縮めるために相かわらず努力していた。ただし、議論の勢いは以前よりかなり弱くなった。社会保障制度が導入されたばかりの戦後のような熱意をもって格差に取り組みたいという意欲は見られなかった。無料で保育園に預けられる時間を設定するなど、格差を縮める実際の政策は、当時に比べるとやや精彩を欠くように見えた。貧困はやはり重要だったが、子育てのほうに注がれる視線が増していたのだ。

このテーマに関する研究は、コホートのものであれ何であれ、大きく注目を浴びた。振り子が一方に振れすぎたので、今度は子育てが優先されるべきだというのも一理ある。結局のところ、子育てを強調するのは便利だったのだ。そうすれば、親が家で果たすべき務めをきちんと果たしさえすれば、恵まれない子どもも裕福な子どもと同じくらいうまくやれるのだ、と主張できる。こう考えれば、貧しい親が子どもにもっと関心を示して、毎日読み聞かせをして、時間どおりに寝かしさえすれば、教育格差の大部分が消えてなくなることになる。この考えは２０１０年にデイヴィッド・キャメロンが、スピーチで最近の研究の一部を指摘したことで周知されるようになった。貧しく生まれた子どもと裕福に生まれた子どもの成績の差は、どちらも自信にあふれた有能な親に育てられれば、統計的に有意ではなくなる、と彼は言った。子育てが貧困を相殺できるという発見は、社会的流動性の新たな法則である。キャメロンによれば、子育ては貧困より重要だという。

　これを聞いたとき、一部のコホート研究者はあきれ返った。例によって、科学的な説明は見かけよりはるかに微妙なのだ。実際、親の関心が非常に重要だとする多くの古い研究を疑問視するようになった科学者もいた。過去のコホート研究では「親の関心」を測定するのに、親はどのくらい子どもの教育に関心をもっているか採点するように教師に依頼していたが、落ち着いてもう少し慎重に考えると、問題が見えてくる。教師は判断するのに適した立場にいるとは限らないのだ。多くの場合、親は校門から中に入るように勧められることはなく、ふつうは学校で行われる年に一度の懇談会で教師と会う。つまり、教師は親のことをほとんど知らず、子どもの行動や外見、社会階級や学業成績など、子どもについてどう思うかにもとづいて、親の関心を判断する可能性が高い。そのため、かつて測定された親の関心には、たいがいの科学者が思うよりはるかに主観的で信頼できないものもあるのだ。これで子どもの学業成績にとって親が重要であるという考えが否定されるわけではないが、初期の研究は注意深く見るべきであり、関心のある親は一部の研究が示したほどは重要でないと言えるのはまちがいない。そしていずれにせよ、現代の親が子どもの将来に関心や野心をもっていないとは言うのは難しい。2000年生まれコホートの子どもたちが7歳のとき、その親を研究者が調査したところ、ほぼ全員が希望をもっていた。たとえば、97パーセントが子どもに大学に入ってほしいと願っていた。つまり親の希望そのものは、将来の成功の指標としては役に立たないということだ。なぜなら、その子どもたち全員が大学に進学できるほど良い成績を取るわけでないのは明らかだからである。この統計だけで、親にもっと関心と希望さえあれば、恵まれない子どもたちが直面する困難は克服できる、という考えは否定できる。このデータによれば、親にはすでに関心と希望があるからだ。

2000年生まれコホートの子どもたちに関するある研究は、貧困と子育ての両方が非常に重要であることをはっきり示している。研究は貧困の影響と子育ての質を、子どもたちが幼児学校1年生（4歳から5歳）のときの成績について調べた。ずっと貧しく暮らしている子どもは裕福な子どもに幼時から後れを取っているが、きちんとした子育てがその不利な状況をある程度まで埋め合わせるようだった（科学者は子育てを、親はどれくらいの頻度で子どもに読み聞かせをするか、家庭学習の活動をするか、図書館に連れて行くか、教師との懇談会に出席するか、さらには子どもと温かく交流しているか、母乳で育てたか、規則正しい就寝時間と食事時間を決めたか、健康に良い食事を与えているか、といった一連の尺度をもとに評価している）。しかし、きちんとした子育てによって格差は約50パーセント縮まっているだけで、なくなってはいない。したがって貧困に取り組む努力なしに、きちんとした子育てに焦点を合わせるのは、富裕層と貧困層のギャップを埋めることにはならない、と科学者は主張している。

親だけで子どもが求める支えをすべて与えることはできない。周囲に助けてくれる適切な環境が必要だ。教育の専門家の多くは、幼少期の子どもを支援する戦略への大きな投資を望んでいる。たとえば、恵まれない子どものために手ごろな料金でフルタイムの保育を利用できる機会、広く利用できる質の高い就学前教育、子育て講座、どんな子ども支援の介入が本当に効果を上げるのかに関する証拠を固める努力。ひとつはっきりしていることがある。大半の親はすでにできるだけ一生懸命努力しているのだから、親にただもっと良い親になれと言うだけではすまない、ということだ。

貧困とそこから抜け出す方法は、イギリスにとって昔からある問題だ。しかし2000年生まれコホートは、国を悩ませるまったく新しい問題を浮き彫りにすることになった。子どもたちが肥満になりつつあるのだ。

2000年代初め、科学者は会議を開き、2000年生まれが3歳のときに何を訊くか討議した。そのテーブルに着いていた一人が、小児科医で研究者のキャロル・デザトゥーだった。彼女はまるで流砂にのみ込まれるように、コホートの世界にはまりつつあった。彼女は会合で挙手をして言った。「どうしても、この子どもたちの身長と体重を測定しなくてはなりません」。

デザトゥーがいちばん気にしていた問題は、もちろん肥満だ。以前のコホートは、イギリスの成人がどれだけ急速に太っているかを示していたが、いまや子どももそうであることは明白だった。子どもの肥満の疫学はかなり進んでおり、2000年生まれコホートは、どの子どもが太ったかを追跡することによって、その原因を調査する絶好のチャンスだった。しかしその結果、デザトゥーは、何千人という人のデータを集めることの難しさを思い知らされることになる。身長と体重の測定ほど単純なことでさえ、イギリス中に散在する数千人の子どもに対して、きわめて正確に行なわなくてはならないとなると、非常に難しい。何百セットの体重計と身長計を購入して調整し、測定を行なう実地調査員に説明し、調査員が衛生と安全の規制に違反しないかどうかを確認しなくてはならない。しかもイギリスの規制は不必要に詳細だし、調査員が重い道具を持って公営住宅の階段を上らなくてはならない場合には、なおさらだった。

　しかし努力のかいはあり、憂慮すべき結果が出た。23パーセントの子どもが3歳までに太りすぎまたは肥満になっており、5歳まででも同様の割合だった。この研究は多くの人々の目を、迫りくる医療危機に向けさせた。なぜなら、太りすぎの子どもは成長して太りすぎの大人になるリスクが高く、それは心臓病や糖尿病のような慢性疾患の高リスクにつながるからだ。というわけで、この世代は前の世代と比べて、同じように格差で分断されているのに加えて、はるかに太っている。研究者はいまだに必死に、子どもの太りすぎの高リスクと関連する因子のもつれを解きほぐそうと試みている。たとえば親の学歴が低いこと、赤ん坊がごく幼いときに固形食を与えること、子どもが1日に3時間以上テレビを観ること、といった因子だ。

　コホート研究者は、子どもの肥満と母親が働いていることの関連も発見した。そうなる理由はまだ解明中だ。母親が働いている家庭の子どもは、健康に良くない出来合いの食べものに頼ることが多いからなのか、外に出て活動する時間が少ないからなのか、あるいは、関連は見せかけで、何か未知の交絡因子で説明できるのかもしれない。はっきりしているのは、この研究が神経に触ったことだ。なにしろ、働く母親は育児放棄していて、きちんとした食事を与えていないと言っているようなものだからだ。研究結果があまりに不人気だったので、ＢＢＣのウェブサイトがそのニュース記事を載せたとき、３日間で１０００件近いコメントが寄せられた——その多くが辛辣な批判である。

数年後、デザトゥーと共同研究者たちは、子どもの肥満に関する説明の足りなかった部分を補った。加速度計――人がどれくらい歩いたり走ったりするかを測定する小さな装置――を、7歳になった2000年生まれコホートに送って、彼らがどれくらい活動しているかを記録できるように、1週間、その装置をウエストに装着してほしいと依頼したのだ。子どもたちはそれがとても気に入ったようで、1万人近くが加速度計を装着し、送り返してきた。それから科学者たちは約1年半かけてデータを分析しようとしたが、それは思っていたよりはるかに骨の折れる仕事だった。ひとつに、子どもたちが本当に静かにすわっていたのか、それとも装置の電源を切っていたのか、確認する必要があった。ある子どもはとても奇妙な活動パターンを見せているようだった。研究者が家族のもとに出向くと、子どもは加速度計をペットの犬に結びつけたのだと白状した。2013年8月に結果が発表されると、現在の推奨ガイドラインどおりに毎日1時間の運動している子どもは、全体の51パーセント――女子で38パーセント、男子で63パーセント――しかいないことが明らかになり、大きなニュースになった。今回にかぎり、社会階級の勾配は社会経済的尺度の底辺にいる人たちに有利になっている。失業している母親の子どものほうが働いている母親の子どもより、わずかに運動量が多かったのだ。その理由は、裕福な親は子どもを車に乗せ、部屋にコンピューターを置く傾向が強いことにある。つまり子どもたちは1日の大半をすわっていることになる。

歳月が流れるにつれ、2000年生まれコホートの開始時のあわただしさは忘れ去られた。研究は次々と貴重な成果を生んだ。最も若いコホート研究かもしれないが、すでに世界中の科学者から称賛されているほどだ。そして当初の性急な設計のなかには、大きな成果を生んだものもある。たとえば、1

週間ではなく1年にわたって出生を集めたことだ。子どもの生まれ月が学業の進歩にどう影響するかを調べている研究もいくつかある。これは重大な問題である。多くの研究が、夏に生まれたイギリス人の子どもはほかの時期に生まれた子どもに比べて、学力テストの成績が悪いなど、学校で問題を抱える傾向が強いことを示している。その理由は、イギリスの学校は学年を分ける区切りを8月末としているので、6月、7月、8月生まれの子どもが学年でいちばん幼く、9月、10月、11月生まれの子どもはいちばん月齢が上になるからだ（同様の「生まれ月効果」は、ほかの国でも、学年でいちばん幼い子どもたちに見られる。区切りの日付がいつであろうと同じだ）。9月生まれが得なのはよく知られているので、8月31日の深夜に子どもが生まれた場合、助産師が親の願いを聞いて、赤ん坊の出生を9月1日の未明として記録することがある。

２０００年生まれコホートの研究は、夏生まれの子どもがそのような不利益をこうむる理由を示した。夏に生まれる子どもは学校の成績が良くないことが多いので、7歳までに能力の低いグループに入れられがちで、それが夏生まれと秋生まれの差異を固定してしまうおそれがあることを示したのだ。秋生まれの子どもたちは高い能力のグループで自信と能力を得るが、夏生まれの幼い子どもたちは能力の低いグループで自信を失い、チャンスが減るせいで、両者の差が広がって長期化する。２０００年生まれコホートの研究は、夏生まれの子どもは秋生まれに対して、学業だけでなく社会性および情動でも差があることを明らかにした。自分の能力を疑い、学校を嫌い、いじめられる傾向が強い。教育の専門家はいまだに、生まれ月効果についてどうすべきか議論している。区切りの日付を変えても、問題が別の子どもたちのグループに移るだけだ。コホート研究者からの助言は、子どもの月齢をもとにテストの点数を調整することだが、政策立案者が実施する気配は、いまのところない。一般的に、多くの学業成績の差は、子どもたちが10代後半になるころまでに大幅に縮まるが、完全には消えることはないようだ。

一年にわたる出生のデータを集めることは、母乳育児のメリットを実証するのにも非常に役立った。この研究のルーツは、1946年の第1回産婦調査までさかのぼる。ジェームズ・ダグラスが、女性は医師、助産師、および保健師から出産前に十分な支援を受けると、母乳育児を始めて継続する傾向が強いことを発見した。このことは現在も広く認められている。NHSは総力を挙げて母乳育児を熱心に女性に勧めており、多くの病院が助産師を雇って、出産後1日目か2日目、つまり授乳の習慣にとても重要な期間に、産婦に母乳育児を定着させるために産後病棟を巡回させている。しかしエムラ・フィッツサイモンズという経済学者は、土曜の夜にロンドンの病院で出産したとき、サービスにむらがあることに気づいた。週末は授乳のサポートがほとんどないのに、月曜には十分すぎるほどあるのだ。政府からコスト削減の圧力がかかり続けているNHSが、週末には絶対に不可欠なスタッフだけに減らしており、授乳サポートは削減されたもののひとつではないか、とフィッツサイモンズは考えた。

母乳育児は子どもの健康、発達、および認知力のさまざまな測定値と関連がある――が、母乳育児をする母親は社会経済階級が高い傾向もあるので、階級を考慮しても母乳育児が本当に良い結果を生むのかどうか、解明することが課題だ。フィッツサイモンズと、夫で経済学者のマルコ・ヴェラ゠ヘルナンデスは、イギリスの病院のスタッフ配置パターンが、母乳育児の因果関係を研究できる自然実験になると気づいた。階級に関係なく、平日に出産した女性のほうがたまたま週末に出産した女性より、十分な産後サポートを受けられる可能性が高く、母乳育児を続ける傾向が強い。二つのグループを比較すればいいだけだ。以前の出生コホートはこれには向かなかった。なぜなら期間が1週間なので、その週の偶然の出来事が結果を混乱させた可能性もあるからだ。この自然実験には、何週間にもわたる出生を検討する必要があり、それこそまさに2000年生まれコホートが行なったことである。

二人の経済学者は、2000年生まれコホートの子どもたちを平日に生まれたグループ（サポートが十分で、母乳を与えられた可能性が高い）と、週末に生まれたグループ（サポートが不十分で、母乳を与えられた可能性が低い）に分けてから、その子どもたちが成長したときの健康と発達のさまざまな測定値を調べた。そして母乳育児は優れた認知力と因果関係にあることがわかった――が、その他の健康測定値との関係は出てこなかった（これは第5章で取り上げたジョージ・デイヴィー・スミスの研究結果と類似している。彼は階級構造が異なる別の国々のコホートと比較することによって、母乳育児の因果関係を突き止めた）。フィッツサイモンズとヴェラ＝ヘルナンデスの巧妙な研究は、医療におけるコスト削減努力の深刻で予想外の反動も明らかにした。週末のサポートスタッフを減らすという単純な決断が、週末生まれの赤ん坊の母乳育児を減らすことになり、それがその子どもたちの脳の発達に一生影響する可能性があるのだ。

第5次コホートが成長していくあいだ、静かだがドラマチックなことがイギリスの出生コホート研究の分野で起こっていた。それをうまく説明するには、物語の最初、1946年の産婦調査を始めるために、人口調査委員会が集まったときにさかのぼって振り返るのがいちばんだろう。当時、テーブルに着いた医師と学者のほぼ全員が男性であり、コホートを進めた二人の重要な科学者――医師のジェームズ・ダグラスと社会科学者のデイヴィッド・グラス――は男性だった。それ以降、コホートは次々と男性の手に渡されてきた。ネヴィル・バトラー、ジョン・ビナー、マイク・ワズワース。特筆すべき二人の例外がいて、ミア・ケルマー・プリングルは女性であることに邪魔されたと不満を言い、ジーン・ゴールディングは何ものにも自分の邪魔はさせなかった。しかしそれでも、コホートも大学も主として男性のものだった。しかし2000年代に大転換が起こった。コホートがほとんど女性の手に移ったのだ。*

コホート研究は、1970年代以降の着実な女性の職場進出を示す有力な研究を大量に生み出しており、それがいま、研究のリーダーそのものにも映し出されるようになっている。2004年、ジェーン・エリオットが1958年と70年生まれコホートの責任者になった。1980年代にジョン・ビナーは、扱いやすいサンプルのデータセットをつくることによって新たな科学者をコホートに引きずり込もうとしたが、エリオットはその恩恵を知らないうちに受けていた。ビナーにしてみれば、この決断がじつは自分の後継者をつかまえることになるとは思いもしなかったが、そうなったのだ。1986年、エリオットはケンブリッジ大学の学生で、専攻を数学から社会科学に替えたところだった。彼女は授業の一環でコホートのサンプルデータセットのひとつを与えられた。当時、コンピューターを使う唯一の方法は、大学の中央コンピューター室まで歩いて行くことだった。そこは男性と古い靴下のにおいでいっぱいだった。それでもエリオットは気にしなかった。自分より8歳しか年上ではないのに、とても大人に思えるこの一世代の人々に心を奪われた。そのデータの印象があまりに強烈だったので、30年近くたってもコードの一部を暗唱できるほどだ。

学究の世界に入ったとき、エリオットは離婚について調べ始めた。そして同僚とともに、（第2章で触れたように）離婚の影響は実際に両親が離婚する前から子どもの認知力と行動に見られるという、驚くべき発見をしている。1958年と70年生まれコホートを引き継いだあとすぐに、エリオットは一人で二つのコホートを手掛けるのは無理だと冷静に考えた。そして1958年生まれコホートを手元に置き、70年生まれコホートのリーダーとして、社会学と教育の研究者であるアリス・サリヴァンを迎え入れた。サリヴァンも自分が指揮するコホートと似た者同士だった。生まれが4年後でほぼ同い年であり、その世代の多くの女性と同じで子どもを欲しいと思っていない。

チームにいちばん新しく加わったのは、2012年に1958年生まれコホートのリーダーを引き受けた経済学者のアリッサ・グッドマンと、翌年に2000年生まれコホートを引き継いだエムラ・フィッツサイモンズだ。グッドマンが携わったコホート研究は、高い学歴は実入りの良い職で十分埋め合わせられることを示した。大学の学位を取得した女性は高卒の女性より、33歳時点での稼ぎが40パーセント近く多かったのだ。** フィッツサイモンズは母乳育児を研究したことで、2000年生まれの研究が有効であると確信するようになった。二人は、1958年、70年、および2000年生まれコホートの拠点である、ロンドンのゴードンスクエアの迷路のように入り組んだ古いオフィスで働いている。数十年の努力によって築かれた比類ない出生コホート研究は、イギリスの多くの研究環境と同様、カーペットのすりきれた平凡なオフィスで運営されている。しかも、長年正しく評価されず、資金にも乏しい。サリヴァン、エリオット、グッドマン、フィッツサイモンズは全員、非常に聡明で、雄弁で、有能だ。みな自分の仕事を愛している――ダグラスやバトラーとはまったくちがうが。ダグラスとバトラーはコホートの揺籃期に指揮をとり、戦時の不屈さ、魅力、自信、そして大きな幸運によって、コホートを進め続けてきた。しかしこのような資質では、昨今のコホート研究を維持できない。現在研究が生き残るつもりなら、必要なのは現代世界で闘える人材だ。科学をリードできるだけでなく、政策に影響を与え

* 例外は1991年生まれコホートで、これはジーン・ゴールディングという女性の手から、ジョージ・デイヴィー・スミスという男性の手に移った。
** 大学の学位をもつ人のほうが生涯を通じて多く稼ぐことを、コホート研究が説得力をもって示したために、1998年、政府は大学授業料を導入することに納得した。

る方法すべてを列挙した政府向けの説得力ある報告書を作成できる。次のスイープを支援するべきであると資金提供者に論理的に説明するため、助成金申請書をびっしり埋めて期限までに送ることができる。そんな人たちだ。この女性たちはそれらに非常に長けており、だからこそ、彼女らはコホートにとって絶対に不可欠だ。彼女らがいなくては、科学的財産すべてが失われてしまうだろう。同じくらい必須なのが、舞台裏で働くチームだ。データ専門家、調査管理者、コミュニケーション・スタッフ、大勢の実地調査員が、今日の調査事業に必要な厳しいプロ意識で確実に研究を運営している。

現在のコホートリーダーが過去のリーダーと異なる点はほかにもある。彼女らはコホートの運営を生涯の仕事とは必ずしも考えていない。そのためトップが入れ替わることもある。ジョシが2011年に2000年生まれコホートのリーダーを下りたとき*、後継者のルシンダ・プラットはその職に3年もとどまらずに、ほかで教授になるために去っている。2014年、ジェーン・エリオットはコホートをやめてESRCの長になったので、彼女はいま、コホートを含めて国の社会科学研究のほとんどに資金を提供する組織を指揮している。この交代には一長一短がある。良い面は、コホート研究に関与した科学者が出世し、そのおかげでコホートがイギリスの科学界最高レベルのサポートを受けること。悪い面は、過去のリーダーよりも研究との関係が短く浅いコホートリーダーがいること、そして研究の豊かな歴史の一部が、新しい科学者が入ってくるときに必然的に忘れられ失われることだ。

しかし、コホート研究の次回の資金を確保するための闘いはずっと続いている。ひとつ短期的資金を確保したらすぐに、次を要請し始めなくてはならない。これは科学者にとって手間暇がかかり、精神的にも疲れることだ。つまり研究に将来があると確信して計画を立てることができないことを意味する。いまの出生コホート運営は、スタート時よりも楽しみがはるかに少ないと言わざるをえない。出生コホートが始まったころ、科学者は1週間に生まれる赤ん坊全員を集計し、女の子たちがネットボールをするのを眺め、サッチャー夫人にコーヒーをかけてまで必死に資金を工面しようとしていた。現在、科学者集団はコンピューターを備えたオフィスにすわって、スマートな仮説を考え出し、期限までに助成金申請書を書き上げようと骨を折っている。

その一方、コホート研究者は出生コホートという考えを売り込むために、それほど懸命に努力しなくてもよくなっている。それが行なうべきすばらしいことだと、全世界が気づいているようだ。

人の生涯を追跡することは科学者を魅了し、世界各地でさまざまな形態と規模のコホートが開始された。イギリスの科学者が立ち上げに協力したものもある。1970年代、バトラーはキューバでの出生と周産期死亡の研究開始を手伝い、それがのちにコホート研究になった（これは記憶に残る言葉の誤解を生んだ。バトラーが車で村に入ると、道路に掲げられた大きな横断幕には「ようこそ、周産期死亡率万歳」と書かれていた）。1980年代にはゴールディングがジャマイカで、1万人以上の出生を含む周産期調査を始め、それが最終的に子癇による死亡者数を減らすのに役立った。南アフリカは1990年から「マンデラの子どもたち」と呼ばれる研究を実施している。登録されている3273人の子どもが、ネルソン・マンデラ釈放の年に生まれたのが名称の由来だ。ほかにも同様のコホートがたくさんある。

しかも2000年が近づくと、コホートへの期待がさらに強まったようだ。突然、大規模な出生コホート研究が喫緊の課題になった。まるで誰もがやりたがっているようだった。

＊ 研究対象に情熱を燃やす多くのほかのコホート研究者と同様、ジョシも引退しても仕事をやめなかった。研究を続け、コホート研究についての話を世界中に広め続けた。

これには主な理由が二つあった。第一に、人の生涯を揺りかごから墓場まで追いかけるのはイギリス人が行なっている変なことではなくて、純粋に価値ある探究だという認識が、科学者のあいだで広まったことだ。医学研究および疫学が大きな推進力になり、とくに、慢性疾患の源は妊娠中と出生後3年にあるという、デイヴィッド・バーカーの考えが急速に広まったことで弾みがついた。胎児期と小児期が生涯の健康にきわめて重要であるなら、それはつまり、受胎から生涯を通じて人々を研究することは重要だということになる。

第二に、テクノロジーのおかげでコホート研究の実施が以前より容易になったことだ。ジェームズ・ダグラスが1946年の研究で追跡した子どもが5362人だけだったのは、1人がタビュレーティングマシンで処理できる精いっぱいの数だったからだ。そんな制約はいまではばかばかしい。ノートパソコンが数万人の子どもたちに関する統計を数分以内に分析でき、ロボット1台で数千という生体サンプルを処理でき、先進の統計プログラムのおかげで、科学者が軽く食事をするために出かけているあいだに、分析から交絡因子を取り除くこともできる。コホート研究のデータ処理は、もはやかつてのように手間暇のかかる面倒な仕事ではない。さらに、科学者は科学における大がかりで人目を引くプロジェクトを好むようになっていた。その道を開いたのは、十分な資金と大胆さがあれば、野心的で巨大な生物学プロジェクトを成功させることが可能だと示したヒトゲノム・プロジェクトである。これを先駆けとして、大勢の人員と巨額の資金と壮大な構想を必要とするプロジェクトが相次いだ。出生コホート研究は確かに大がかりで、大胆で、高コストであり、それを行なうことはすばらしいことのように思えるようになったのだ。そのため、イギリスが2000年の研究を始める準備をしているころ、世界中の科学者が、それまでよりはるかに大規模な出生コホートを確立するようになっていた。

1999年にノルウェーの科学者が女性たちを集めた研究は、11万人以上の子どもを擁する現時点で最大の出生コホート研究となった。デンマークはその数年前に、およそ10万人の子どもを追跡し始めた。このような巨大コホートは、個人情報と健康や学歴の記録に関する全国的なデータベースが、あらかじめそろっている国のほうが成功させやすい。なぜなら、最初に参加者からの許可さえ得れば、研究者はデータベースを利用して、そこからさまざまな情報を容易かつ安上がりにスイープできるからだ。たとえばノルウェーのコホートは国民識別番号を使って、研究対象者を出生および死亡の登録簿、がんの登録簿、処方箋データベース、予防接種登録簿など、国の包括的データベースと連携させた。

コホート熱はさらに広がった。フランスは2011年に産科病院から1万8000人以上の子どもを集め、オランダの科学者はロッテルダム市で「ジェネレーションR」と呼ばれる出生コホートに1万人近い子どもを登録している。中国の科学者が2008年から安徽省の子ども1万3000人あまりの出生を記録すると、67パーセントの子どもが帝王切開で生まれ、女子100人当たり男子が115人生まれているという、驚きの統計が明らかになった。このアンバランスな比率は、中国の一人っ子政策と、男子を欲しがる傾向の産物である。超音波スキャンを使って出生前に胎児の性別を特定できるようになると、女の胎児の中絶が広まったのだ。イギリスでは、2007年にブラッドフォード市で数百人の子どもを追跡するプロジェクトが始まり、数年後には1万3500人が集められた。* カナダ、日本、オー

＊「ボーン・イン・ブラッドフォード」と呼ばれるこの取り組みは、非常に低コストで運営されているので、ディレクターは「出生コホートのパウンドランド（訳注　ほとんどの商品が一ポンド均一のチェーンストア。日本の一〇〇円ショップに近い）」と呼んでいる。目的は、イギリスで最も貧窮している地域をいくつか含む多民族集団における、小児期の死亡と障害の率の高さを理解することである。

ストラリア、ニュージーランド、ドイツ、フィンランド、インド、グアテマラ、フィリピン、ブラジルでも、出生コホートが進行中だ。[*] ある出生コホート目録には、合計87件のコホートが列挙されている。出生後に子どもを募集したコホート研究を合わせれば、数は大幅に増える。

科学者はいつの間にか出生コホートブームのまっただなかにいた。そして縦断研究に関する国際会議が開かれるようになった。専門の会議が開かれるということは、その科学分野が成熟したことの確かな証である。そこで彼らは知恵や結果を交換し合う。さらには共通の敵のことでため息をつく。参加者の脱退は、食い止めなければコホートをなきものにするおそれがある。守秘義務違反によってコホートメンバーの身元が暴露され、研究者の信用が危うくなることも懸念される。そして政治家の関心を維持し、資金を引き続き送り込んでもらうための闘いは、永遠に続く。

これはすべて、イギリスの出生コホートにとって朗報だった。長年にわたって脇に追いやられるか無視されてきたが、ようやく海外で関心を集めるテーマになったのだ。この段階までに1946年生まれコホートは、世界で最も長く運営されている出生コホートになっており、イギリスの連続コホート全体は、この分野の科学者にパイオニアと見なされていた。他国の科学者がイギリスのコホートについて、畏敬の念をもって引き合いに出すのを聞くのは珍しいことではなかった。「世界の不思議のひとつとも言えるよね」と、ある研究者は言った。「イギリスのコホートにはかなわないと思う」。

この出生コホート騒ぎは、コホートを立ち上げるのはなんでもないことになったような印象を与えるかもしれないが、事実はまったくちがう。大規模な出生コホートを始めるのがどれだけ難しいかを示す例がほしければ、アメリカを見るといい。この国では、研究者と政策立案者が10年の歳月と10億ドル以上をかけて、10万人の子どもを出生から21歳まで追跡する方法について泥沼の議論を行ない、最終的に断念した。全米子ども調査と呼ばれるこの取り組みは、最大で最高の出生コホートになる可能性があった。しかしすべてがひどい方向に進んだ。

アメリカの出生コホートの発想は、イギリスの２０００年生まれコホートと同じころ、ほかにも主要な研究が形になりつつあった時期に生まれた。２０００年、議会は国立衛生研究所に、子どもの健康と発達を調べる国家的な縦断研究を立ち上げるように依頼した。紙の上では実行可能なことに思える。アメリカ人はイギリスなどの国々が出生コホート研究の立ち上げで蓄積してきた50年あまりの経験を参考にできたのだから、冗長でまとまりのない仮説と、意欲的すぎる母親募集計画をもってコホートを始めようとすると、途方もない困難が待ち受けていることが事前にわかっただろう。しかしアメリカには、戦後以降、大勢の風変わりなイギリス人科学者がコホート研究で何をしてきたかに注目した人はほとんどいなかった。いずれにせよ、コホート研究は赤ん坊と同じで、それぞれ独自の産みの苦しみにぶつかるものである。そのため、イギリスのコホート研究者が数十年にわたって犯してきたまちがいにお構いなく、アメリカの科学者はさらに壮大なやり方で、独自の余計な展開を加えようとした。

アメリカ人は最も大規模で大胆なコホートを望んだため、数年の歳月をかけ、２５００人とも言われる専門家を巻き込んで、壮大な計画立案と協議を始めた。どんな結論もアメリカの子ども全員に一般化できるように、全国からランダムに選ばれた10万人のサンプルが求められた。これは理解できる――が、

＊　ブラジルのペロタス市には、１９８２年、９３年、２００４年に始められた11年ごとの連続出生コホートがある（第４次が２０１５年に始まりつつある）。これはイギリス以外で断トツに印象的な連続出生コホートである。ジョージ・デイヴィー・スミスはそのうちのひとつのコホートを使って、母乳育児の因果関係を発見している。

可能性のある母親を見つけるために彼らが考え出したプロセスは、とんでもなく人手を要するものだった。イギリスではNHSがほぼすべての妊婦にケアを提供しているので、母親を募集し、追跡し、その医療情報を集めるための中央集権的手段がある。しかしアメリカにはそのような制度がなく、医療は民間出資機関がてんでばらばらに提供する。そのため、科学者は異なる計画を考案しなくてはならなかった。そして、全米に散らばる105の郡を選定し、そこでランダムに住宅街区を選んで、面接官を送り込み、妊娠中または妊娠する計画のある女性が見つかるまで、歩き回って玄関の戸をノックさせることにした。これは面倒な手順であり、科学者の目標が妊娠していない女性まで募集することだったのでなおさらだった。誰がいつ妊娠するのかまったくわからないのに、何カ月も対象者を追いかけ回す必要があるということである。戸口に立って、女性が妊娠を考えているかどうか質問する連邦政府の役人が、温かく室内に迎え入れられる可能性はほとんどなさそうだ。

さらにアメリカのコホート研究は、関係する科学者の人数の膨大さで完全に行き詰まった。みんなが独自の関心を抱いていて、自分の質問を質問票に押し込みたがる。研究は膨大な量のデータを集める仮説と計画で押しつぶされそうだった。目標は、親になりそうな人10万組すべてに詳細な面接を実施し、妊娠が始まったときから生体サンプル一式に加えて環境のサンプル――飲み水、空気、ほこり、土など――も集めることだ。関与した科学者の多くが、うまく行かないのではないかと大っぴらに口に出していた。

それでも研究は始まり、2009年に予備研究への妊婦の募集が始まった。それまでに推定コストは69億ドルにまで倍増し、取り組みはすでに毎年1億9000万ドルを使っていた（この金額にイギリスのコホート研究者は嘆いた。2000年生まれコホートの最新のスイープに割り当てられた金額は350万ポンド、約550万ドルだったのだ)。しかしすぐに計画はほころび始め、そして破綻した。予備研究で、訪問戦略はうまく行かないこと、研究の明確な科学的方向がまだ見つかっていないこと、そして政治家は悪循環するコストにひるんでいることが確認された。

2014年12月、すでに数千人の子どもが登録され、13億ドルが費やされていたのに、研究は取りやめという知らせが入った。予備研究に引き入れられた母親と子どもは中途半端に放置されることになり、参加を説得していた科学者に裏切られたと感じた。関与していた科学者のなかには15年近くもこの研究に取り組んできた人もいて、怒りとショックをぬぐえなかった。多くの研究者にとって、その試みはひどい失敗で、国の恥でもあった。アメリカが出生コホートを計画し、予備研究し、そして中止するまでにかかった時間で、ノルウェーとデンマークは両方とも、10万人の子どもを研究に集めるという目標を達成していたし、イギリスの科学者は小規模な2000年生まれコホートを5回も訪問していた。イギリスの出生コホート界が海の向こうの失態を喜ぶことはなかった。ただ、自分たちがいかに幸運でつましかったかを思い知るだけだった。科学的研究に関して、イギリスはアメリカのゴリアテに対するダビデを演じることに慣れていたが、この場合、イギリスが大きくリードし、計画されていたアメリカの出生コホートの数分の一のコストで、一連のコホートを運営していたのだ。疫学者のマイケル・マーモットは、イギリス流の経済的な物事のやり方を拳銃の射撃の名手になぞらえ、アメリカのアプローチを無差別爆撃するB52部隊になぞらえた。アメリカのコホートは「史上最大で最高のもの」になるはずだった、と彼は言う。「でもイギリス人は別のやり方をして、うまくやってのけた」。

全米子ども調査の失敗を受けて、あらためて考える科学者もいた。出生コホートブームはどこで終わるのかと考えるようになったのだ。10万人の子どもを対象とする巨大なコホートをすべての国が必要とするわけではない。最も熱心なコホート支持者でさえ、コホートブームのどれだけが科学によって引き起こされ、どれだけが国のプライドによって引き起こされたのか、疑問に思っていた。流行のものだからというだけで、出生コホートを望んだ国もあると考えられた。

そして、たとえアメリカの科学者が首尾よくコホートを立ち上げたとしても、*やはり70年遅れていた。出生コホートに関しては、湯水のように使えるお金があっても、遅れを取りもどすことはできない。イギリスの出生コホートはたしかに、過去に多くの問題にぶつかり、いつも資金に飢えていて、しょっちゅう崩壊寸前だった。しかしイギリスの科学者は前進し、仕事をやり遂げ、可能なかぎり必ずデータを集め続けた。

イギリスのコホートがまだ存在する理由は、イギリス人がいつもやってきたことを科学者がやったからだ。すなわち、沈着に継続したのだ。

21世紀が幕を開けたとき、出生コホートは一巡しようとしていた。新しいコホートが世界中で次々誕生していたころ、1946年3月に生まれた最初の研究の子どもたちは、高齢期に達しつつあったのだ。2011年には65歳になるが、これはイギリスで多くの人が引退する年齢であり、イギリス人の人生において重要な節目である。となると問題はこうだ。研究者は研究とその対象メンバーがここまで来たことを祝って、誕生日パーティーを開くべきだろうか？　誕生日が近づくなか、ダイアナ・クーはこのことをあれこれと考えていた。彼女はコホートの仕事をしているあいだに、ライフコース疫学の考えを展開した経済学者だ。2007年にマイク・ワズワースが引退すると、クーは1946年生まれコホートの責任者になった。それは非常に重い責任だった。このコホートはすべての始祖であり、世界中の科学者がこんなに長く存続してきたことに畏敬の念をもっている。

しかしそんなことではMRCを止めることはできなかった。この研究にいまだに資金を出していたこの機関は、ワズワースの引退を機にコホートを終了すると警告しようとしていたのだ。研究審議会はつねにコスト削減のプレッシャーにさらされていたので、コホートのリーダー交代を、そもそも研究を続けるべきかどうか検討する機会ととらえた。しかし再び、運と政治と断固たる決意が、コホートの継続を後押しした。MRCがコホートの将来を検討しているちょうどそのとき、上院の報告書が国の人口の高齢化に注意を促し、研究審議会に、いったいなぜ状況をもっと調査しないのかと求めたのだ。突然、60代のイギリス人のコホート研究がおおいに探究すべきものに見え始めた。

クーにとって、コホートが継続しないことなどありえなかった。同僚の一人は彼女について、コホートを守るために牙をむく母トラだと表現した。もしその考えにおかっぱ髪とメガネを重ね合せたら、かなり適切な彼女の描写になる。クーはコホートを心から気づかい、その存在を脅かす者は誰であれ、その目をくり抜かんばかりだ。

クーはコホートを次の段階に進め始めた。年を取っていくコホートメンバーを研究する段階だ。それまで看護師は、相かわらずコホートメンバーの自宅を定期的に訪問して健康診断を行なっていたが、必要な器具をすべて合わせるとよろめくほどの重さになっていた。医学研究の急速な発展にコホート研究がついていくつもりなら、科学者がもっと徹底的な検査を実施できる診療所にメンバーを連れてくる必

＊　これはまだありうる。なぜなら、全米子ども調査は取りやめになったが、子どもの健康に関する主要な縦断研究の考えはまだ生きている。最近では、新しく始めるのではなく、既存のコホート調査をまとめ上げることによって研究を行なう計画がある。

要がある、とクーは主張した。2008年までに彼女はMRCを説得して、協力的なコホートメンバー全員が国中の多数の診療所のどれかで半日を過ごし、心臓を調べる超音波検査や、骨の衰えと脂肪の肥厚を探すX線検査を含め、その時点で最も徹底的な検査を受けさせるための資金を確保した（コホートメンバーは、体と脳がどれくらいしっかりしているかを測定するため、一連のローテクなテストも受けた。両目を閉じて片足で立ってもらえますか？ このリストからいくつの単語を思い出せますか？）。コホートメンバーはこの検査をとても気に入り、好んで「車検」と呼んでいる。さらにMRCは、コホートをダグラスの時代と同じように専門の研究ユニットとして復帰させたので、いまではロンドンの高級ホテルにはさまれたジョージアン様式のテラスハウス、ベッドフォード・プレースに入っている。ここでクーは1日中カーペット敷きの階段を上り下りして、2階にあるオフィスに出入りしている。

しかし65歳の誕生日が近づくにつれ、パーティーの計画がクーに大きな不安を引き起こしていた。どの全国出生コホートも、1989年にネヴィル・バトラーがオールトンタワーズで第3次コホートのために盛大なパーティーを開いたとき以来、誕生日パーティーを開いていないのは、科学者は前に出ないでコホートを傍観するべきだとされる傾向があったからだ。もしパーティーに呼び集めたら、参加者の人生行路になんらかの影響を与えるおそれがあり、それは実験を改竄するようなものだ（いちばん心配なのは、誰かが酔っぱらってほかの誰かと恋に落ち、パーティーが予想外に結婚生活をだめにしてしまうことだった）。それにクーがパーティーを開いたとして、全員が出席したがったら、どうやって全国の数千人いるコホートメンバーを収容するのか？ もっと最悪なのは、もし誰も来なかったら？

結局、クーはメリットがリスクに勝ると判断した。パーティーはコホートメンバーがこれだけ長年にわたって研究を続けてくれたことを認め、それに報いることになるからだ。収容人数の問題を解決するために、イギリス各地で4回のパーティーを計画した。彼女はバッキンガム宮殿にも手紙を書いて、宮殿での園遊会に研究メンバーを招待してほしいと嘆願した。数カ月後、宮殿から返事が来た。15名のコホートメンバーにいらしていただけますか？　選ばれた人たちは大喜びだった。一方、ほかのパーティーは定員を超えつつあった。コホートメンバーは、自分と似たようなほかのメンバーに会ってみたくてたまらなかったのだ。ただし、申し込むのに多少不安はあった。招待客が科学者や年金受給者ばかりでは、本当に退屈な晩になるかもしれないし、MRCは飲みもの代をケチるかもしれない。「1杯で終わりだと思いましたよ」と、フィリップ・チータムは言った。最初のパーティーは2011年3月3日、ロンドンの英国図書館の集会場で行なわれることになった。最初のダグラス・ベビーが生まれた日から65年がたっていた。コホートメンバーは全員、その週に65歳になる。

結局、心配はすべて無用だった。パーティーは大成功で、コホートメンバーは盛り上がった。みんな互いに誕生日おめでとうと言い、配給のことや孫のひどいダイエットについておしゃべりした。忙しすぎて緊張する暇もなかったクーは、心のこもったスピーチをした。ワインはふんだんにあり、コホートメンバーどうしが恋に落ちることもなかったようだ。ただし本当のところは誰にもわからないが。新聞には、イギリスが擁するこの科学の至宝と、それを存続させてきた非凡な科学者を称賛する記事が掲載された。65歳と科学者ばかりのパーティーだったので、誰もが時間どおりに到着した——そして終電に乗り遅れないように早めに帰った。

約1年がたつうちに、パーティーの騒ぎは治まっていった。クーは体を壊しそうになりながら、コホートをあと数年継続させようとしていた。MRCは研究ユニットすべてに5年ごとの厳しい成果査定を受けさせる。これはとても重大な務めだった。基準に達しない科学者は、見放されて資金を大幅に削減されるおそれがある。クーの前任者のダグラスとワズワースは、この査定を切り抜ける必要に迫られるたびに血のにじむような努力をしていた。2012年はクーが初めて独りで責任を負う査定だった。研究資金を獲得できなかったコホートリーダーとして歴史に名を残したくはない。プレッシャーは途方もなかった。研究の65年分の財産が彼女の肩にのしかかる。

査定に通るために、コホートの成果――この時点で8冊の本と700の発表文献――を要約する分厚い文書と、将来の計画を書かなくてはならない。彼女がロンドンの研究ユニット近くにアパートを借りたのは、査定に集中できるようにするためでもあった。午前5時か6時に起きて、コホートについて考えながらオフィスまでの短い距離を歩き、1日中、査定準備に取り組み、夜は誰よりも遅く建物に鍵をかけて出る。アパートに帰り、ベッドに倒れ込み、起きてまた同じことを始める。6月に文書を送り、それに対する45ページにわたるコメントに返答し、そのあと正念場となる11月の2日間を待った。この2日に査察官団がユニットを訪れ、将来を決定するのだ。彼らとはベッドフォード・プレースにあるユニットの1階の会議室で会う予定になっていた。

その朝、クーは疲れ切っていたが、同時にアドレナリンで興奮していた。会議室で研究者がそれぞれ手短に話をして、次に査察官団が内輪で話をしたあと、彼女を呼びもどして、判定を渡した――ユニットについて10点満点で採点した短いレポートである。そこには9点がずらりと並んでいた。科学者が獲得する満点に近い。ユニットは、コホートが72歳になる2018年まで約900万ポンドを受け取るべきだと、査察官は勧告した。研究はその長い生涯でまた新たな猶予期間を勝ち取った。科学者たちはお祝いにシャンパンを開け、パブに繰り出した。そして翌日、朝早くから仕事にもどった。短い時間にやるべきことが山ほどある。資金を手にしたいま、クーにはコホートメンバーが年を取り、病気になり、そして死亡するのを注意深く見るという、科学者としての悲しい任務があるのだ。

実際のところ、資金提供者がこのコホートをなきものにしなくても、時間が必然的にそうすることになる。被験者の13パーセントあまりがその時点で亡くなっていた。だが残っている人たちの運命について、研究が言えることはたくさんある。科学者たちはこれほど長くコホートを追いかけてきたので、何十年という時間を通る線を引くように、人の生後間もなくの出来事と現在の健康状態のあいだに関連を見つけることが可能だ。最近の論文でクーのチームは、コホートメンバーの子どものときの社会階級と、60代での医学的「車検」の結果の相関を探した。出生時の親の社会階級が、60年以上あとに両目を閉じて片足でどれくらい立っていられるか、単語のリストをどれくらいよく覚えられるかに、影響する可能性があると考えるのは驚きのように思える。しかしそのとおりなのだ。社会経済的地位が低い境遇に生まれたコホートメンバーは、どのテストでも成績が最低になる傾向があった。

このことは、コホートメンバーがまだ20代だったとき、ジェームズ・ダグラスが行なった予言を実現している。上流階級と下流階級の人の差は、時間の経過とともにさらに顕著になるだろう、と彼は言っていた。子どものときにすでに不利な境遇の傷を負っている人は、老いとともにやって来る病気や劣化に屈するのも早いが、もっと楽な生涯を送った人は、何年ものあいだ健康な道を歩くことになる、という考えだ。コホートによる研究が次から次へと、下流階級に生まれた人たちのほうが医学書にあるほぼあらゆる問題を起こすリスクが高いことを示しているいま、その考えに反対する人はいないだろう。

ところが科学的探究がすばらしいのは、しばしば珍しい事象に出くわすことだ。問題が死亡となると、この相関は期待されるほどはっきり現れないのだ。数年前、クーは出生時の社会階級で分類して、60歳まで生きたコホートメンバーの割合を示すグラフを作成した。不利な境遇の影響はどこまでも表れる。最も貧しい出自のコホートメンバーは、裕福な出自のメンバーより、死亡しているリスクが60パーセント高かった。しかし生存率を階級だけではなく性別でも分類すると、実態はそれほど単純ではなかった。数字をこのように分析すると、中流と上流階級の男性は、下流階級の男女とだいたい同じ割合で死亡していたが、裕福な出自の女性は、ほかの人たちとくらべて死亡率が約半分であることがわかったのだ。科学者はその理由をまだ説明できていない。裕福な女性たちはほかのグループよりタバコを吸っていないというような、明白な理由があるわけではないようだ。クーの推測は、中流と上流階級の女性は、戦後のイギリスがもたらした自分自身を向上させる機会、すなわちグラマースクールに通い、NHSで十分な医療を確保するチャンスを、うまく利用することができたのではないか、というものだ。ベヴァリッジ改革によって与えられた機会のおかげで、教育を受け、就職し、健康を保つことができて、そのすべてがコホートのほかの人たちより長く生きる助けになったというわけである。クーがこのグラフに個人的に興味を抱いたのは、自分がコホートより6歳だけ年下で、グラマースクールと社会保障制度の恩恵を受けた中流階級の女性だとわかっているからだ。したがって、グラフから彼女自身の運命についても何かがわかる。

死亡率のグラフから数年後、科学者はコホートの晩年について、別の単純だが強力な分析を発表した。彼らはクーが集めていた詳細な「車検」をすべて取り込み、心臓血管疾患、高血圧、高コレステロール、糖尿病、肥満、骨粗鬆症、精神障害、がん、呼吸器疾患など、15の医学的障害のリストのうち、各人がいくつ患っているかを計算した。すると、コホートのなんと85パーセントが、これらの疾患の一つ以上を患っており、平均すると1人当たり二つの障害があることがわかった。ただし、その人たちのほとんどは質問されたときには、自分は健康で、多くの疾患についてこれまで診断されたことはないと話していた。これらの事実は、老化を赤裸々に示したものだった。そしてイギリスにとっても世界にとっても、重要な意味を秘めていた。１９４６年生まれコホートには、第二次世界大戦の終戦後に始まった出生の急増、いわゆるベビーブームの最初のメンバーが入っている。いまやそのベビーブーマーたちは引退し始めており、人口全体に占める高齢者の割合が増えている（イギリスでは２０１０年に65歳以上の割合が17パーセントで、この数字は２０３５年までに23パーセントに上昇すると予想されている）。同様の現象は世界各地で起こっており、平均寿命が延びて出生率が下がるということは、60歳以上が人口に占める割合が急速に増えるということだ。コホート研究によれば、その多くがなんらかの慢性疾患にかかる。つまり研究は指標としての役割を果たし、この急速な人口の高齢化がもたらす疾病の津波を前もって示しているのだ。

この世代が示しているのは、いちばんましなシナリオかもしれない。なぜなら、このコホート研究のメンバーは新しい社会保障制度に守られ、乏しいにしても健康に良い食べものを食べて育ったからだ。このあと、肥満が出現しているときに生まれた人たちは、さらなる病気に苦しむ可能性がある。さらにクーは、コホート研究にとって助けになると同時に、ルーツにもどる方法を考えている。コホート研究は揺籃期に、駆け出しのＮＨＳの妊産婦サービスを実現した。そして今度は年金受給者を観察することで、行く手に立ちはだかる加齢性疾患の猛攻に備えるように、ＮＨＳを改革できる。高齢化して病を患う人口にかかる多大な費用に、ＮＨＳがどうやって対処するかは、医療機関上層部が常に話題にし、心配していることだが、この問題への明確な解決策を思いついた人はまだいないようだ。

現在コホート研究者は、年を取っていくコホートメンバーをどうやって追跡し続けるかを考案しようとしている。とくに興味があるのは、彼らの脳に焦点を合わせたさらなる「車検」だ。なぜならコホートのかなりの割合が、やがて認知症を発症すると予想されるからだ。チームは最新の脳スキャンを実施するために、約500人のコホートメンバーにロンドンに来てもらう活動を始めており、アルツハイマー病など脳の劣化の初期兆候を探そうとしている。

すべてをやり遂げるのにこの5年では足りないが、クーが次の重大な査定に携わることはないだろう。なぜなら、彼女自身が引退の年齢に近づいているからだ。どんなに彼女がコホートを愛していても、もう1ラウンド見るエネルギーはないと思っている。コホートメンバーと同様、クーは病気を二つ抱えており、これ以上は増やしたくない。誰が引き継ぐのかについては考え中だ。目標はバトンを渡して、コホート研究を無事に別の科学者の手にゆだねることである。

コホートの遠い将来を、その死まで見とどけたいという病的な誘惑は抗いがたい。そしていつの日か、誰かが非常に難しい決断を迫られる。最終的にいつ、コホート研究は終わることを許されるのだろう？死亡したり脱退したりした人がいるので、現在残っているのはおよそ3000人だ。クーは自分が作成した生存曲線から、彼らが84歳になるころに残るのは1400人ほど、そして2046年に100歳の誕生日を祝うのは300人ほどにすぎないと推測している。科学者がコホートに対して抱いている感情的な愛着をすべてはぎ取れば、どこかの時点で、データを集め続けることがもはや科学的な意味をなさなくなることはわかる。生存メンバーが少なくなりすぎて、研究にとって統計的な力がなくなり、有意な結果を生み出さなくなるのだ。

大部分のコホートメンバーは、自分たちの死亡を観察するために科学者が立てている詳しい計画を知らない。もしそのことを考えたとしても、墓場までついてくる科学について、いたって冷静だ。ほとんどの人が注目されることを気に入っていて、自分の母親が研究に参加することに同意したのなら、最後まで見とどけるのが自分の義務だと感じている。「やると言ったものだからやるのです」と、あるコホートメンバーは冷静に言っている。そしてごくまれに、コホートを脱退した人が再び連絡してくることがある。ずっと消息不明だったメンバーが、2015年に科学者にメールを送ってきた。それまで40年カナダにいたが、イギリスにもどってきて、研究についてニュースで見たのだという。また参加してもいいですか？　残っているコホートメンバー全員を大切にしているクーにとっては、このうえない喜びだった。

1946年3月に最初の出生コホートに生まれたパトリシア・パーマーは、脱退のことなど考えたことがない。パーマーは統計学的に言って、つらいスタートのせいで困難な人生を送ってきた一人である。貧しい労働者階級に生まれ、父親は酒飲みで、彼女が5歳のときに家を出た。彼女は11歳テストに落ち、教師になる教育を受けたかったが、母親にその費用を出せないことがわかっていたので、16歳で学校をやめた。そのことを彼女はいまだにひどく後悔している。

65年後、パーマーはチェルトナム周辺の裕福な郊外に住んでいる。彼女の生地から2、3キロしか離れていない。彼女が生まれてからほぼ毎年、コホート研究者から送られてきた誕生日カードの束が家のどこかにあるが、どの引き出しに入っているのかよく思い出せない。彼女のコホートが数十年も継続するあいだに、さらに四つのイギリス出生コホートが始められ、彼女は科学者が現在登録している7万人以上の人々の一人にすぎなくなった。しかしパーマーは自分の人生を生きるのに忙しい。その人生こそ、コホート研究の礎となっているものだ。

彼女の場合、人生がどうしてこうなったのか、偶然と強い労働倫理——勤勉な母親から受け継いだもの——以外に、ちゃんとした説明を見つけるのは難しい。彼女は中等学校で成績を上げ、16歳で学校を卒業したあと、政府通信本部で秘書のスキルを身につけ、さらに百貨店で化粧品を売る仕事に就いた。しかし21歳でバツイチの男性と結婚し、二人の幼い子どもの継母になったとき、仕事をあきらめた。*（彼女の母親はひどくショックを受けていた、と彼女は回想している）。数年後にパーマーは自分の娘を産んだ。夫は稼ぎがよく、やがてパーマーは仕事に復帰し、最終的に大きな学校の財務管理をすることになった。夫とルクセンブルクに移り、そこで——コホートの多くと同様——太り始めた。体重が73キロから95キロへとだんだんに増えたのは、パテとバゲット、そして更年期にともなうホルモンの変化のせいだと、彼女は思っている。

現在、彼女はイギリスにもどり、体重は減った（スリミングワールド〔食事や運動の指導によって減量をサポートする団体〕に通い続け、毎朝ジムでエクササイズをしなくてはならないと彼女は考えている）。体重減は、午後に3人の孫を学校に迎えに行っているおかげでもある。共働きで忙しい仕事をしている娘夫婦のためにしていることだ。へとへとになるが、子どもたちにも頻繁に会えるのがとてもうれしい、と彼女は言う。

パーマーは困難な環境に生まれたが、自分が生まれた時代のおかげで、ほぼ何でもやりたいことを選ぶことができたと考えている。戦後は誰もがある程度つらい思いをしたが、人々は自分の運命におおむね満足していた。「私の人生は実際のところ、とてもラッキーだと思います」と彼女は言う。不利な境遇に生まれる子どもにとっては、現代のほうがきついと思っている。なぜなら周りにオモチャやコンピューターがあって、より多くを期待するからだ。そして、自分の孫たちにとってのチャンスがあまり大きくないことを心配している。生活費はうなぎ上りで、大学の教育費は彼らにはおそらく手が届かない。50年以上前の自分と同じように、誰かがお金のせいで教育を受けられないのを見るのは悲しい、と彼女は思う。

パーマーの人生の大半で、コホート研究は自分についてくる影のようなものだった――いつもそこにあるが、向こうからくっついてくるものであって、その逆ではなかった。しかし、コホートの65歳の誕生日パーティーに招待されたとき、状況が変わった。彼女はバーミンガムで開催されるパーティーに行くと決意し、そこでダイアナ・クーをはじめ科学者たちと会い、さらには短いスピーチをすることに同意した。彼女は最後まで追いかけてくる科学者について軽くジョークを飛ばした。「天国の門にたどり着いたら、研究者のどなたかがクリップボードをもってそこに立っていて、私たちの最後のコメントを待っているのではないかと思います」。

＊　パーマーは結婚して姓がマルヴァーンに変わった。

8 溝を埋める

コホート、未来に向かう

出生コホートを始めるのは、出産のプロセスそのものと似ている。そのときは異常につらいので、誰もが二度と経験したくないと思う。しかしすぐに記憶喪失が始まる。体の傷は治り、眠れない夜は過ぎ、子どもがかわいく成長するにつれ、つらい記憶を愛情と関心が消してしまう。やがて全プロセスが再び始まる。本当はそれほど悪くなかったし、もう一人いたら楽しいだろう、と母親は考えるのだ。

2000年生まれコホートのあわただしく難儀な立ち上げからわずか2、3年で、もう一度最初からやろうと考え始めていた科学者がいた理由も、それで説明がつくかもしれない。この場合、痛みが薄れただけではなく、第6次コホートは科学者が実現すべき義務だという感覚もあった。なにしろ科学者は連続コホートの再開を強く望んでいたし、2000年生まれコホートがその目標を実現した。世代を次々と追跡する一連の研究は他国の追随を許さず、世界からうらやましがられている。それを止めるべきではない。止めてはならない。

結果的に、第6次コホートを始めるチャンスは、ロンドンの巨額資金がかかわる一連の出来事と、ウェールズの別荘での思索から生まれた。さらに、これまでのあらゆるコホートが受け継いできた英知も、そのチャンスにつながった。なぜなら、以前の出生コホート研究で経験を積んだ科学者たちが、いまや権力のある地位に上りつつあったからだ。2003年、イアン・ダイアモンドという社会統計学者が、すでに三つのコホートに資金提供をしていたESRCの事務総長を引き継ぎ、さらに（ESRCとMRCを含めて）七つの研究審議会すべてを監督する統括組織、イギリス研究審議会連合（RCUK）のトップレベル会合の議長になった。ダイアモンドは熱烈なコホート支持者だった。駆け出しのころ、1946年生まれコホートの女性が子どもを産む年齢を研究していた（彼が発見したのは、親に関心があって、やる気と高い学歴のある女性は、子どもを産むのが遅いことだった）。いまダイアモンドは、イギリスが研究にどう資金提供するかを差配する有力な地位にあり、社会科学を力強く後押しするチャンスだと考えた。

政府が大型施設キャピタルファンドと呼ばれるものに、年間約1億ポンドという巨額の資金を取っておいていることを、ダイアモンドは知っていた。国の科学基盤を強化するが、コストが高すぎて個別の研究審議会の標準的な予算ではまかなえない、大がかりな研究施設やインフラ事業を支援するために策定されたものだ。基本的には大金が入っている銀行口座で、科学者はとくべつ高価なキットが必要なときに引き出しを申請できる。そして実際、圧倒されるような科学プロジェクトを支援するのに使われてきた。たとえば、氷で覆われた南極大陸の調査基地、科学のために海洋を放浪する全長90メートルの王立調査船、そして命にかかわる感染症をモニターする世界トップレベルの研究所。この銀行口座は、オックスフォードシャーにある巨大なドーナツ型の粒子加速器もサポートしており、そこでは科学者が太陽の100億倍明るい光線をつくり出し、それを使ってウイルスや鉱物などの内側を探っている。

どれも大変けっこうなのだが、ダイアモンドは何かがおかしいと思っていた。ほかのさまざまな研究審議会はこの銀行口座を利用しているのに、ＥＳＲＣは利用したことがないのだ。その理由は、経済学者と社会科学者は研究に高価な装置を必要としない、という旧態依然とした考えにあった。ダイアモンドもほかの研究審議会のトップも、それは時代遅れだと考えた。ほかの分野と同様、社会科学もいまや意欲的なビッグサイエンス・プロジェクトを擁しており、それはつまり、データバンクを構築するためにかなりの資金注入が必要だということだ。そんなわけで２００４年7月、ピーター・エリアスという経済学者がＥＳＲＣからの電話を受けた。エリアスはデータ戦略についてＥＳＲＣにアドバイスする仕事を引き受けたばかりだった。そしていま、どうすればＥＳＲＣは大金が入っている口座からお金を引き出す申請ができるか、考えてほしいと言われた。みんなが望んでいるのは、粒子加速器や海洋調査船くらい人目を引くような、大がかりで大胆な科学構想だ。同時に、計画書は役人が楽に理解できるように、4ページにまとめる必要がある。「いますぐやってください。期限は1週間です」と、エリアスは言われた。彼は遠いウェールズのコテージで休暇中だったので、そこでプロジェクトを始めた。

ダイアモンドと同様、エリアスも出生コホートにどっぷり浸かっていた。研究者になって間もないころ、１９５８年生まれコホートの職歴を分析することによって経済学者として名を上げ、下流階級に生まれた人たちは良い仕事に就くのに苦労することを明らかにした。近年では、２０００年生まれコホートを立ち上げ、コホートのデータをもっとオープンにして科学者がすすんでアクセスするようになるよう、舞台裏で働いた。彼もダイアモンドもＥＳＲＣのほかの人たちも、イギリスの連続コホートが最終的に真価を発揮する貴重な財産であることを知っていた。エリアスが２００４年にウェールズで、費用のかかる面白そうなプロジェクトをＥＳＲＣのために考え出そうとしたとき、その出発点はまちがいなく出生コホートだった。珍しくきれいに晴れた日、彼は室内にすわって、コホートの豊かな歴史について、さらにこの先コホートに何が待っているかについて考えた。そしてタイプを打ち始めた。彼が書いた4ページは、コホートの野心的な新しい未来の要点を説明していた。

エリアスが提案したのは、出生コホート研究所と呼べるようなものを、国が構築することだった。これは比喩的な意味での研究所であり、すべてのコホート研究の本部となり、科学者が集まって研究を分析できる場所になる。コホートがすべて別々に展開されてきて、いまだにそれぞれが独自に道を切り開く傾向があることを、エリアスは知っていた。その理由のひとつは、歴史的なルーツが異なることであり、医科学者と社会科学者の文化的な溝にあった。しかもリーダーが自分のコホートを継続させるのに忙しすぎて、協力関係を構築するための時間や資金を見つけるのが難しかったのだ。エリアスの考えでは、これを終わらせる必要があり、たとえば、肥満の蔓延がそれぞれにどう影響したかを明らかにするために、科学者が世代どうしをすぐに比較対照することができてはじめて、コホート研究の潜在能力がフルに発揮されるのだ。エリアスは自分が役人への宣伝文句を書いていると承知しており、実際に強引な売り込みをしていた。この研究所は世界に類がない、と彼は書いている。イギリスは確実に世界最新鋭の社会科学データインフラを備えることになり、科学界の世界的リーダーとしての地位を固め、あらゆる場所から研究者を引き寄せる。広告業界並みの売り込みだ。

もちろん、研究所にできるのは、それだけではなかった。より前向きで魅力的な可能性が開けていた。2010年か11年に新しい出生コホートを立ち上げるのだ。エリアスが主張しているのは、社会科学者にとっての出生コホートは、海洋学者にとっての調査船や、物理学者にとっての粒子加速器、すなわち科学的発見の基礎となる情報を量産する、きわめて重要なデータ生成マシンだということである。それは同じ巨額の投資に値するという意味だ。彼は研究所と新しいコホートにかかる費用を、約4600万ポンドと見積もった。

じつはこの研究所のアイデアは新しくなかった。20年以上前、最初の三つのコホートのリーダーがブリストルに集まって映像を撮影したとき、ミア・ケルマー・プリングルがそのような場所——「これらの研究をまとめて、比較することを仕事とする機関」——がほしいと言っていた。しかし1982年当時、社会科学は認められていなかったし、コホートリーダーが話し合うこともほとんどなかったので、彼女はそれを夢のまた夢と片づけた。しかし2000年代半ばになって、コホート科学に関する政治的な風向きはかなり好転していた。エリアスとダイアモンドが大型施設キャピタルファンドから資金を出すように政府を説得できれば、そのアイデアが現実になるチャンスがある。*そして背後にイアン・ダイアモンドがいるのは力になる。社会科学はもはや家内工業と見なされるべきではない、と彼は確信していた。そしてあらゆる機会をとらえて社会科学のビッグサイエンスについて語り、コホート研究はイギリスの輝かしい功績だという考えを売り込んだ。

ところがそんな状況にもかかわらず、出生コホート研究所のアイデアはなかなか軌道に乗らず、コホート研究者たちは舞台裏で支援を取りつけようと迷走した。そして2、3年後、ある会合で再びそのプロジェクトが話題になったとき、それが実際いかにすばらしいアイデアであるかを、誰もが認識した。このプロジェクトは、まちがいなく学際的だ。社会科学と医科学にまたがっている。コホートが生まれたばかりのころ、つまりジェームズ・ダグラスが分野の橋渡しをしようとしていつの間にか部外者になっていた時代には、これはやっかいなことだったが、現在、学際的科学は非常に望ましいと考えられている。なぜなら科学者（と資金提供機関）は、多くの重要な問題の解決策は、従来の分野間の境界を超える研究からしか生まれないことに気づいたからだ。その精神で、プロジェクトはMRCからの支持を獲得した。そしてMRCがESRCとともに、大型施設キャピタルファンドの管理者に申請を行なった。

手間取ったおかげで、科学者は思いがけず計画に魅力を加えることができた。というのも、新たな出生コホートは2012年に延期されたのだ。これでこのコホートと前のコホートの間隔がちょうど12年になった。そしてこの新しい期日は、興奮高まる2012年ロンドン・オリンピックとも重なる。イギリスは競技を行なうための新しいスタジアムや施設に巨額の資金を投入しており、スポーツの祭典が繰り広げられる2012年8月のわずか2、3週のあいだ、万国のスポットライトを浴びることを意識していた。その夏は特別でもあった。女王即位60周年とも重なっていて、イギリスではあまり頻繁に行なわれない、愛国心をかき立てるような大がかりな国家的パーティーの計画があったからだ。そういうわけで、2012年生まれコホートは政治家にとって魅力かもしれないと期待された。世界的な舞台でのゴージャスで愛国的なプロジェクトへの唐突な欲求に、取り入ることになるからだ。そしてうまくいきそうに思われた。新しいコホートが2009年に財政資金を求めたとき、すべての兆候が万事うまくいくことを示していた。

MRCとESRCは、新たなコホートの運営に興味のある科学者を募集した。そしてすぐに二つの真剣な応募に絞り込んだ。その一つはキャロル・デザトゥー、2000年生まれコホートの体重と活動レベルを測定した小児疫学の教授からのものだった。デザトゥーは2012年生まれコホートの構想について聞いたとき、新たなチャレンジへの覚悟はできており、チームを結成して応募するために、すべて

＊　歴史をふまえると、エリアスの宣伝文句にある考えが彼だけのものだと言うのは正しくない。当初の草案を書いたのは彼だが、そこにあるコンセプトの多くはすでに広まっていたし、提案書はほかの人たちの手に渡るうちにさらに磨きをかけられた。

をなげうった。彼女は当直医として眠れない夜はへっちゃらだった。このスキルをここで駆使した。期限が近づくなか、応募書類の作成に3日3晩、死にもの狂いになったのだ。

ロンドンの反対側で、既存コホートのうちの三つをすでに運営している社会科学者が、同じように死にもの狂いで応募書類を作成していた。これは興味深い競合を生み出した。デザトゥーは資格のある医師であり医学研究者なので、彼女の応募書類は生物学と医療に関する問題を核にしている。彼女には行動力と独創的な計画があったが、これまでコホートを運営したことはない。競合相手は少しちがう情熱をもつ社会科学者であり、何年もコホート研究の経験を積んでいる。はっきり口にする人はいなかったかもしれないが、最善のコホート運営にまつわる学問文化間の緊張は、最も大規模で高コストのコホートをめぐる争いで頂点に達していた。

結局、デザトゥーのチームが勝った。勝者選定を任された科学者の審査団は、これまでのコホート研究のほとんどが出生の医学的側面を集中的に研究したのと同じように、この新たな研究も健康に重点を置いてほしいと考えたのだ。しかし彼らはデザトゥーに、研究の社会科学的側面を強化して、両分野の科学者が参加するようにしなくてはならないと指示した。それでもまだ、彼女とその新しいコホートは安泰ではなかった。ひどく面倒な政府の官僚組織に提案書を通す仕事を、あわただしく始めた。資金が最終的に下りる前に必要なことだ。万事が順調に進み、2010年5月には、提案書は科学大臣の未決箱に入った。あとは彼が署名さえすれば、新しいコホートは前進する。しかしそうなる前に、再び政治がコホートの生涯に介入してきた。労働党が総選挙で敗北し、保守党と自由民主党の連合政権が生まれたのだ。

コホート研究者は前にもこの映画を見たことがあった——そしてめでたい結末ではないことを知って

いた。1979年、1982年生まれコホートの提案書がどう転ぶかわからない状態で、社会科学嫌いのサッチャーが権力の座に就いたときと、まったく同じ台本だ。あのときは、保守政権への移行が出生コホートにとって困難な時代へとつながった。すべてが資金不足に陥り、1982年生まれコホートのアイデアはたたきつぶされた。そしてデイヴィッド・キャメロンが15年ぶりの保守党首相となったいま、これはつらい再上映になると誰もが予想した。数週間のうちにキャメロンは、政府全体で大々的にコスト削減をする計画をはっきり打ち出した。そして最も削減しやすいのは、実際にまだ使っていない資金である。しかもその資金が、現代のイギリスで大勢の子どもが不利な境遇に生まれていることを示すにちがいなく、政権が力を失うまでに何も結果を生み出さないような、赤ん坊の研究に支払われる何千万ポンドであれば、なおさら削減しやすい。どんな政治家がそれにお金を払うだろう？　最新のコホートは確実に消える運命にあった。デザトゥーとコホート研究者にしてみれば、トロフィーを勝ち取ったのに、結局それを手からもぎ取られるようなものだった。

しかし実際には、この映画には別の展開があった。数カ月後、希望はデイヴィッド・ウィレッツの姿で現れた。彼は大学・科学担当大臣に任命されていた。ウィレッツは社会科学の支持者であることが広く知られており、著書『ピンチ *The Pinch*』のなかで、コホートデータを含む社会科学の研究を引用して、ベビーブーム世代が自分たちの子どもを犠牲にして、富と力を蓄えてきたと論証している。政治に対するその学究的アプローチから——科学者然とした後退した髪の生え際のせいもあって——「二つの頭脳《トゥー・ブレーンズ》」という異名さえ取っていた。

2011年3月1日、ウィレッツは出生コホート研究所も新しい出生コホートも、3350万ポンドの補助金で前進させると宣言した（オリンピックを後ろ盾にしてコホートを売り込む科学者たちのもくろみは、功を奏したようだった。ウィレッツは新しいコホートの子どもたちを、「2012年オリンピックの子どもたち」と呼んだ)。ウィレッツは真のコホート支持者であることを証明した。前の保守党政権が1980年代にコホートに資金提供しなかったことを戒めさえして、新政府は社会科学全体を支援すると約束した。この取り組みは、これまでのコホートで明らかになった社会的流動性の問題に対処するという、政府の公約の要になる。「連立政権のきわめて重要な目標は、来年生まれる子どもたちが新世紀のスタート時に生まれた子どもより、大きな出世のチャンスをつかむことである。このデータベースがあれば、今後長きにわたって私たちの成果を評価できる」。

新しいコホートの知らせが世界中を駆け巡ると、縦断研究界の誰もが興奮し、安堵した。このニュースを知らせるメールが携帯電話に届いたとき、エリアスはパリにいた。彼は何年もこのプロジェクトに取り組んできた——2004年の4ページの提案書から始まり、政府がそれを大金で支援するのを見とどけたのだ。彼は一人の同僚とともにラージサイズのカクテルを2杯注文し、自分たちがやり遂げたという事実に乾杯した。

ウィレッツの発表の瞬間は、出生コホート界の最高潮だった。科学担当大臣であるウィレッツが、コホートをほめたたえている。それとまさに同じ週、初代の元祖コホートが65歳の誕生日を祝った。ウィレッツのスピーチは、出生コホートにとってかつてないほどハイレベルの紛れもない承認である。イギリスはついに輝かしい功績を認めているのだ。そして今回、科学者は以前と同じ失敗をするつもりはなかった。このコホートは順調に生まれることになる——少なくとも、確実にそうするのがデザトゥーの責任だった。

キャロル・デザトゥーは、女性の人生がどれだけ劇的に変わったかを再認識させる本を棚にしまっている。『母であること——働く女性からの手紙 *Maternity: Letters from Working Women*』というタイトルのその本には、1914年に労働者階級の母親が発した印象的な言葉が詰まっている。彼女らは出産と乳児死亡のつらい体験を記している。「最後の3人の赤ちゃんは埋葬しました」と、ある女性は書いている。「お医者さんにはこれ以上つくってはいけないと言われました。もしつくったら、私の命が危ないと言うのです」。

ほぼ100年後、デザトゥーは、いまの女性の出産経験をどうやって記録するかを考えていた。そのとき立ち返ったのがこの本だった。いくつかの点で、彼女は歴史を繰り返していた。先任者のジェームズ・ダグラスやネヴィル・バトラーと同様、彼女は賢く、好奇心旺盛な医師であり、イギリス人の出生に関する全国規模の調査を開始しようとしている。しかし彼女とその研究は、先人とは天と地ほどかけ離れてもいる。なぜならコホート研究の計画は、戦争直後よりも桁ちがいに難しくなっているからだ。彼女が集めたい子どもは8万人、これまでのイギリスのコホートのどれよりも4倍以上多い。

デザトゥーはいつの間にか、どうしようもない窮地に追い込まれていた。科学者が何十年も先に展開する方法を予想しながら、イギリスの出生コホートの長い歴史を反映する研究を計画し実施しなくてはならない。社会科学と医科学の過去の溝を克服し、どちらの分野も満足させ続ける詳細な情報を集めなくてはならない。この研究に資金提供する政府機関に応え、研究は政策にとって適切だと請け合いながら同時に、厳しい科学界に対して、あくまで純粋学問的に指揮することを約束しなくてはならない。政府はいつでも支援を打ち切る決断ができることをつねに意識しながら、何千万ポンドもの政府補助金につきものの、複雑に絡み合う官僚組織や行政機関と交渉しなくてはならない。委員会、顧問、出資者、理事会、そして役人が、まるで何枚も重なって息が詰まる寝具のように、彼女の上にのしかかり、出資者はみな口を出したがる。今回と同じくらい意欲的にやろうとしていたコホート研究——アメリカで10万人の子どもを集めようとしたもの——が失敗したと知っても、役には立たなかった。

2012年生まれコホートにゴーサインが出たあと、デザトゥーはできるだけ迅速に進めろという強いプレッシャーにさらされた。しかし彼女は過去からの教訓を理解していた。2000年生まれコホートのように、コホートを仮称に合わせるためだけに研究を急いで進めることはしないと、固く決心していた。そして2012年生まれコホートという考えをあっさり捨て、代わりにブランド戦略のコンサルタントを招く。ほどなく、事業計画は時代を問わない「ライフ・スタディー」という名称を獲得した。そして彼女は、うまくいけば先行するどの出生コホートをもしのぐ研究の計画に取りかかった。

さかのぼって、ダグラスが最初のイギリス出生コホートに関するデータを収集していたときは、いつもテクノロジーの限界があった。彼が5362人の子どもしか追跡できなかったのは、彼の配下のスタッフとタビュレーティングマシンで対処できるのは、それが精いっぱいだったからだ。1960年代に大気汚染が健康に与える影響を調べたとき、子どもそれぞれが住んでいる地域の汚染量を推定するには、不完全だが地方燃料監督委員会による記録を利用するしかなかった。当時、自宅から学校まで歩くあいだにさらされる、汚染の正確な量を算定する方法はなかった。

ほぼ50年後、デザトゥーがチームとともに、大規模な新しい出生コホートに関してどんな情報を集めるかを議論したとき、大気汚染はリストのトップ近くにあった。1950年代のロンドンのキラースモッグは消えたが、都市部は相かわらず、現代の自動車と工場の排ガスに覆われており、二酸化炭素、一酸化炭素、二酸化硫黄、そしてディーゼルエンジンが排出する微粒子が、私たちの肺の奥深くに入り込む。この2、3年の科学文献は、大気汚染と健康障害を関連づける論文で沸き返っている。ある研究では、アメリカの科学者がカリフォルニアの子どものコホートを10歳から追跡し、交通量の多いフリーウェイから500メートル以内で育ち、そのせいで継続的に車の排ガスにさらされていた子どもは、1500メートル離れて暮らしている子どもより、18歳になるまでに肺がかなり小さく弱くなっていることが明らかになった。そういう子どもたちの多くは生涯、呼吸器障害に苦しむことになる。では、これを敷衍してみよう。世界各地で主要道路がどれだけよく見かけられるようになったか、人口増加のせいでどれだけ多くの人々がその近くで暮らしたり働いたりせざるをえないか、考えてほしい。それもあって、世界保健機関は2014年、大気汚染は公衆衛生を脅かす最大の環境問題だと宣言している。世界中の全死者の8人に1人を占めているのだ。

新たなコホートのために科学者が考えた汚染調査は、古いアイデアと新しいテクノロジーを組み合わせて、科学者が病気の原因を調べる効果的な方法を生み出せると期待できる好例だった。新しいコホートでは、現代のテクノロジーが実現できるあらゆるツールを使って、人生のスタートから汚染への暴露を観察するチャンスがある。彼らは個人汚染図のようなものを作成する計画だった。妊婦と成長する赤ん坊が、都市を動き回るあいだにさらされる汚染物質の評価基準である（科学者は汚染データがそろっているロンドンで始めることにしていた）。データを石炭配給記録には頼らない。今度は実際にみずから好きなようにできる。コンピューターで作成した非常に詳細な空気の質のマップを利用して、ブロックごとに異なる汚染レベルを区別できる。チームはこのマップを、新しいコホートに登録した妊婦それぞれの住所および職場と結びつけ、それをもとに彼女が毎日さらされている汚染物質の量を推定する。年月がたてば、母親が吸う汚染物質のレベルや種類と、子どもの健康の関連を探すことができる。

この種の研究は、不平等を知る絶好の機会になる。安い住居はたいていあまり望ましくない地域、たとえば交通量の多い道路の近くで、汚染濃度が非常に高いところにあることがわかっている。貧しい子どもや不利な境遇にある子どもの病気のリスクが高い理由のひとつは、そのような地域に住む傾向が強いために、汚染のひどい空気を吸うという避けられない不利益をこうむることにあるのかもしれない。したがって、このようなハイテクを用いた汚染調査が、関係する有効成分——不遇の母親と子どもが実際にさらされていて、病気のリスクを高めるもの——を特定することによって、不利な境遇と健康障害の関連を解明できるようになるかもしれない。

汚染データは、コホート研究者が新しい出生コホートで集めようと計画した情報の、ほんの一部だった。人々を長年追跡することで健康障害の原因を見つけるという、疫学の目的はいまだに変わっていない。変わったのは活動の規模であり、はるかに大勢の子どもを巻き込み、はるかに多くのデータを取り込むので、ほぼ産業規模である。同じ中身を新しい容器に入れるのだ。

現代世界では環境がどんな影響をおよぼすのか、子宮内で育ったのちに外界で成長していく子どもにどう作用するのか、科学者はできるだけ完璧に実態を描き出したかった。水道会社に水道水の化学成分分析を提出するように求め、それを用いて、妊婦がそれぞれ何を摂取したか解明しよう。妊婦には洗剤、染髪剤、除光液、スキンクリームなどの利用について質問し、ほかに接触したさまざまな化学物質を確認しよう。携帯電話の記録を入手する許可を求めて、どれくらいの頻度で携帯電話を使うかを突き止め、それをもとに母親と赤ん坊がどれだけの電磁放射線にさらされているか、実態をつかもう（いまではベビーモニターとして携帯電話をベビーベッドのそばに置く親もいる）。科学者は親を心配させずに、すべてを訊きたかった。というのも、何か特定の要因が実際に害をおよぼすという証拠はまだほとんどない。うまくやり遂げられれば、疫学における画期的出来事になるだろう。なにしろ、これほど多くの人々の環境をこれほど詳細に、生まれたときから観察しようとした人はこれまでいなかった。データが入ってくれば、そのうちのひとつ――たとえば特定の汚染化学物質――が、成長の遅れや病気の高リスクと関連している可能性がある。かつて喫煙が肺がんと結びついたのと同じだ。しかし現在の疫学の考え方では答えはもっと複雑で、まだわかっていないさまざまな環境暴露の組み合わせが、やがて病気のリスクを高めるおそれがある。その組み合わせが何なのか、それが小児期、中年期、あるいは高齢期に健康に影響するかどうか、誰にもわかっていない。

科学者は環境自体そのものを考えていたのではない。あらゆる環境因子が子どもの細胞やＤＮＡとどう相互作用するかを理解したかったのだ。これまでどこの出生コホート研究もやったことのないほど、多くの生体サンプルを集める計画である。母親の血液や尿、唾液を冷凍し、出産時には胎盤、臍帯、そして臍帯血を集めようとしていた。

科学者が集めようとしていたサンプルでとくに悪臭を放つのは、赤ん坊の初めての便と、母親の便のサンプルである。人体の内部や表面で生きているバクテリアやウイルスなどの微生物――科学者がマイクロバイオームと呼ぶもの――を研究するために、ヒトの糞便のサンプルを詳しく調べるのが、いまの生物学における流行なのだ。人間はみな皮膚の表面だけでなく、腸や口やあらゆる開口部の中に、何十億というバクテリアを住まわせていることは、２０００年代までほとんど無視されていたが、いまや大注目の研究分野になっている。ＤＮＡ技術の進歩のおかげで、微生物の配列を決定して特定することが可能になり、微生物は私たちの健康に大きく影響するという認識につながった。現在、微生物は肥満や糖尿病、その他多くの疾患へのかかりやすさに、きわめて重要な役割を果たすと考えられている。さらに、抗生物質の使用や帝王切開など、日常的に行なわれている医療が、新しい視点から見られるようになっている。

ひとつ物議を醸している仮説は、小児期の喘息、湿疹、アレルギー疾患の増加は、帝王切開による出産数の増加によって、一部説明がつくというものだ。この方法で生まれる子どもは、〔イギリスでは〕1990年代初期に13パーセントだったのに対し、現在では25パーセントを超えている（この割合は一部の国に比べると控えめだ。帝王切開で生まれる子どもはアメリカでは3分の1、ブラジルではなんと45パーセントに達する）。帝王切開で生まれる子どもは、母親の陰部と糞便からの微生物にまみれながら生まれる経膣分娩の子どもとは、異なる微生物を獲得する。帝王切開で生まれる子どもは、標準的な微生物すべてとは接触しないため、のちに免疫系が反応すべきでないものに反応してしまい、アレルギー疾患を起こすという説である。コホート研究者が何万人という赤ん坊から糞便を集めることができれば、いつの日か、その中の微生物を分析し、病気と診断されたときにその病気との関連を探すことができる。そして帝王切開と関連する長期的な健康リスクの証拠が見つかれば、現在広く考えられているほど安全な手術とは見なされなくなるかもしれない。

汚染、化学物質、電話記録などの環境の手がかりと、DNA、組織、糞便などの生物学的手がかりをすべて集めたら、さらに複雑な網の目のような関連性が浮かび上がりそうに思われる。特定の組み合わせの化学物質にさらされると、子どもは喘息のリスクが高くなるかもしれない——が、その疾患を発症するのは、親から遺伝的素因も受け継いでいる場合に限られるかもしれず、それはDNAの分析で明らかになる。あるいは、糞便のサンプルでわかる腸内に特定の種類の細菌がいる子どもは、食物アレルギーになりやすくても、それは子どものときの特定のタイミングでその食物に出くわした場合に限られるかもしれない。科学者が集めようとしている膨大な数の変数を考えると、答えは簡単ではないし、答えが保証されることもないだろう。疫学は数学のフラクタル曲線と似ている。曲線の一部をクローズアップすると、全体の込み入った複雑さそのままの入り組んだパターンが見える。病気の根本原因は、答えに向かって一歩進んでも、同じように複雑に見える。

科学者にはほかにも大それた望みがあって、それはテクノロジーの急進展が科学の舞台に押し上げたものだ。ひとつの案は、子どもの脳の発達を示すなんらかの指標を探すために、赤ん坊と触れ合う母親の動画をとることである。たとえば、自閉症スペクトラム障害を発症する子どもは、親と一緒に本やオモチャに注意を払うのが難しいことを示す証拠があるが、それを動画で見ることができる。理屈の上では、断片的なデジタル動画を集め、しまっておいて5歳、10歳、または20歳時に検討するというのは妥当に思える。しかし実際には、赤ん坊の初めての誕生日パーティーの大事な動画を、時間的制約のもと完璧に撮影しようとするようなもので、しかもそれを8万回やるのだ。一方、最初にコホートの家族から許可さえ取れれば、科学者が自由に使えるデータは豊富にあった。健康の記録、学校や大学のデータベース、そして税金や給付金や貯蓄の政府記録にある情報を、参加者とリンクさせることができるようにしたい。そうすることで、子どもとその家族に関するデータを、生涯にわたって費用をかけずにデータベースから吸い上げることができる。

すべてを合わせると、このコホートのデータ収集規模は莫大なものになる。8万人の赤ん坊、糞便のサンプルと胎盤の保存、数ギガバイトの動画クリップ、数十万の質問票、等々。科学の領域は非常に広く、データ保管はきわめて低コストで大容量なので、科学者が集められる情報量には限界がほとんどない。しかしコホートの歴史が示すように、妊娠と出産の野心的すぎる研究は、適切な計画とサポートがなければ問題にぶつかるおそれがある。ビッグサイエンスのやっかいなところは、大きなリスクもともなうことだ。

新しいコホートの計画を綿密に練っているとき、デザトゥーとそのチームは二つの全般的な問題に悩み続けた。どちらもおなじみだが、やはり深刻である。第一の問題は、50年、100年先には推進役が年を取ってこの世を去るが、それくらい先にならないと完全には実を結ばない研究を計画することの、身のすくむような難しさである。2015年生まれの子どもを死なせる慢性疾患は、おそらく彼らが70歳を過ぎたときにピークを迎えるだろう。しかも寿命が延びているために、このコホートに生まれた赤ん坊のなんと3分の1が、100歳過ぎまで生きると予想される。そのときまでに自分たちがどんな種類のデータを集めておいてほしかったと後継者は望むのか、科学者には想像もつかない。

第二の問題は、もっとはるかに単純で差し迫っていた。女性は参加してくれるだろうか？　妊婦になる可能性のある人はいくらでもいる。イギリスの出生率は上昇傾向にあった。しかしデザトゥーには、かつてのダグラスのように、一人の秘書と、各地の保健当局への一連の丁寧な手紙、そして大勢の保健師の力で、女性を参加させることはほぼ不可能だ。

出生率の上昇は、産院がすでに超満員になっていて、助産師と保健師が慢性的に不足していることを意味した。通常の仕事の一環で、すべての情報を集めることはできない。そこでデザトゥーは別の計画を思いついた。妊婦を説得して、研究のために設けられた特別な募集センターまで来て、そこで2時間ほど質問に答え、血液と尿のサンプルを提供してもらおうというのだ。母親の大半を妊娠中に登録し、そのあと子どもが6カ月と12カ月のときに再び会うのがねらいである。* 長期的な計画がほとんどなかった以前のコホートのアプローチより、はるかに思慮深い運営方法だ。しかしデザトゥーにとっては、とんでもない難題である。最初からいくつかコホートのスイープを計画し、それにも参加するよう女性たちを説得しなくてはならない。おまけに、デジタル世界でのデータセキュリティーに多くの人が不安を感じているとき、女性たちにあらゆる種類の個人情報を一気に求めるのだ。

要求が高すぎるし、多忙な働く女性が貴重な時間を差し出したがる保証はない。もし適格の女性が実際に来るとして、来るのは50パーセントか、それとも5パーセントだけか？　もし5パーセントだけなら、科学者はあきらめなくてはならない。それでは足りないのだ。

この疑問に対するつらい答えは、2015年夏、私が本書を書き上げようとしているときに明らかになった。女性は来なかった——そして調査は取りやめになった。ただし、その終了の理由は、いまだに激しい論争を巻き起こしている。

新しいコホートは何年もかけて計画されたのに、ほんの数カ月で水の泡となった。2015年1月、デザトゥーのチームは専用の妊婦募集センター第1号を、ロンドン郊外のイルフォードにあるキング・ジョージ病院に開設した。その場所が選ばれた理由のひとつは、その地域に住む民族が多様だからである。この研究の大きな目標のひとつは、社会的に不利な状況にある集団の女性だけでなく、少数民族の

＊　8万人の子どもの調査は、実際には2部に分けられた。6万組の妊婦の家族を数カ所に設ける特別なセンターで集め、あと2万人の子どもはイギリス全土で募集し、生後6カ月ころに自宅を訪問することになっていた。これで妊娠中の詳細な医学的情報を集められる一方で、調査に全人口からの子どもが含まれることになる。

女性も登録することだった。しかしこれで難題がさらに増す。そういう集団の人々に参加するよう勧めるのは難しいだろうと、科学者にはわかっていた。

いちばん楽観的なシナリオでは、デザトゥーのチームは最初の18カ月で1万6000人あまりの女性を集めることになっていた。しかし1月から6月までのあいだに登録した女性はわずか249人だった。この数字は壊滅的に思われた。

デザトゥーにはそれがわかっていたが、これはテスト段階であって、修正する方法があることもわかっていた。リスクのあるプロジェクトだからこそ、彼女のチームはずっと前から、物事を進めながら募集戦略を調整する計画を組み込んでいた。参加してくれる女性にお返しとして20ポンドの買物券を提供し始めたところだったし、妊婦にもう一度センターに足を運んでもらうのでなく、定期的な超音波検査のときに研究のための情報をすべて集めることによって、求める時間を減らすつもりだった。いずれにしろ、募集がだんだんうまくいき始めている兆しがあった。9月末、チームがレスターに二つ目のセンターを開設したとき、800人あまりの女性と接触し、熱心な反応を得ていた。

しかし残念ながら遅きに失した。舞台裏ですべてが崩壊しつつあった。資金提供者の立場で研究を陣頭指揮していたESRCは、集まった人数の少なさをひどく心配するようになり、2015年7月、特別な査定を要求した。新しいコホート研究は、それまでの査定をすべて見事な成績でパスしていたが、今回は大きな懸念があるとされた。7月10日、ESRCは上層部の会合で、どうするべきかを決めるために状況を議論した。

その晩の6時、デザトゥーは結果を知らせる簡潔なメールを受け取った。資金提供者は研究を終了することに決め、10月にはそれが最終決定として発表された。デザトゥーは登録していた母親たちに、募集が終了したことを知らせる手紙を書いた。きわめて意欲的なコホート研究は打ち切られ、何年にもわたるエネルギーと投資は無に帰し、注目に値するイギリスの連続出生コホートは、再び壁にぶつかった。

新しいコホートの中止は、多くの人々に不愉快な思いを残した。デザトゥーと同僚の多くは腹を立て、頭にきていた。研究を軌道に乗せる公平なチャンスを与えられなかったし、その理由が理解できない。「まったく筋の通らないメチャクチャな決定です」と、デザトゥーは言う。ひとつの選択肢として、すべて中止するのではなく、規模を縮小して小さいコホート研究を運営することが考えられた。

ESRCにとって、集められた人数は無視できない危険信号だった。打ち切るまでに900万ポンドが費やされており*、研究審議会は、失敗しそうなプロジェクトにこれ以上資金を注ぎ込むリスクを冒したくなかった。研究を救うために何ができるにしろ、不十分だろうとESRCは判断したのだ。研究費用の削減につながりかねない財政支出見直しと組織改革が差し迫っていたため、研究審議会にはコスト削減への特別な圧力がかかっていたという憶測が、科学者のあいだにひそかに流れていた。しかし現段階では、詳しいことは誰にもわからない。

国内外でほかの出生コホート研究を運営している科学者にとって、このニュースは短剣を心臓に突き刺される思いだった。大規模なアメリカの子ども調査が取りやめになってわずか1年後だったので、なおさらである。これで大注目の意欲的な新しいコホートを立ち上げる二つの取り組みが、両方とも打ち砕かれたのだ。それはひどく悲しいことであり、同じような研究はしばらく提案しにくいのではないか

---

* たしかにこれは巨額だが、全米子ども調査が打ち切られるまでの15年で費やされた13億ドルあまりに比べれば、はした金だ。

と、科学者は思っていた。

将来の出生コホートをどう計画するかについて、いま真剣に考えられている。ひとつ貴重な教訓は、コホート研究を運営する科学者は人々に求める時間の増加を認識して、研究対象にあまり多くを望まないようにしなくてはならないこと。さもないと断られるおそれがある、ということだ。デイヴィー・スミスが言うように、「映画を観ると必ずアンケートを渡される」――コホート研究の質問票が、暇がなくて読まない色々なものと一緒に、ゴミ箱に捨てられて終わるリスクがあるのだ。立ち上げに失敗した最近の研究はどちらも、血液や組織など広範な生体サンプルだけでなく、あらゆる少数民族や社会経済的集団など、たくさんの人口を代表するサンプルからの情報も集めようとしたため、計画があまりに大それていた。ひょっとすると、将来的に科学者は規模を縮小する必要があるかもしれない。

一方、失われた科学的知識に対する深い嘆きもある。この世代に関する興味深い貴重な情報を集めるチャンスは、消え失せてしまった。DNAは集められず、動画は撮影されず、仮説は検証されず、8万人の子どもたちが活発に成長する人生が、科学者に記録されることはない。

デザトゥーやコホート界の人々にとってとくに手痛い損失のひとつは、不利な境遇が現在の子どもたちにどう影響するかを理解する機会である。実際、格差についての論争は、コホート研究史上のどの時点にも負けず劣らず激しくなっている。実質ベースでは状況は劇的に改善された。生活水準は大幅に上がり、貧困家庭が受け取る出産給付金は、1946年のようにわずか2ポンドではない。しかし相対的に見ると、貧困と不遇は相かわらず、人口の大きな割合に影響をおよぼしている。およそ25パーセントの子どもが、住居費を支払うと貧困ラインに達しない家庭にいる。この統計を見ると、子どもの人生に対する貧困の影響を理解することは必須になる。現在、多くの学術的・政治的議論の中心は、所得格差の拡大である。所得全体のうち社会の最富裕層の取り分が増えており、世界中の多くの国々で富裕層と貧困層の格差が開いている。そのため2013年にバラク・オバマ大統領は、格差の拡大は「この時代を決する課題」だと述べている。

1946年のイギリス政府は格差への取り組みとして、配給だけでなく国民健康保険や学校制度見直しなどによる福祉国家の構築によって、ライフチャンスを平等にしようと懸命に努力した。近年の政府は、ライフチャンスを平等にして社会的流動性を改善することについて引き続き語っているが、同時に、そのような平等のための仕組みを無効にするような大改革も導入している。たとえば、生活保護削減や学校改革、NHS再編成の法律によって、理屈のうえでは利益が考慮されるべきではない場所で、民間企業が利益を得ようと試みることができるようになっている。これらの改革はすべて、最も貧しくて不利な状況にある人たちがいちばん困るものであり、格差をさらに広げることになるという批判もある。格差が悪化するかどうかは別にしても、消えないことは明らかだ。

もし新しい研究が前進していたら、不利な境遇に生まれた大勢の子どもがいること、その子どもたちはだいたい困難な人生を歩む可能性が高いことを、明らかにしていただろう。以前のコホート研究もそのことを示していた。しかし最新の研究なら、それがなぜなのか、助けるために何ができるかを、科学者が現代科学のツールを使って解明できるので、さらに踏み込むことになっていただろう。そうすることによって、最初の1946年生まれコホートで始まった、不利な境遇に関する研究の流れが続いていただろう。デイヴィッド・ウィレッツが新しいコホートに取りかかったとき、このデータがあれば、子どもの人生のチャンスを改善する政府の努力を、何年か先に評価することができると言っていた。*　しかし、もうそうなることはない。貧困と不利な境遇が子どもの人生に傷跡を残すことをみんなに再認識させ、その理由の解明を助けるような結果が、この研究から数年後に出ることはない。その貴重な情報は、科学者の手から滑り落ちてしまったのだ。

新しいコホートの喪失は非常に手痛かったが、すでにイギリスが行なっている研究の価値を強調することにもなった。そして4ページの提案書にあったもうひとつの要素、すなわち出生コホート研究所は、首尾よく形になりつつあった。ただし、研究所と名乗るのがおこがましいほど地味である。というのも、投入された資金では、出生コホートのために新築ビルなどのしゃれたものをつくることはできなかったのだ。実際には、すでに1958年、70年、および2000年生まれコホートが入っていたロンドンの古びたオフィスに、現金が余分に送られただけだ。そこでは超有能なコホート研究者の一人、ジェーン・エリオットがその使い道の責任者である（研究所が大金の入った口座から得た資金が相対的に少額だったのは、デザトゥーの巨大コホートが大きな分け前を取っていたからだ）。

それでも研究所を後押しする空気は強く、イギリスのコホートすべてを横断する研究を推進しようとしている。これは簡単そうだが、そうではなく、再びデータが邪魔している。コホートを比較したい研究者にとって最大の問題のひとつは、データのせいで比較できない場合があることだ。研究ごとに少しずつ集め方が異なるため、数字を比較するのが難しい。たとえば身長と体重について見てみよう。簡単な測定値のように思えるが、ひとたびデータを掘り下げ始めると、事態ははるかに複雑な様相を呈する。古いスイープでは身長と体重がポンド・ヤード単位で記録されているが、近年はメートル法で記録されている。コホートメンバーが測定器のセットに乗るよう求められている場合もあれば、自分の体重を質問されている場合もある——そして人は真実を知らないことも多いし、真実を言うとも限らない。身長が4分の1インチで丸められていることもあれば、そうでないこともある。そしてデータの特異性が、少し調査してはじめて明らかになる場合もある。これがみごとに例証されたのは、すべてのコホートにわたって肥満を調べたいと考えた科学者が、データの統一に取りかかり、第2次コホートの7歳時の体重に妙な点があると気づいたときである。45キログラムを超える子どもがいなかったのだ。そんなことがあるはずはない。この体重データが集められた1960年代、たしかに45キロを超える子どもは珍しかったが、それほど大きい子どもも少なくとも何人かはいた。

データが当時の体重の期待値にとらわれていたことに、研究者は気づいた。肥満は非常に珍しかったので、データを整理してコンピューターに入力する責任者が、重すぎると思われる体重をすべて単純に排除したのだ。たしかに45キロを超える体重の子どももいたが、そのデータは誤りとして片づけられた。そのため研究者はコンピューターモデルを用いて、欠落した体重を埋める必要があった。**

それでも身長と体重を突き合わせる試みは、出生コホート研究所から初の重要な結果を生み出し、科学者は色めきたった。五つのコホートすべての人々が、一生のうちにどう太るかを比較した結果である。研究は巨大な規模であり、5万6632人のコホートメンバーについて、27万3843件の肥満度指数が測定されている。次第に増えていく肥満を数世代連続で観察することなど、これまで誰にもできなかったし、見ていて気持ちのいいものではない。

1980年代に人々の生活習慣が変化したとき、肥満が広がったことはすでに知られていた。当時、

＊　ウィレッツが2015年の選挙で政府を去ったことで、コホート研究はカギを握る政治的大物を失った。

＊＊　ほかにも同じようなデータのミスが見つかった。たとえば、1970年生まれコホートの26歳時の身長は、198センチ近くで捨てられている。

1946年と58年生まれ両方のコホートメンバーの体重増加が観察されたからである。1970年生まれコホートのメンバーの多くも、10代だった80年代に太りすぎになっているので、このパターンにぴったりはまっていることは明らかだ。最近の世代に関して言えば、生まれる前にすでに肥満の波は襲ってきているので、子どものときに太りすぎや肥満になりがちであることを、データが示している。研究所が作成したグラフは、世代ごとに太る年齢が若くなり、心臓病や糖尿病などのリスクが高まるという、先進世界に広がる顕著で急速な変化をはっきり示している。

しかしデータには、希望をもてる理由もたしかに表れている。体重が増える人は多いが、全員ではなかった。各コホートのかなりの割合が、健康的な体重を維持することができている。現在コホート研究者は、このサブグループの何がそれほど特別なのかを理解しようとしている。遺伝子と生活習慣のどんな特別な組み合わせのおかげで、この人たちは体重を増やそうとする周囲の圧力の影響を受けずにすむのか？　疫学の楽観的アプローチである。太りすぎの人がなぜ太って病気になるのかではなく、どうしてそうでない人たちは健康でほっそりしていられるのかに目を向けるのだ。

研究所で身体測定値を突き合わせるのは難しかったかもしれないが、複数のコホートにわたる社会経済的な測定値を照合するほうが、はるかにひどかった。長年にわたって所得はさまざまな方法で測定されてきた。総所得のこともあれば、純所得のこともある。本人が正確な数字を申告している場合もあれば、おおよその所得区分に当てはめられている場合もある。父親の稼ぎだけが記録されているときもあるが、そうではなく、給付金を含めた世帯全体の所得が記録されている場合もある。コホートメンバーが暗算ですべてを合計するように言われていることもあれば、面接官がもっと正確な数値を出すために、一つひとつ丁寧に確認することもあった。このデータをすべて比較できる形にするのは、とても重要だがうんざりする仕事であり、すべてのデータをエセックスのアーカイブからダウンロードし、苦労して新しいカテゴリー——たとえば子どもが10歳のときの親の所得のような、ごく一般的な比較できる数字——に変換しなくてはならない。過去70年間のあなたの給与明細や銀行取引明細や領収書を集めて、それをちゃんとしたスプレッドシートに入力するようなものだ。しかしいったん完了すれば、整理し直されたデータは、過去の空白を埋めるのに役立つはずである。社会的流動性の縮小を示して物議を醸している経済学者の研究は、男性の稼ぎの数字を取り込んでいたが、科学者は現在、新しい標準化された測定値を使って、女性の稼ぎや給付金などの所得源も含め、世帯の全所得を調べることによって、説明を肉づけしようとしている。

データのもつれを解きほぐすこの作業は、じつは1980年代にジョン・ビナーが始めたプロセスの続きである。当時彼は、より多くの科学者にエセックスのデータアーカイブにある情報を使うよう働きかけていた。現在のねらいは入り口のハードルを下げること、つまりデータを魅力的にして、より多くの科学者が飛びつきたがるようにすることだ。研究所のチームは優秀な新しい検索プラットフォームを構築しており、それができれば、たとえば喫煙と関係する条件を探して、コホートを調べられる——これまではできなかったことだ。さらに、社会科学を学ぶ大学生が、研究活動でコホートのデータを利用できるようにしようとしている。チームとしては、次世代のコホート研究者を若いうちに誘い込みたいのだ。コホート研究所が長期的に存続するのであれば、その発展に向けた意欲的な計画がある。国際的なコホート研究を組み込んだり、海外の研究との比較を始めたりすることも可能かもしれない。しかしその一方で、欠落しているコホート、つまりいつも悔やまれている1982年生まれコホートに関係する進展に、科学者たちは胸躍らせている。イギリスには、放り出されて帰る場所を探しているコホートの予備研究があったことがわかり、ぽっかり空いた穴を埋められるかもしれないのだ。

この研究は教育省によって始められたもので、1989年と90年に生まれた約1万6000人の子どもたちを特定し、彼らが13—14歳のときに追跡を始めている。そして子どもたちが学校から就職または高等教育に進学する7年間を見守った。しかし教育省は彼らが大人になって省の担当範囲からはずれると、この集団に対する関心を失ったので、数千人の若者の研究を引き継ぎたい人はいないかと、スタッフが探し始めた。当然ながら引き継ぎたかったコホート研究者は立候補し、2013年に正式にこのコホートを引き受けた。このコホートには出生時や幼少期のデータはなく、1982年生まれコホートの空白を完璧に埋めるのは高望みである。それでも、科学者はこの研究に多くを期待している。なにしろ教育に関するデータがすでに豊富に蓄えられており、参加者は全国に散らばっていて、ほかの全国的なコホートと人数も近い。科学者は現在、25歳時の彼らを調査することによって、その記録の厚みを増そうとしている。この集団がとくに興味深い理由は、2008年の世界同時不況が襲ったときに就職活動を始めているからだ。チームはそのことが彼らの人生に与えた影響を考察したいと考えている。マイホームへの足がかりを得ることは、この世代にとって大きな頭痛の種であり、科学者はそれも調べたいと思っている。第1次および第2次コホートの人々は、なんとかマイホームを手に入れることができて、自分の家の価値が首尾よく上昇するのを見守ってきた。しかし所得は不動産価格の上昇に追いつかず、後の世代はその影響に苦しんできた。1970年生まれコホートは前の二つのコホートより、マイホームを所有している人がはるかに少ない。90年代生まれの若者では、マイホームを買えるのは非常に裕福な者だけで、たいがい遺産の助けを借りており、ほかはみんな、しかたなく賃貸の家か実家に住んでいる。

新しい研究所は、イギリスの出生コホートすべてを横断する研究に弾みをつけようと取り組む一方で、研究全般を宣伝し、注目度を高める任務も負っている。何よりも、コホート研究者は研究について広く世界に知ってもらいたいと思っている。国民がBBCやNHSを誇りに思うのと同じように、歴史があるので欠点があっても大事にされるイギリスの制度として、出生コホート研究が認められたらすばらしいではないか。イギリス人の人生のほぼあらゆる側面に触手を伸ばしているすばらしい研究への愛情が、コホートを救済できることを、科学者は知っている。なぜなら、国民が彼らを愛するようになれば、資金提供者と政治家も彼らを支援する可能性が高まるからだ。

しかしそうなるまでは、この研究を継続させるのは科学者の愛情だけである。そしてコホート界では立ち止まって感傷的になっている時間はない。科学者は現状を維持するために走り続けている――研究対象に関してできるかぎりの情報を集め、それを時間に洗い流される前にデータバンクに詰め込むために、コホートのスイープを次から次へと必死に計画して実施している。

2012年、面接官が1970年生まれコホートのスイープのために全国に散ったとき、科学者は出生コホート科学におけるまったく新しい難題に直面した。フェイスブックだ。

2、3年前、コホートメンバーの一人がフェイスブックでグループを作成した。研究のほかの参加者を誰も知らないことに気づき、見つけられないかと思ってのことだった。それ以降、グループには200人以上のコホートメンバーが集まっている――1万人以上いるメンバーのほんの一部だ。科学者はそのグループについて知って戸惑った。自分たちのコントロールがおよばない進展だったからだ。誰かが研究について不適切なことや否定的なことを投稿し、コホートメンバーのやる気をそぐおそれがあるのが心配だ。しかも困ったことに、自分たちはコホートメンバーの身元を秘密にしようと全力を尽くしているのに、結果的に多くのメンバーが自分の名前や誕生日や素性を、誰でも見られるウェブサイトに平気で明かしている。出生コホート科学のスタート時点には、誰も想像できなかった出来事である。

しかしいまのところ、そのフェイスブックページは悪影響を与えていない。とくに活発になるのは、みんなが誕生日を祝う4月の週で、コホート科学者が送る誕生日カードの写真が投稿される（彼らは独自のコホート仲間言葉を考え出し、たとえば5日生まれはファイヴァーズ、1週間の最後に生まれた人をイレヴナーズと呼んでいる）。それでも2012年、コホートが42歳になる年、面接官が最新の質問票を携えて到着し始めると、立て続けに投稿があった。

「今日面接があった、まあまあ」と、あるメンバーが書いた。「ところで、いつまたオールトンタワーズに集まるのかな（笑）」

「今日の午後に面接の予定――事前の質問をいま急いでやっているところ！」と、別のメンバーは書いている。「それで……私は人種差別主義で、テレビを観る人で、政治に無関心で、無宗教で、怠け者で、落ち込んでいて、みじめで、アルコール依存症……なのか？？？？ ウーン、考えてきます」。

言うまでもなく、これはコホート研究者が1、2年前に質問票を作成していたときのアプローチではなかった。この調査は、2010年から研究を運営しているアリス・サリヴァンが指揮する初めてのスイープだった。サリヴァンは、この世代が中年期に入るときに直面する問題のいくつかを探りたいと考えた。なぜ、子どもを産む女性が減っているのか（あなたが子どもを産んだことがない理由は、不妊の問題／

欲しくない／時間的余裕がない／キャリアを重視している／ふさわしい人に出会っていない／その他　ですか?）、そしてなぜ肥満が増えているのか（どのくらいの頻度で、出来合いの総菜、インスタント食品、持ち帰りの食べもの、手に入れやすい材料でつくった家庭料理　を食べますか?）。サリヴァンは、コホートが16歳のときに行なった語彙力のテストも復活させた。子どもたちに20の単語の意味を答えさせるテストで、「Quick（速い）」から始まり、だんだんに難度を上げて、最後は「Pusillanimous」。*この単語をほとんど誰も知らないと聞いたら、あなたは安心するかショックを受けるかどちらかだろう。「調査をしたみなさん、私だけなのか、それとも語彙力テストは本当に難しかったのか!!　聞いたこともないような単語もあった」と、別のフェイスブック投稿には書かれていた（サリヴァンは設問の単語をフェイスブックに投稿した人がいないことに安堵した。もしされていたら、当然、テストでズルができるので、結果がゆがめられてしまっただろう）。

データはまだ集められたばかりなので、サリヴァンのチームはいまだに分析にかかりっきりだ。コホートメンバーの大部分が、実際、フェイスブックの投稿にあった表現から、それほど大きくはずれていないことが明らかになった。多くのコホートメンバーがテレビを観ていて、政治に無関心で、無宗教で、ある程度は怠け者で、みじめで、アルコール依存症ではないにしても、望ましくないくらい飲酒をしている。サリヴァンの調査結果によると、男性の68パーセントと女性の49パーセントが太りすぎと肥満で、その割合は1958年生まれコホートが同じ年齢のときより増えており、男女どちらも4分の3近くが、週に5日は30分の運動をするという政府の指針にしたがっていない。2分の1を優に超える人たちがし

＊　臆病で勇気や決断力に欠けることを意味する。

ょっちゅう悩んでいると言い、40パーセントの人がほとんどいつも疲れていると訴えている。多くのカテゴリーで、低い社会階級と、健康障害やそれにつながる行動との、強い結びつきが見られた。サリヴァンはデータをエセックスのアーカイブに預けて、世界中の研究者に利用するよう働きかけている。

新しいデータに目を通しているあいだも、サリヴァンは古いデータから発見を引き出している。2013年に彼女はアーカイブから、1970年生まれコホートのメンバーが子どものとき、どれくらいの頻度で楽しみに読書をしていたかを示す情報を引っ張り出し、それを学校でのテスト結果と照らし合わせた。5歳と10歳のときのテストにもとづいて、同じくらい賢い同じ社会的背景の子どもを比較し、子どものときに読書をした人は、10歳から16歳のあいだ、語彙、綴り、数学で大きく進歩する傾向にあることがわかった。楽しみのための読書のほうが大卒の親がいることよりも、子どものテスト結果に強い影響を与えているようにさえ思われた。その研究のおかげで、科学者のウェブサイトに記録破りの7万5000件ものアクセスがあり、メディアによるインタビューが相次いだ。そして最終的に、読書と図書館を支援するさまざまなキャンペーンにつながった。

コホートのオフィスにあるサリヴァンの部屋から二つ三つ先の部屋で、2000年生まれコホートの新たなリーダーとなったエムラ・フィッツサイモンズが、子どもたちの14歳時に実施する次の調査を計画している。これまでで最も意欲的なスイープになる予定だ。科学者たちはついに、子どもたちからDNAを集めることにしている。大急ぎで始めたせいで、医学・生物学的な詳細情報の収集は隅に追いやらざるをえなかったことの埋め合わせに、おおいに役立つだろう。そして科学者たちは、ほかにもコホートの歴史を参考にしている。子どもたちの多くが7歳時にやったように、加速度計を装着するよう依頼する（加速度計の技術は急速に進んでいて、今回はウエストではなく手首に装着するものになる）。さらに、ティーンエージャーの日記を集める計画もしている――ネヴィル・バトラーが1986年に、数千人のティーンエージャーから集めたのと同じだ。しかし今回、若者たちはその日10分ごとに何をしているかを記録するのに、オンライン・フォームやスマートフォンのアプリを利用できる。2015年の日記を1986年のそれと比較して、現代のティーンエージャーのほうが数十年前より満足しているか、人づきあいがいいか、すわっていることが多いか、明らかにする計画だ。科学者はこのスイープにとても意欲的なので、計画が少し手に負えなくなっている。400万ポンドの予算で、面接官が子どもとその親に3時間かける費用を払うことができる。しかし面接にいろいろと詰め込まれたせいで、*予備検査を行なったときに、面接に4時間半ほどかかることがわかった――6時間かかった場合もあった――ので、質問したいことを減らさざるをえなかった。

ほかのコホートの仕事をしている科学者たちはどうだろう。彼らもできるだけ迅速に情報を集めようとしている。ロンドンでは1946年生まれコホートの母トラ、ダイアナ・クーが、相かわらず朝5時に起きてメールを送り、自分が引退したら誰が研究の面倒を見るのか心配している。この研究が世界で最も長く運営されている出生コホート――メンバーは70歳に近い――として敬意を表されているのに、それでもまだ2、3年ごとに延命を求めて闘わなくてはならないのは皮肉よね、と彼女は言う。いちばん若いコホート研究の劇的な幕切れで、彼女の心配は募るばかりだ。

しかし歴史を振り返ると、科学者は少し慰めと希望を見いだせる。1970年代、ジーン・ゴールディングの野心的なコホート計画は却下された――が、彼女は2、3年後、代わりにもっと小規模な研究

＊　質問は学校、宗教、友人、家族、人間関係、喫煙、危険行為、非合法で反社会的な行動、ネットいじめ、食べもの、ダイエット、気分や感情などにおよんでいた。意思決定と危険行為を検討するためのギャンブル課題も含まれていた。

を始める方法を見つけた。そして2000年、国から2000年生まれコホートを始めるように命じられたとき、信じがたいほどの困難にもかかわらず、ヘザー・ジョシは前に進み、期待に応えた。科学者は挫折してもあきらめない。

だからこそ、つい最近の失敗の痛みが薄れて、政治の風が再び良い方向に吹き始めると、必ず誰かがもう一度最初からやろうと言いだす。おそらく、2020年生まれコホートか2025年生まれコホートが提案されるだろう。あなたの子どもか孫がそれに登録するかもしれない――あるいはそれを運営するかもしれない。政権や資金は現れては消えるが、ずっと続くのは、人の生涯の展開を見たいと思う気持ち、そしてそれを記録し、人々が進むさまざまな人生行路を理解したいという欲求だ。

だから科学者は奮闘を続ける。すでにある研究を推進し、チャンスがあれば明日の子どもたちも追跡しようとする。いまのところ7万人の生涯では解けていない科学と社会についての謎を、その子どもたちが解いてくれるかもしれない。

終章　彼らはいまどこに？

出生コホートについて書くのには、それを運営するのと同じ難しさがある。追いつくためにつねに走り続けているのだ。時間はどんどん流れ、コホートメンバーは年を取っていき、科学者は次のデータ収集スイープに着手し、コホートに関する発見があふれ出る。今日コホート界で起きていることについて書いたときには、すでに明日になっている。

しかし、たとえコホート研究が終わらなくとも、この物語は終わりにしなくてはならない。私の解決法は、本書を書き終える2015年秋をゴールと決めて、その時点での研究それぞれを寸描することである。

1946年生まれコホート

ダイアナ・クーはコホートのために、また誕生日パーティーを企画している。メンバーは2016年3月に70歳になる。それは記念すべき重要な節目だと、彼女は感じている。このパーティーは、65歳の誕生祝いほど手の込んだものにはならない。ロンドンとマンチェスターでの1日だけのイベントで、科学者と全コホートメンバーが招待される。科学の講演が行なわれ、お茶とバースデーケーキが供される。コホートメンバーはとても忠実なので、パーティー会場はすし詰めになるだろう。クーのチームが前回の質問票を送ったとき、コホートメンバーの83パーセントが返送してきた——たいていのコホート研究よりも高い返答率である（80パーセントから返答があったら、同僚全員に手料理のランチをふるまうと約束していたクーは、自家製のスープとキッシュを大量につくるはめになった）。

コホートの存続を祝っていないとき、クーはコホートの人数がだんだん減るのを見守るのに忙しい。『ブリティッシュ・メディカルージャーナル』誌の最近の論文は、先に死亡するリスクが高そうな人について、もう少し明らかにしている。疫学者のレイチェル・クーパーが指揮したこの研究は、コホートメンバーが53歳時にやるように指示された三つの単純な課題を調べた。両手をどれくらい強く握れるか、イスからどれくらいすばやく立ち上がれるか、そして両目を閉じてどれくらい長く片足でバランスを取れるか。これらの課題はすべて、コホートメンバーにはちょっとした遊びに思えたかもしれないが、実際には、きちんと妥当性が認められた筋肉の強さと協調運動の測定である。科学者はこれらのテストの成績と死亡の関連を調べたのだ。

その後の13年で177人が亡くなっており、50代のときにテストの成績が悪かった人のほうが良かった人より、不健康な生活習慣のような交絡因子を排除しても、死亡率が高いことをクーのチームは発見した（意外ではないかもしれないが、死亡率が最も高かったのは、53歳時に三つのテストのどれもうまくできなかった人たちで、三つすべてをうまくこなしたグループより12倍も高かった）。この研究が重要なのは、中年期に実施された簡便なテストが、それから数年以内に致命的な健康障害を負うリスクの高い人たち、つまり体調や健康を改善する集中的な医療やサポートからいちばん恩恵を受ける可能性のある人たちを、母集団のなかから特定できることを示しているからだ。どうやって限られた資源を目標に向けるべきかを、すばやく安上がりに考え出せる方法があれば、限界に近づいているNHSのためになることを、誰も否定しないだろう。

科学者たちは現在、看護師を自宅に派遣して、コホートメンバーの69歳時のスイープを実施している。コホートが70歳に近づくと、認知症や認知力低下のリスクはきわめて現実的であり、科学者たちはそのことをもっと小規模なサンプル集団で観察しようと、研究に熱中している。目標は５００人のコホートメンバーの脳を、記憶力検査、神経学的診察、および先進の脳スキャンによって詳しく調べることだ。そのあと、やがて認知症を発症する人を観察し、コンピューターにある生涯のデータを用いて、何がその人たちを認知症にかかりやすくし、何がほかの人たちを守るのか、解明しようとしている。誰がいつ認知症を発症するのか、より効果的に予測する方法を見つけることが期待されている。

１９４６年生まれコホートは、世界で最も長く続いている大規模な出生コホート研究であり、人間の発達に関して最も長く運営されている研究のひとつである。

１９５８年生まれコホート

１９５８年生まれコホートは、じきに60歳の誕生日を迎える。コホートメンバーには楽しくないことかもしれないが、研究を支える科学者には楽しみである。現在アリッサ・グッドマンをリーダーとするチームには、このコホートを老化の研究にしようという意欲的な計画がある。コホートが60歳のときに、さまざまな健康の測定値を集めるスイープを計画している。研究者は、それが生物医学および社会科学にまたがる学際的コホートとしての、この研究の地位を固めるだろうと考えている。グッドマンがとくに興味をもっているのは、生涯のデータをよく調べて、中年期および高齢期のどんな要因――運動、財産、社会ネットワークなど――が、幼少期の不利な境遇の影響を逆転させうるのか、探ることである。１９５８年、７０年、および２０００年生まれコホートを運営している縦断研究センターは４月に、次の５年間のコホート研究をサポートするＥＳＲＣの補助金を勝ち取った。

科学者たちはコホートメンバーが11歳のときに書いた、1万3000件ほどの文章を復活させる資金と手段も確保した。コンピューターの進歩のおかげで、そのようなテキストをまとめて理解できる自動化ツールがある。子どもたちの言葉を分析し、パターンがあるか、彼らの人生が展開したときの健康や幸福との関連があるか、確かめる計画だ。子どもたちの無邪気な言葉に、じつは現在および将来の心理的特性や精神的健康の重要な指標が含まれている可能性がある。

1958年生まれコホートの科学者はいまだに、比較的順調な人生の軌道をたどった子どももいれば、もがき苦しんで失敗した子どももいるのはなぜか、理解しようとしている。その最も有名な例は「マシュマロテスト」として知られている——1960年代にスタンフォード大学の心理学者、ウォルター・ミシェルによって始められた実験だ。就学前の子どもが1個のマシュマロ（またはクッキーなどのおやつ）を差し出されて、それをいま食べるか、20分待って2個もらうか、どちらでもいいと言われる。科学者が背を向けたとたんに1個のマシュマロを急いで食べる子どももいれば、気をそらすために目を覆ったり、歌をつくったり、テーブルを蹴ったりしなくてはならないにしても、誘惑に抵抗できる子どももいた。数年後、心理学者はその子どもたちを追跡調査し、自制心の高かった子どもたちは、大学入試で良い成績を上げ、フラストレーションとストレスに対処することができ、当然のことながら肥満度指数を低く維持していることがわかった。この実験以降、子どものときの自制心が将来の健康と富を予測するという考えが知られるようになった。コホート研究は、知力や社会階級のような交絡因子を解きほぐしながら、それを検証するのに最適な方法になりうる。最近の一連の研究で、科学者はその考えが事実であるかどうかを確認するため、1958年と70年生まれコホートのデータを徹底的に調べている。古いデータから新しい考えが開花する好例である。

ある研究では、7歳時と11歳時のテストをもとに、自制心に乏しいと思われる子どもを1958年生まれコホートのなかで特定した（この児童は、つねにちょっと懲らしめる必要がありますか、先生が教室にいないときは行儀の悪いことをしますか、どう振る舞うべきかわかっていませんか、何かをコツコツやるのが苦手ですか、熱心なときもあれば面倒がるときもありますか?)。一般に、喜びを先延ばしでき、感情と行動をコントロールでき、注意力を維持でき、課題をやり通せる子どもは、自制心があると見なされる。科学者はこれらの質問への答えを、中年期に測定された血圧やコレステロール、肥満度指数など、さまざまな健康数値をひとつの生理学的健康の尺度にまとめたものと関連づけた。

すると、自制心の測定値が低かった子どものほうが、交絡因子を排除しても、大人になって不健康になるリスクが高かった。同様の研究が、自制心の強かった子どもは、高い社会経済的地位を確保し、仕事で管理職に昇進し、失業期間が短い傾向が強いことを示している。忍耐や根気のようなスキルは人生の成功の重要な予測因子なので、幼少期から教えるべきだと考えている科学者もいる。

すべてを合わせて考えると、人生で幸福と健康と富を手にすることに関して言えば、知的スキルだけでなく、社会的および情緒的スキルも身につけることが実際に役立つ。多くの仕事や人生の難題に成功するには、ただ頭が良いことよりむしろ、勤勉であること、信頼されること、そして仕事をきちんとやり通すことが求められる。

1970年生まれコホート

科学者はこのコホートの大規模な生物医学的スイープを2016年から行なうために、MRCとESRCから400万ポンド近い資金を受け取った。看護師がコホートメンバーの自宅を訪問し、血圧、心拍、認知力、握力、身長、体重、体脂肪率、精神的健康などの測定を行なう。このコホートの人たちはさらに、食事日記をつけ、DNA抽出用の血液サンプルを提供し、1日でどれくらい活動するかをより正確に測定するための運動追跡装置を身につけるように言われる。

この社会科学コホートにとって、健康に焦点を合わせるのはこれまでなかったことだ。16歳時のネヴィル・バトラーによる調査以降、医学情報の大がかりな収集はなかった。いま医学情報を集める理由は、コホートメンバーが中年期に差しかかっていることにある。彼らが肥満、糖尿病、心臓病のような慢性疾患の初期兆候を示すようになっているからだ。そのため科学者は、詳細な基本的測定値を蓄積したいと考えている。それを出発点として、将来的に人々の健康を追跡することができる。

1970年生まれコホートを指揮するアリス・サリヴァンは、最近、社会的流動性の問題を改めて調べた。人々がどういうふうにトップに、つまり最高の社会階級、最高の職業と所得に、たどり着くのかを知りたかったのだ。とくに、私立の学校とエリート大学に通うことが、稼ぎや社会階級という観点で人々が出世するのに役立つという考えを検証したかった。社会的背景、知力、学校の試験結果、その他の交絡因子を調整しながら、私立学校と公立学校に通った人々を比較し、ラッセルグループ――オックスフォード、ケンブリッジ、エジンバラ、ブリストルなど一流大学24校の団体――の大学に通った人を、そうでない人と比べる。そのねらいは、教育機関そのものの影響だけを調べることだ。

数字を分析したところ、興味深いが複雑な実態が、性別による相違点とともに見えてきた。男性にとって、私立学校に通うことは出世と関連していた――家庭環境と試験結果が同じ少年を比べても、私立学校に通った人のほうが成功しやすい。私立学校に通う少年は、出世に役立つ強力な卒業生ネットワークで身を起こす可能性がある。女性の場合、学校のタイプはそれほど重要ではなかったが、一流大学に通うことには意味があった。

このコホートに関してほかにおもしろいニュースは、1986年にバトラーの大規模スイープで集められた余暇日記に、用途が見つかったことである。7000人のティーンエージャーの生活4日分の平凡な詳述に価値があると考えるのは、こじつけのように思われてきた。しかし科学者の好奇心は尽きることがなく、結果的に現在オックスフォード大学には、人々がどうやって時間を過ごすのか理解するために、何十年にもわたる世界中の日記を分析することを専門にする研究センターがある。２年かけて、１９７０年生まれコホートの日記を掘り下げて、日記をつけた人に関する40年分の情報との関連を調べるのだ。研究者はこれを世界でも類を見ない研究だと考えている。最初の研究で、毎日身体活動を行なった16歳は、大人になって精神的健康がすぐれている傾向にあることがわかった。予測可能な関連かもしれないが、確かなデータにもとづいているほうが強い。科学者は現在、ティーンエージャーがいつ、どれくらいの頻度で人と付き合っていたか、それが身体および精神の健康とどう関連するかについても調べている。

１９９１年生まれコホート

ブリストルの科学者たちは、１９９１年生まれコホートメンバーの24―25歳時の調査を準備している。これは新しい問題の種だ。というのも、コホートメンバーは親元を離れつつあり、国内だけでなく世界各地に移動している。しかも検査を受けるためにブリストルの診療所にわざわざもどってくるよう、彼らを説得しなくてはならない。交通費と宿泊費を支払うと提案し、診療所には無料ＷｉＦｉやタブレットコンピューターなど、20代の若者たちにとって魅力的な特典を用意している。

１９９１年生まれコホートは、資金提供者からのプレッシャーを受けて、データを入手しやすく使いやすくするための活動の真っ最中でもある。現在、研究者が仕事に必要な情報を見つけるのを手伝う「データ・バディー」５人が雇われている。将来的にこのプロセスがもっと自動化され、最終的にオンラインデータ・ライブラリーが構築されて、必要な許可を得ている科学者はクリックひとつで見たいデータを見られるようになると期待されている。

１９９１年生まれコホートを運営し、そのデータを処理する後方支援はとても大変な仕事だ。２０１４年、コホートは２人目のディレクター、ポール・バートンを迎え入れた。現在、ジョージ・デイヴィー・スミスが科学を指揮し、バートンがコホートを前進させる退屈だがきわめて重要な仕事を負っている（バートンは貧乏くじを引いたことを気にしていない。彼は数学と方法論とデータインフラが大好きで、いずれにせよ、自分はなんだか殉教者のように思われている、と話している）。そういうわけで、ほかのコホートはすべて現在一人の女性によって指揮されているが、１９９１年生まれコホートは二人の男性がリーダーになっている。

このコホートは遺伝学と疫学を先導してきたが、ほかの生物学的研究の前線にも関係している。現在、世界中の細胞生物学者が、実験室でつくる細胞型に夢中だ。それは人工多能性幹細胞、いわゆるｉＰＳ細胞である。この細胞は、ヒトの胎芽期初期の細胞によく似ており、体内のほぼどんな細胞型にも成長できる驚異の能力をもつ。細胞がふつうはどう発達し、病気が生じると何がおかしくなるのか理解するために、ｉＰＳ細胞を実験室の培養皿のなかで研究できる。１９９１年生まれコホートの科学者たちには、コホートメンバーそれぞれからつくったｉＰＳ細胞の貯蔵所を構築するという野望がある。ねらいは、特定の問題行動、病気、または本人を病気のリスクにさらすＤＮＡ変異のある人を、コホート内で特定し、その人の細胞を調べて、組織が成長し発達する能力にどう影響するかを把握することだ。細胞を貯蔵することで、人間自身では行えない実験を実施することができる。

１９９１年生まれコホートは1万４０６２人の子どもで始まったが、現在質問票に答えているのは40パーセントあまり、依頼されて診療所に出向くのは50パーセントほどである。出生コホート研究に対するこのレベルの関心は珍しくない。しかしこの研究は別の方向で成長している。科学者たちはコホートメンバーの子どもを３３０人あまり集めており、さらに毎月４、５人が生まれて研究に加わっている。

２０００年生まれコホート

２０００年生まれコホートを指揮するエムラ・フィッツサイモンズは、14歳時調査の真っ最中である。このスイープが重要だとされるのは、参加者が子ども時代と決別して初めての調査になるからだ（第8章参照）。

フィッツサイモンズは最近、これらのコホートの「政策バンク」を始めるというアイデアを思いついた。主要な出来事、政策の変化、突発的事件、あるいは自然災害に関する、トップ記事などの記録を集めるのだ。国の日記のようなもので、将来、出来事自体がとっくに記憶から消えたあとに、コホートデータを使って疑問に答えたい科学者の役に立つとわかるかもしれない。たとえば科学者はそれを使って、２０１５年の総選挙や、将来の感染症の到来や、気候変動による異常気象の影響を探ることになるかもしれない。そのような出来事の余波は、コホートメンバーの生涯に痕跡を残すかもしれず、それを研究者がいつか見つける可能性があるのだ。

ライフ・スタディー

デザトゥーのチームはいまだに研究中止を受け入れている最中で、自分たちの科学と人生にどう取り組むかを考えている。研究のいくつかの要素は、なんらかの形で続くかもしれない。そのひとつが数千人の母親と新生児から集めた糞便のサンプルで、そのためにチームは別途資金を確保した。ねらいは、出産時の一般的な抗生物質の使用だけでなく、経膣分娩と帝王切開が赤ん坊の腸内の微生物にどう影響するか、それが次に子どもの健康と発達にどう決定するか、理解することである。科学者は4年半にわたる自分たちの大変な努力を評価し、それから何が学べるかを議論するため、２０１６年1月に小さな会合を計画している。

２０１５年3月にロンドンの科学者は、イギリス出生コホートによる重要な業績の一部を紹介するべく、コンファレンスを開催した。期間は2日、さまざまな分野の科学者が何百人も集まった。しかしそこで示すことができたのは、現在のコホート研究からあふれ出る成果のごくわずかな例だけである。とくに衝撃的だったのは、１９５８年生まれコホートのデータを用いて、心理的問題を経験した子どもは、教育、就職、その他生活のさまざまな側面にその問題がいつまでも影響するせいで、生涯に平均30万ポンドを失うと推定した発表である。全人口を合わせると、子ども時代に精神的な健康が害される代償は、５５００億ポンドの逸失利益になりかねない。

経済学者のアリッサ・グッドマンは、１９５８年、７０年、および２０００年生まれコホートが入っている縦断研究センターを引き継いだばかりだったので、事務局、出資機関、そして科学者に、彼らの努力に対する感謝の言葉を述べた。そのあと締めくくりに、何よりも重要なことへの謝意を表した。「コホートメンバーの寛容さなしには、何もできません」と、彼女は言った。「たいていの人は、自分は社会にたいした影響をおよぼさないと感じています。みなさんがやっている研究、社会を良くするためにコホートを利用する研究が、彼らに影響力を与えるのです」。

週に数回、ロンドンのセントパンクラス駅を利用するとき、私はイギリスの出生コホートの隠された記念品の前を通り過ぎる。建築中の巨大な新しい医学研究センター、フランシス・クリック研究所の下に、２０１１年に真鍮のタイムカプセルが埋められた場所である。カプセルに入れられた有名な科学者からの手紙、建築家のスケッチ、写真などのアイテムの中に、１９４６年生まれコホートの思い出の品もあるのだ。カプセルは将来世代に向けた科学者たちの強い願望の象徴であり、掘り出されるのは何十年も先のことだ。そのころには、初代コホートのメンバーはとっくに亡くなっている――が、運が良ければ、その研究から始まったすばらしいライフ・プロジェクトがまだ続いていて、すでに生まれている世代や、うまくすれば将来生まれる世代を、追いかけているだろう。

謝辞

感謝したい人が大勢いる。私のアイデアが本になると信じてくれたエージェントのサラ・チャルファント、鋭い洞察とつねに正しい助言をくれたペンギンの担当編集者のヘレン・コンフォード、有能な編集スキルで私の不備だらけの草稿を物語にしてくれたドナ・ポッピー。早い時期に査読してくれたティム・アペンゼラー、デイヴィッド・アダム、ジェフ・ブランフィール。インタビューを正確に文字に起こしてくれたロウェナ・プレット。励まし支えてくれた大勢の友人、作家、そして編集者、とくにサラ・アブドゥラとメレディス・ワドマン、そして私がコホート研究に夢中になるのを辛抱強く黙認してくれた『ネイチャー』誌の同僚たち。

本書のための調査の過程で、インタビューに時間を割いてくれた大勢の人々に、心からお礼申し上げたい。彼らの深い忍耐と寛容がなければ、物語は生まれなかった。なかでもとくに、何時間も私に頭のなかをつつかせてくれたダイアナ・クーと、驚くほど気前よく時間と知識を分けてくれ、私の草稿に鋭くて詳しいフィードバックを返してくれたマイケル・ワズワースに、深く感謝している。調査中にお話しする時間を割いていただいたみなさんに、心からありがとうと言いたい。ここに挙げるのは全員ではない。エヴァ・アルバーマン、アーヴィン・アルティンタス、デイヴィッド・バーカー、メル・バートレー、ヨアフ・ベン＝シュロモ、ジョー・ブランデン、アンドリュー・ボディー、ニッキー・ブリッテン、ピーター・ブロックルハースト、ベス・ブコディ、ポール・バートン、ジョン・ビナー、リサ・カルダーウッド、イアイン・チャーマーズ、フィリップ・チータム、スティーヴ・クリスマス、ジョン・コリー、ジョン・クーパー、ジェーン・コステロ、クレア・クローフォード、ジャネット・カリー、アンジェラ・デール、コリーン・ダレー、ロナルド・デイヴィー、シャーリー・デックス、キャロル・デザトゥー、イアン・ダイアモンド、ブライアン・ドッジョン、ジョン・ダグラス、レイチェル・ダグラス、グレッグ・ダンカン、ピーター・エリアス、ジェーン・エリオット、ヒラリー・エメリー、アラン・エモンド、レオン・ファインスタイン、エルサ・フェリー、エムラ・フィッツサイモンズ、ケン・フォーゲルマン、ジョン・フォックス、ジョナサン・ガーシュニー、ゲイル・グリーヴ、ジーン・ゴールディング、ハーヴェー・ゴールドスタイン、ジョン・ゴールドソープ、アリッサ・グッドマン、ヒラリー・グラハム、ポール・グレッグ、トニ・グリフィス、ルイス・ハンコック、レベッカ・ハーディー、ダイアン・アイルズ、ヘーゼル・インスキップ、マイケル・ジェイ、ヘザー・ジョシ、イレイン・ケリー、フランク・ケリー、イヴォンヌ・ケリー、キャスリーン・キアナン、マイク・キング、マーク・クレバノフ、ジャック・ニーショー、ピーター・クー、キャサリン・ロー、デビー・ローラー、アネット・ローソン、キット・レイトン＝ケリー、ロナ・マッカンドリッシュ、アリソン・マクファーレーン、スティーヴン・マチン、リンゼー・マクミラン、パトリシア・マルヴァーン、マイケル・マーモット、バーバラ・モーガン、ロバート・マイケル、ジョン・ミクルライト、リン・モロイ、エイミー・マードック＝デイヴィス、ジェレミー・ニージー、ナイジェル・パネス、アリソン・パーク、サマンサ・パーソンズ、キャサリン・ペッカム、マーカス・ペンブレー、ドリア・ピリング、スティーヴ・ピシュク、フィリップ・ピッツォ、ルシンダ・プラット、バリー・プレス、ダイアナ・ポメロイ、クリスティン・ポーター、ネイル・ポーター、クリス・パワー、ジリアン・ピュー、ユグノー・ラヒ、キャロライン・レルトン、マーカス・リチャーズ、スー・リング、ユアン・ロス、マイケル・ラター、ステファニー・フォン・ヒンケ・ケスラー・ショルダー、イングリッド・スホーン、ヴァネッサ・シェントン、ピーター・シェパード、アルウィン・スミス、ジョージ・デイヴィー・スミス、カミラ・ストルテンバーグ、アリス・サリヴァン、エズラ・ササー、デリアン・タン、ニコラス・ティンプソン、アンナ・ヴィノールズ、モルテン・ワーレンドルフ、ジェーン・ウォルドフォーゲル、デイヴィッド・ウォード、ピーター・ウェッジ、レベッカ・ウッド、ジョン・ライト、ヴィッキ・イップ。このリストには、私の草稿について、思慮深い貴重なコメントを寄せてくれた方もいる。イギリス出生コホートは、コホートメンバーとその家族の愛国心と参加がなければ、存在していないだろう。彼らの身元は極秘で、集められたデータも同じだ。本書のために私がインタビューしたコホートメンバーは、自分の話を盛り込むことに同意してくれており、驚くほど寛容で正直である。守秘義務を守るために、名前や細部を変えた場合もある。守秘義務を尊重してここには名前を挙げていないが、調査のためにインタビューに応じてくれた参加者にも感謝したい。将来、もっと大勢のコホートメンバーに会って、その比類ない人生について聞く機会がもてたらと願う。

私の家族に対する気持は言葉で表せない。両親であるケイト・ピアソンとドン・ピアソン、姉のエリザベス・ピアソンは、無条件で励まし、助けてくれた。母に育てられた日々がなかったら、この本はそもそも書かれていなかっただろう。この本を誰よりも信じてくれたパートナーのピーターは、揺らぐことなく信頼しサポートしてくれた。息子のアシュビー、リントン、エドウィンは、喜びとインスピレーションの源だった。あなたがたと過ごしたかった日々を、この本のために費やしたことを許してほしい。

G　D　P 〈小さくて大きな数字〉の歴史	D.コイル 高橋璃子訳	2600
例外時代 高度成長はいかに特殊であったのか	M.レヴィンソン 松本裕訳	3800
アメリカ経済政策入門 建国から現在まで	S.S.コーエン/J.B.デロング 上原裕美子訳	2800
ハッパノミクス 麻薬カルテルの経済学	T.ウェインライト 千葉敏生訳	2800
合理的選択	I.ギルボア 松井彰彦訳	3200
殺人ザルはいかにして経済に目覚めたか? ヒトの進化からみた経済学	P.シーブライト 山形浩生・森本正史訳	3800
テクニウム テクノロジーはどこへ向かうのか?	K.ケリー 服部桂訳	4500
ビットコインはチグリス川を漂う マネーテクノロジーの未来史	D.バーチ 松本裕訳	3400

（価格は税別です）

みすず書房

21世紀の資本	T. ピケティ 山形浩生・守岡桜・森本正史訳	5500
世界不平等レポート 2018	F. アルヴァレド他編 徳永優子・西村美由起訳	7500
貧乏人の経済学 もういちど貧困問題を根っこから考える	A. V. バナジー／E. デュフロ 山形浩生訳	3000
貧困と闘う知 教育、医療、金融、ガバナンス	E. デュフロ 峯陽一／コザ・アリーン訳	2700
善意で貧困はなくせるのか? 貧乏人の行動経済学	D. カーラン／J. アペル 清川幸美訳 澤田康幸解説	3300
〈効果的な利他主義〉宣言! 慈善活動への科学的アプローチ	W. マッカスキル 千葉敏生訳	3000
金持ち課税 税の公正をめぐる経済史	K. シーヴ／D. スタサヴェージ 立木勝訳	3700
ウェルス・マネジャー 富裕層の金庫番 世界トップ1%の資産防衛	B. ハリントン 庭田よう子訳	3800

(価格は税別です)

みすず書房

日本の200年 新版 上・下 徳川時代から現代まで	A.ゴードン 森谷文昭訳	上3600 下3800
昭和 戦争と平和の日本	J.W.ダワー 明田川融監訳	3800
1968年 反乱のグローバリズム	N.フライ 下村由一訳	3600
ブラジル日系移民の教育史	根川幸男	13000
アフリカ眠り病とドイツ植民地主義 熱帯医学による感染症制圧の夢と現実	磯部裕幸	5400
生きるための読み書き 発展途上国のリテラシー問題	中村雄祐	4200
コミュニティ通訳 多文化共生社会のコミュニケーション	水野真木子・内藤稔	3500
イングリッシュネス 英国人のふるまいのルール	K.フォックス 北條文緒・香川由紀子訳	3200

（価格は税別です）

みすず書房

ザ・ピープル イギリス労働者階級の盛衰	S.トッド 近藤康裕訳	6800
子どもたちの階級闘争 ブロークン・ブリテンの無料託児所から	ブレイディみかこ	2400
イギリス女性運動史 1792-1928	R.ストレイチー 栗栖美知子・出淵敬子監訳	9500
更年期 日本女性が語るローカル・バイオロジー	M.ロック 江口重幸・山村宜子・北中淳子訳	5600
エイズの起源	J.ペパン 山本太郎訳	4000
失われてゆく、我々の内なる細菌	M. J. ブレイザー 山本太郎訳	3200
人はなぜ太りやすいのか 肥満の進化生物学	M. L. パワー／J. シュルキン 山本太郎訳	4200
若き科学者へ　新版	P. B. メダワー 鎮目恭夫訳	2700

（価格は税別です）

みすず書房

ヘレン・ピアソン
ライフ・プロジェクト
7万人の一生からわかったこと
大田直子訳

2017年10月10日　第1刷発行
2018年12月27日　第3刷発行

発行所　株式会社 みすず書房
〒113-0033 東京都文京区本郷2丁目20-7
電話 03-3814-0131(営業) 03-3815-9181(編集)
www.msz.co.jp

本文組版　キャップス
本文印刷所　萩原印刷
扉・表紙・カバー印刷所　リヒトプランニング
製本所　東京美術紙工

© 2017 in Japan by Misuzu Shobo
Printed in Japan
ISBN 978-4-622-08640-6
[ライフプロジェクト]
落丁・乱丁本はお取替えいたします

著者略歴

(Helen Pearson)

ジャーナリスト，『ネイチャー』誌のエディター．2010 年ウィスター研究所科学ジャーナリズム賞受賞．イギリス・サイエンスライター協会の大賞も 2 回受賞．遺伝学の博士号を持つ．

訳者略歴

大田直子〈おおた・なおこ〉翻訳家．訳書 イーグルマン『あなたの脳のはなし』（早川書房，2107）ソロモン他『なぜ保守化し，感情的な選択をしてしまうのか』（インターシフト，2017）ほか．

索 引

【さ行】

スノウ，ジョン　Snow, John　37, 100
スミス，ジョージ・デイヴィー　Smith, George Davey　196–202, 279, 281, 287, 322, 341
世界保健機関（WHO）　162, 163, 313
全国誕生日信託基金　53, 91
総合学校制度（コンプリヘンシブ）　67, 68, 84, 85

【た行】

ダイアモンド，イアン　Diamond, Ian　303, 306
大気汚染防止法（1956年）　97
大恐慌　105, 241, 242
胎盤
　収集の困難　170
　胎盤葉　202
　バーカーの関心　180, 201
タバコ研究評議会　53
ターマン，ルイス　Terman, Lewis　43
チェンバレン，ジェフリー　Chamberlain, Geoffrey　90
チェンバレン，ロマ　Chamberlain, Roma　90
チータム，フィリップ　Cheetham, Philip　93–95, 187, 293
チャーチル，ウィンストン　Churchill, Winston　36
チャーマーズ，イアイン　Chalmers, Iain　143–48, 153–55, 221
チャールズ王子　38
ディアーデン，ロレイン　Dearden, Lorraine　228
デイヴィー，ロン　Davie, Ron　71
定性的手法と定量的手法　212
デザトゥー，キャロル　Dezateux, Carol　274, 276, 307–12, 318–22, 324, 343
デックス，シャーリー　Dex, Shirley　265–67
「天才遺伝子研究」（ターマン）　43
統合失調症　117, 122, 178, 181
糖尿病　101, 107, 118, 120–22, 165, 173, 180, 182, 275, 296, 316, 326, 340
トーニー，R. H.　Tawney, R. H.　81
ドール，リチャード　Doll, Richard　102–05, 110, 211
トルーマン，ハリー　Truman, Harry S.　106

【な行】

ナフィールド財団　74
乳がん　182
乳児突然死症候群　113, 190
認知症　298, 337
ノルウェー　51, 285, 289

【は行】

肺炎　95, 97, 98, 117, 143
肺がん　101–05, 108, 110, 116, 146, 150, 167, 221, 315
配給　22, 24, 45, 47, 50, 97, 261, 293, 313, 323
バーカー，デイヴィッド　Barker, David　174–81, 183, 184, 186, 201, 202, 284
バーカー仮説　180
バターフィールド，ジョン　Butterfield, John　118, 120–22, 173
働く母親　49, 50, 275
ハーディー，レベッカ　Hardy, Rebecca　194, 195
バートン，ポール　Burton, Paul　341, 342
『母であること』　311
パーマー，ガートルード・メアリー　Palmer, Gertrude Mary　20–22, 25, 160, 260
パーマー，パトリシア　Palmer, Patricia　20–21, 62–64, 77, 119, 299–301
ハンプシャー州村落生活調査　210
微生物叢（マイクロバイオーム）研究

100, 315, 316, 343
ビッグサイエンス・プロジェクト　304, 306, 318
ひとり親家庭に関するフィナー委員会　87
肥満　107, 113, 173, 178, 192-95, 198, 274-76, 286, 297, 305, 315, 325, 326, 331, 338-40
ヒムズワース，ハロルド　Himsworth, Harold　74
ピリング，ドリア　Pilling, Doria　9-15, 243
ヒル，オースティン・ブラッドフォード　Hill, Austin Bradford　102-05, 110, 146, 147, 211
貧困
　親の関心と　268, 271-73
　階級と　36, 220
　学業成績と　224, 265
　社会的流動性と　229
　乳幼児死亡率と　42
　逃れられない罠　35
　——のサイクル　82
『ピンチ』（ウィレッツ）　309
ファー，ウィリアム　Farr, William　42, 43, 101, 104
ファインスタイン，レオン　Feinstein, Leon　221
ファインスタイン・グラフ　222-26, 232, 234, 235
フィッツサイモンズ，エムラ　Fitzsimons, Emla　278, 279, 281, 332, 342, 343
フィリップ殿下　Philip, Prince　38
フェリ，エルサ　Ferri, Elsa　87, 88
フォックス，ジョン　Fox, John　214-17
フォード財団　74
『不遇からの脱出』（ピリング）　13, 243
ブラジル　198, 286, 287, 316
ブラッドフォード・ヒルの因果関係判定基準　105, 110, 195
フランクリン，ロザリンド　Franklin, Rosalind　164
フランケル，スティーヴン　Frankel, Stephen　197
ブランデン，ジョー　Blanden, Jo　229, 230-32, 234, 235, 243
ブレア，トニー　Blair, Tony　191, 220, 255
フレーミングハム・リスク点数　107
プローデン，レディ・ブリジット　Plowden, Lady Bridget　68
プローデン委員会　68, 69, 71, 72, 76
ベヴァリッジ，ウィリアム　Beveridge, William　35
ペチジン（鎮痛剤）　56
ヘッド・スタート・プログラム（アメリカ）　82, 225
ベビーブーム　33, 35, 69, 297, 309
ヘルシンキ宣言　168
ベン＝ショロモ，ヨアフ　Ben-Shlomo, Yoav　186-88
ペンブレー，マーカス　Pembrey, Marcus　167, 192
ボイド・オール，サー・ジョン　Boyd Orr, Sir John　197
ボイド・オール・コホート研究　197
ボイル，サー・エドワード　Boyle, Sir Edward　68
母乳育児　198, 273, 278, 279, 281, 287
「ホールデンの原則」　131
ホールデン報告書（1918年）　131

【ま行】

マクスウェル，ロバート　Maxwell, Robert　138
マクミラン，リンゼー　Macmillan, Lindsey　231

「マシュマロテスト」　338
マチン，スティーヴン　Machin, Stephen　228
マーモット，マイケル　Marmot, Michael　182, 183, 289
マンデラ，ネルソン　Mandela, Nelson　283
マンデルソン，ピーター　Mandelson, Peter　255
ミシェル，ウォルター　Mischel, Walter　338
南アフリカ　30, 283
ミルバーン，アラン　Milburn, Alan　231
メイソン，ジェームズ　Mason, James　137
メージャー，ジョン　Major, John　220, 231
メダワー，ピーター　Medawar, Peter　29
メンデル，グレゴール　Mendel, Gregor　199
モーザー，サー・クラウス　Moser, Sir Claus　238

【や行】

ヤング，J. Z.　Young, J. Z.　29
優生学　27, 43, 74, 82
優生学協会　27, 74
ユース・オポチュニティ・プログラム　217

【ら行】

ライフコース疫学　187, 188, 241, 242, 244, 290
ラウントリー，シーボーム　Rowntree, Seebohm　49
ラモント，ノーマン　Lamont, Norman　137
ランダム化比較試験　146-48, 154, 195, 221, 251
離婚　12, 15, 86-89, 115, 119, 221, 261, 280
リード，ハワード　Reed, Howard　228
ルーズヴェルト，フランクリン・デラノ　Roosevelt, Franklin D.　105, 106
レオポルド王子　Leopold, Prince　37
レノン，ジョン　Lennon, John　65
労働者階級
　親の関心と　268
　学業成績と　66, 67, 224
　社会的流動性と　227
　出生体重と　111
　妊婦ケアと　34
　優生学運動と　27
ロスチャイルド報告書　130, 214
ローワット栄養健康研究所　197
ロンドン大学　75

【わ行】

ワトソン，ジェームズ　Watson, James　164

参考文献および情報源

この本の大部分は、5年にわたって行なわれた科学者、コホートメンバー、その他コホートの関係者に対する、広範なインタビューにもとづいている。

コホート研究はさまざまな分野にまたがる幅広い公表文献を生みだしており、私はその一連の著作からも引用している。参考にした情報源はあまりに多すぎて、すべて列挙することはできない。したがって以下の注釈では、言及されている主要な研究の出典のほかは、とくに貴重なもの、重要なもの、あるいは啓発的なものを精選して挙げている。謝辞と参考文献紹介の両方を目的としている。

全般

Michael Wadsworth and John Bynner 編 *A Companion to Life Course Studies*（2011）には、五つのイギリス出生コホート研究が生まれた社会的、科学的、歴史的状況が詳細に描かれている。マイケル・ワズワースは、1946年生まれコホートの歴史を丹念に記録しており、それを広範にわたるインタビューで私に伝えてくれ、さらに2件の論文 'The origins and innovatory nature of the 1946 British national birth cohort study', *Longitudinal and Life Course Studies* 1 (2), 121-36（2010）と 'Focussing and funding a longitudinal study of health over 20 years: the MRC National Survey of Health and Development from 16 to 36 years', *Longitudinal and Life Course Studies* 5 (1), 79-92（2014）にも書いている。マイケル・ワズワースが自分で作成した手書きのメモとともに私にくださった、リッチモンドのキューにある国立公文書館の医学研究審議会の保管庫からの文書も参考にした。社会科学と経済社会研究審議会（ESRC）の歴史は、2件の貴重な文献、*SSRC and ESRC: The First Forty Years*（2005）と Alexandra Nicol, *The Social Sciences Arrive*（2000）に要約されている。疫学の歴史については、Kenneth Rothman, *Epidemiology: An Introduction* second edition（2012）と Rodolfo Saracci, *Epidemiology: A Very Short Introduction*（2010）が、タイトルどおりの内容を読者に提供してくれる。

1958年生まれコホートの歴史と主要な結果の興味深い概要は、コホートの50歳の誕生日を記念するために発表された報告書、Jane Elliott and Romesh Vaitilingam 編 *Now we are 50*（2008）に示されている。この報告書は、このテーマに関する参考文献を探す出発点としても役立つ。

コホートやほかの縦断研究を用いる世界中の新しい研究は、*Longitudinal and Life Course Studies* で定期的に発表され、縦断的ライフコース研究協会の年次総会で紹介される。

各コホート研究のウェブサイトは、研究の概要、もっと幅広い著作目録、そして場合によっては、質問票の詳細や集められたデータを提供している。

1946年生まれコホート　http://www.nshd.mrc.ac.uk/nshd/

1958年、70年、および2000年生まれコホート　http://www.cls.ioe.ac.uk

1991 年生まれコホート（ALSPAC）　http://www.bristol.ac.uk/alspac/

はじめに

Escape from Disadvantage（1990）には、困難な環境に生まれながら、比較的成功を収めた 1958 年生まれの子どもたちを追いかける、ドリア・ピリングの旅が語られている。私が 1946 年生まれコホートについて書いた特集記事は、'Study of a lifetime', *Nature* 471, 20–24（2011）、その抜粋をいくつか本書に示している。

第 I 部　この世に生まれる

第 1 章　ダグラス・ベビー

ガートルード・パーマーを保健師が訪ねる場面は、娘のパトリシアへのインタビューと、彼女が子どものころに住んでいたチェルトナムの家への訪問、そして 1946 年の産婦調査で使われたアンケートをもとに再現した。1946年の産婦調査に関する初期の経緯と結果は、*Maternity in Great Britain*（1948）で語られている。書いたのはおもにジェームズ・ダグラスだが、英国産婦人科医師会と人口調査委員会の合同委員会の功績とされている。続編の James Douglas and J. M. Blomfield, *Children Under Five*（1958）には、コホートの幼少期が書き込まれている。

Michael Wadsworth, *The Imprint of Time*（1991）も、1946 年生まれコホートの出生から成人期までの話を理解するのに、きわめて重要だった。C. M. Langford, *The Population Investigation Committee: A Concise History to Mark its Fiftieth Anniversary*（1988）は、イギリスの人口減少に関する懸念、人口調査委員会の結成、そして 1946 年の産婦調査の論拠を説明している。

ジェームズ・ダグラスとソリー・ズッカーマンとのかかわりについては、イーストアングリア大学のズッカーマン記録保管所にある論文を参考にした。そこには、戦争中の爆風被害を記録した犠牲者調査で科学者が見抜いた、機密研究の驚異的でゾッとするような真相が書かれている。ペンギンのペーパーバック *Science in War* は 1946 年に匿名で刊行されたが、ズッカーマンが結成した若い科学者たちのロンドンのダイニングクラブ、トッツ・アンド・クオッツが著したものである。社会医学の起源は John Pemberton の論文 'Origins and early history of the Society for Social Medicine in the UK and Ireland', *Journal of Epidemiology and Community Health* 56, 342–6（2002）で論じられている。

ジェームズ・ダグラスの詳しい経歴については、ダグラスの家族や同僚とのインタビューを頼り、さらに幸運なことに、1991 年に彼が亡くなって未亡人のレイチェル・ダグラスがまとめた、書簡、新聞記事その他の私的文書のコレクションを、未亡人から提供していただき、参考にすることができた。

コホート研究の方法論に関する歴史は、R. Doll, 'Cohort studies: history of the method. I. Prospective cohort studies', *Sozial- und Präventivmedizin* 46, 75–86（2001）などの情報源から引いた。William Farr, 'Report upon the Mortality of Lunatics' は *Journal of the Statistical Society of London* 4（1）, 17–33（1841）で発表されている。さらなる参考文献として、Siddhartha Mukherjee, *The Emperor of all Maladies*（2011）と Dan Fargin, *Tom's River*（2013）はどちらもピューリッツァー賞を獲得した本で、免疫学の歴史を垣間見せてくれる。

1958 年生まれコホートと 70 年生まれコホートの誕生と経歴については、ロンドンのウ

エルカム・ライブラリーに収められている、全国誕生日信託基金の文書を利用した。1958年生まれコホートの調査結果が初めて発表された記者会見の議事録は、時にこっけいにも思える研究組織を記録したその文書の、膨大な量のフォルダーにはさまれていた紙の束である。全国誕生日信託基金そのものや、1946年、58年、70年の産婦調査の経緯、さらにはイギリスにおける妊娠と出産に対する態度の変化については、貴重な情報源であることがわかった Susan Williams, *Women and Childbirth in the Twentieth Century*（1997）に詳細に記録されている。

ネヴィル・バトラーの詳しい経歴については、バトラーの同僚や友人へのインタビューを参考にしている。縦断研究センターも、バトラーと彼のコホート研究に関する DVD *Generations: The Life and Works of Neville Butler*（2006）を提供してくれた。

1958年の周産期死亡率調査の経緯と結果の詳細は、初期の2冊の主要刊行物、Neville Butler and Dennis Bonham, *Perinatal Mortality: The First Report of the 1958 British Perinatal Mortality Survey*（1963）と、Neville Butler and Eva Alberman, *Perinatal Problems: The Second Report of the 1958 British Perinatal Mortality Survey*（1969）で論じられている。

第2章　生まれながらの落後者？

The Home and the School（1964）は、ジェームズ・ダグラスによる1946年生まれコホートの教育の軌跡に関する研究を報告している。ダグラスは子どもたちの中等学校におけるさまざまな教育の軌跡を、Jean Ross and Howard Simpson と共著の *All Our Future*（1968）に引き続き記録している。

1958年生まれコホートの復活と7歳時スイープのさまざまな調査結果は、プローデン報告書の付録、*Children and Their Primary Schools: A Report of the Central Advisory Council for Education*（*England*）（1967）に記録されている。結果はのちに、Mia Kellmer Pringle, Neville Butler and Ronald Davie, *11,000 Seven Year Olds*（1966）と、Ronald Davie, Neville Butler and Harvey Goldstein, *From Birth to Seven*（1972）で語られている。『サンデー・タイムズ』誌のロナルド・デイヴィーによる記事 'An Unequal Start'（4 June 1972）は、後者の本の結果を要約し、イギリスの報道機関による記事差し止め破りを引き起こした。

全国児童局の起源と、同局が1958年生まれコホートを担当していた期間のことは、Gillian Pugh 編 *30 Years of Change for Children*（1993）で簡潔に論じられている。私はさいわいにも、ロンドンの全国児童局で、2冊のほこりだらけのノートを参考にすることができた。そこには1958年生まれコホートの60年代、70年代、80年代の研究結果についての新聞の切り抜きがぎっしり貼られている。さらに児童局の年次総会の議事録も記載されている。

Peter Wedge and Hilary Prosser, *Born to Fail?* という薄い本は、1973年に駅の売店で売り出されたときと同じくらい、現在でも影響力がある。第2次イギリス出生コホートで不利な環境に生まれた子どもたちの、困難な人生の軌跡を明らかにしている。そして物語は、続編の Peter Wedge and Juliet Essen, *Children in Adversity*（1982）に続いている。イギリスの教育制度に関する綿密な総括は、Derek Gillard, *Education in England: A Brief History*（2011）に述べられている（www.educationengland.org.uk/history）。サー・キース・ジョセフのスピーチに刺激された研究プログラムについてのさらなる情報は、Michael Rutter and Nicola Madge, *Cycles of Disadvantage*（1976）を参照されたい。

1958年生まれコホートのひとり親家庭の子どもに関する啓発的な報告が、Elsa Ferri, *Growing Up in a One-Parent Family*（1976）である。1958年生まれコホートに対する離婚の影響の重要な研究が、Jane Elliott and Romesh Vaitilingam 編 *Now we are 50*（2008）に要約されている。離婚した両親の子どもに見られる差異は、親が別れる前にはっきりわかっていることを示す研究は、B. J. Elliott and M. P. M. Richards, 'Children and divorce: educational performance and behaviour before and after parental separation', *International Journal of Law, Policy and the Family* 5, 258–76（1991）を参照。1946年、58年、70年のコホートの子どもたちに対する離婚の影響の比較は、M. Ely, M. P. M. Richards, M. E. J. Wadsworth and B. J. Elliott, 'Secular changes in the association of parental divorce and children's educational attainment: evidence from three British birth cohorts', *Journal of Social Policy* 28（3）, 437–55（1999）で発表された。

1970年のイギリス出生調査の詳細と結果は、Roma Chamberlain, Geoffrey Chamberlain, Brian Howlett and Albert Claireaux, *British Births 1970*（1975）で説明されている。

第3章　病めるときも健やかなるときも

1952年のロンドン濃霧についての記述は、当時の新聞記事だけでなく、気象庁の報告書（http://www.metoffice.gov.uk/education/teens/case-studies/great-smog）でも見られる。大気汚染の長期的影響に関するジェームズ・ダグラスの研究は、J. W. B. Douglas and R. E. Waller, 'Air pollution and respiratory infection in children', *British Journal of Preventive and Social Medicine* 20, 1–8（1966）およびその後の公表文献で述べられている。

疫学が慢性疾患に注目するようになった経緯と、その変化を推進するにあたって成人コホートが果たした役割については、Diana Kuh and Yoav Ben-Shlomo 編 *A Life Course Approach to Chronic Disease Epidemiology*（1997, and its second edition of 2004）に述べられている。とくに第2章（D. Kuh and G. Davey Smith, 'The life course and adult chronic disease: an historical perspective with particular reference to coronary heart disease'）を参照。

疫学的研究が肺がんと喫煙の関連を明らかにした経緯については、前出のR. Doll, 'Cohort studies: history of the method. I. Prospective cohort studies', *Sozial- und Präventivmedizin* 46, 75–86（2001）で論じられている。ほかの参考文献は、C. White, 'Research on smoking and lung cancer: a landmark in the history of chronic disease epidemiology', *Yale Journal of Biology and Medicine* 63（1）, 29–46（1990）; G. Davey Smith and M. Egger, 'The first reports on smoking and lung cancer ? why are they consistently ignored?', *Bulletin of the World Health Organization* 83（10）（2005）; J. Cornfield et al., 'Smoking and lung cancer: recent evidence and a discussion of some questions', *Journal of the National Cancer Institute* 22, 173–203（1959）, a paper reprinted in *International Journal of Epidemiology* 38, 1175–91（2009）.

ドールとヒルの症例対照研究は、R. Doll and A. B. Hill, 'Smoking and carcinoma of the lung', *British Medical Journal* 2, 739–48（1950）として発表されている。イギリス人医師研究の結果は、R. Doll and A. B. Hill, 'The mortality of doctors in relation to their smoking habits: a preliminary report', *British Medical Journal* 1（4877）, 1451–55（1954）を参照。

著名なフレーミングハムのコホート研究の経緯と影響は、『ランセット』誌でこの研究の65周年記念日に発表されたレビュー S. S. Mahmood et al., 'The Framingham Heart Study and the epidemiology of cardiovascular disease: a historical perspective', *Lancet* 383, 999–1008（2014）で

詳しく語られている。

1958年生まれコホートのデータが、喫煙は低出生体重を引き起こすおそれがあるというコンセンサスにつながった経緯についての話は、H. Goldstein, 'Smoking in pregnancy: some notes on the statistical controversy', *British Journal of Preventive and Social Medicine* 31, 13–17 (1977) に要約されている。この研究に関する主要論文は、N. R. Butler, H. Goldstein and E. M. Ross, 'Cigarette smoking in pregnancy: its influence on birth weight and perinatal mortality', *British Medical Journal* 2 (5806), 127–30 (1972). 妊婦と喫煙についてのひどく恩着せがましい論説は 'Smoking, pregnancy and publicity', *Nature* 245, 61 (1973) を参照。妊娠して喫煙している女性を取り上げた広告については、V. Berridge and K. Loughlin, 'Smoking and the new health education in Britain 1950s-1970s', *American Journal of Public Health* 95 (6), 956–64 (2005).

ダグラスが引退したときに研究をどうするかについてのMRCによる大論争を含めて、この章で語られている1946年生まれコホートの経緯は、前出の 'Focussing and funding a longitudinal study of health over 20 years: the MRC National Survey of Health and Development from 16 to 36 years' で説明されている。

幼少期の呼吸器疾患を成人期の慢性咳と関連づけた1946年生まれコホートの研究2件は、J. R. T. Colley, J. W. B. Douglas and D. D. Reid, 'Respiratory disease in young adults: influence of early childhood lower respiratory tract illness, social class, air pollution and smoking', *British Medical Journal* 3 (5873), 195–8 (1973) と、K. E. Kiernan, J. R. Colley, J. W. Douglas and D. D. Reid, 'Chronic cough in young adults in relation to smoking habits, childhood environment and chest illness', *Respiration* 33 (3), 236–44 (1976).

1962年のベッドフォードの調査と、その25,000本の尿の小瓶については、W. J. H. Butterfield, 'Diabetes survey in Bedford 1962', *Proceedings of the Royal Society of Medicine* 57 (3), 196–200 (1964) に報告されている。

第II部　成年に達する

第4章　生き残る

ここで述べられている社会科学とSSRCが直面した困難の歳月については、前出の *SSRC and ESRC: The First Forty Years* (2005) を参考にしている。

ネヴィル・バトラーが1970年生まれコホートをブリストルで運営していた時期の説明は、おもにインタビューにもとづいている。この時期の公表文献と資金源は、J. Elliott and P. Shepherd, 'Cohort profile: 1970 British Birth Cohort (BCS70)', *International Journal of Epidemiology* 35 (4), 836–43 (2006) に要約されている。

第4回周産期死亡率調査——理想的には1982年に始まっていたはずの調査——の経緯は、インタビューにもとづいている。調査の計画などの情報は、ジーン・ゴールディングから提供を受け、1979年5月にDHSSに提出された提案書に関する報告 *Desirability and Feasibility of a Fourth National Perinatal Survey* のコピーを、著者のイアイン・チャーマーズから受け取った。アリソン・マクファーレンが親切に貸してくださった、初期の国家周産期死亡率ユニットの年次報告書も参考にした。

イアイン・チャーマーズによる出産の医療化拡大のリスクとメリットに関する研究は、I. Chalmers, J. E. Zlosnik, K. A. Johns and H. Campbell, 'Obstetric practice and outcome of pregnancy

in Cardiff residents 1965–73', *British Medical Journal* 1 (6012), 735–8 (1976) および I. Chalmers, J. G. Lawson and A. C. Turnbull, 'Evaluation of different approaches to obstetric care: Part 1', *British Journal of Obstetrics and Gynaecology* 83 (12), 92–9 (1976) で発表されている。

出産の医療化拡大に対する反動については、J. Russell, 'Perinatal mortality: the current debate', *Sociology of Health and Illness* 4, 302–19 (1982) および A. Susan Williams, *Women and Childbirth in the Twentieth Century* (1997) で論じられている。

オースティン・ブラッドフォード・ヒルのストレプトマイシンのランダム化比較試験は、'Streptomycin treatment of pulmonary tuberculosis', *British Medical Journal* 2 (4582), 769–82 (1948) で報告されている。アーチー・コクランの画期的書籍 *Effectiveness and Efficiency: Random Reflections on Health Services* (1972) は、医学的治療の評価方法の改革に一役買った。イアイン・チャーマーズをはじめ主要人物のインタビューを含め、証拠にもとづく医療の口述記録は、http://ebm.jamanetwork.com/ を参照。

1946年生まれコホートの1982年調査の質問は、コホートメンバーのデイヴィッド・ウォードのおかげで入手できた。彼は親切にも彼のファイルに目を通させてくれたうえ、自分と親の答えを教えてくれた。

子ども研究国際センターの情報はおもにインタビューで集めたが、ネヴィル・バトラーと密に協力していたダイアナ・ポメロイおよびコリーン・ダレーに見せてもらった、1982年のセンターのパンフレットなどの文書からも入手した。バトラーがセンターの本部として使ったブリストルの印象的な元孤児院の建物、アシュレー・ダウン・ハウスにも足を運んだ。

余暇日記を含めて、1970年生まれコホートの1986年調査の調査ツールはすべて、縦断調査センターのウェブサイト http://www.cls.ioe.ac.uk/ で見られる。この調査に関する情報は、イギリス・データサービスの http://dx.doi.org/10.5255/UKDA-SN-3535-2 でも入手できる。

1982年に製作された3人のコホートリーダーの映像 *Three Generations of Children* のコピーは、ハーヴェイ・ゴールドスタインからもらった。映像の文字起こしは、ネヴィル・バトラーの思い出にささげられた特別号、*Paediatric and Perinatal Epidemiology* 12, Suppl. 1, 15–30 (1998) に公表されている。

第５章　年を重ねて賢くなる

本章のいくつかの引用は、私が1991年生まれコホートについて書いた特集記事 'Coming of age', Nature 484, 155–8 (2012) に公表されている。

ALSPACコホートの初期に関するすばらしい口述歴史が、ジーン・ゴールディングをはじめ大勢の関係者によって語られており、http://www.histmodbiomed.org/witsem/vol44 の 'Witness Seminar' (May 2011), 'History of the Avon Longitudinal Study of Parents and Children (ALSPAC), c.1980–2000' で読むことができる。このコホートとその発表に関する概要は、A. Fraser et al., 'Cohort profile: the Avon Longitudinal Study of Parents and Children: ALSPAC mothers cohort', *International Journal of Epidemiology* 42 (1), 97–110 (2013) および A. Boyd et al., 'Cohort profile: the "Children of the 90s"? the index offspring of the Avon Longitudinal Study of Parents and Children', *International Journal of Epidemiology* 42 (1), 111–27 (2013) に示されている。コホートチームは、コホートの21歳の誕生日を記念するために、研究に関する書籍 *Twenty*

One Years: Our Journey（2012）も刊行している。http://www.bristol.ac.uk/alspac/go/21stbook/ からダウンロードできる。

ヒトゲノム・プロジェクトのわかりやすい歴史は、関係した主要な2機関のウェブサイト、ウェルカム・トラスト・サンガー研究所（http://www.sanger.ac.uk/about/history/ hgp/#tabs-1）と、国立ヒトゲノム研究所（http://www.genome.gov/10001772）で見られる。1990年、マーカス・ペンブレーは、出生コホート研究がヒトゲノムの解読に役立つ事例を、『ネイチャー』誌への短い書面に記している。M. E. Pembrey, 'Cohort of Genes', *Nature* 348, 280（1990）を参照。

1946年生まれコホートからの論文で、出生時体重と36歳時の血圧の関係を指摘しているのは、M. E. J. Wadsworth, H. A. Cripps, R. E. Midwinter and J. R. T. Colley, 'Blood pressure in a national birth cohort at the age of 36 related to social and familial factors, smoking, and body mass', *British Medical Journal* 291（6508）, 1534-8（1985）.

胎児と小児の発達が慢性疾患のリスクに影響しうるという考えの歴史は、前述の Diana Kuh and Yoav Ben-Shlomo 編 *A Life Course Approach to Chronic Disease Epidemiology*（1997）の D. Kuh and G. Davey Smith, 'The life course and adult chronic disease: an historical perspective with particular reference to coronary heart disease' に要約されている。G. Davey Smith and D. Kuh, 'Commentary: William Ogilvy Kermack and the childhood origins of adult health and disease', *International Journal of Epidemiology* 30（4）, 696-703（2001） と Roger Detels, Martin Gulliford, Quarraisha Abdool Karim and Chorh Chuan Tan 編 *Oxford Textbook of Global Public Health*, 6th edition（2015）の D. Kuh et al., 'Life course epidemiology and analysis'、さらにダイアナ・クーが見せてくれたプレゼンテーション用スライドを参考にした。

デイヴィッド・バーカーの仕事に関する話の一部は、2013年に行なった彼へのインタビューにもとづいている。この歴史とバーカーの考えは、『ニューヨーカー』誌の Stephen S. Hall による2007年11月のバーカーのプロフィール（http://www.newyorker.com/magazine/2007/11/19/small-and-thin）および Stephen S. Hall, *Size Matters: How Height Affects the Health, Happiness, and Success of Boys ? and the Men They Become*（2006）で説明されている。

心臓病による死者の分布を示した緑と赤の地図が載っている死の地図帳は、Martin J. Gardner et al., *Atlas of Mortality from Selected Diseases in England and Wales*, 1968-1978（1984）を参照。バーカーの考えは、D. Almond and J. Currie, 'Killing me softly: the foetal origins hypothesis', *Journal of Economic Perspectives* 25（3）, 153-72（2011）でも説明されている。ハートフォードシャー・コホートの概要は、H. E. Syddall et al., 'Cohort profile: the Hertfordshire Cohort Study', *International Journal of Epidemiology* 34（6）, 1234-42（2005）にて。

バーカーの主要な公表文献として、D. J. Barker and C. Osmond, 'Infant mortality, childhood nutrition, and ischaemic heart disease in England and Wales', *Lancet* 1（8489）, 1077-81（1986）と D. J. Barker et al., 'Weight in infancy and death from ischaemic heart disease', *Lancet* 2（8663）, 577-80（1989）の二つが挙げられる。

ホワイトホール研究とホワイトホールIIの歴史は、http://www.ucl.ac.uk/whitehallII/history で閲覧できる。ホワイトホールIIは、M. Marmot and E. Brunner, 'Cohort profile: the Whitehall II study', *International Journal of Epidemiology* 34（2）, 251-6（2005）の主題でもある。

小児期の発達の節目と成人してからの統合失調症リスクの関連は、P. Jones, B. Rodgers,

R. Murray and M. Marmot, 'Child development risk factors for adult schizophrenia in the British 1946 birth cohort', *Lancet* 344 (8934), 1398–402 (1994) に説明されている。

閉経と初期の発達を結びつける研究は、D. Kuh et al., 'Childhood cognitive ability and age at menopause: evidence from two cohort studies', *Menopause* 12, 475–82 (2005).

ライフコース疫学に関する書籍は前述の Diana Kuh and Yoav Ben-Shlomo 編 *A Life Course Approach to Chronic Disease Epidemiology* (1997). 考え方については Y. Ben-Shlomo and D. Kuh, 'A life course approach to chronic disease epidemiology: conceptual models, empirical challenges and interdisciplinary perspectives', *International Journal of Epidemiology* 31 (2), 285–93 (2002) でも紹介されている。

赤ん坊を寝かせる姿勢に関する 1991 年生まれコホートの研究結果は、L. Hunt, P. Fleming and J. Golding, 'Does the supine sleeping position have any adverse effects on the child?: I. Health in the first six months', *Pediatrics* 100 (1), E11 (1997) と C. Dewey, P. Fleming and J. Golding, 'Does the supine sleeping position have any adverse effects on the child? II. Development in the first 18 months', *Pediatrics* 101 (1), E5 (1998) で発表されている。

妊娠中に魚を食べることが子どもの目と脳の良好な発育と関連するという研究結果は、C. Williams et al., 'Stereoacuity at age 3.5 y in children born full-term is associated with prenatal and postnatal dietary factors', *American Journal of Clinical Nutrition* 73 (2), 316–22 (2001) および J. L. Daniels et al., 'Fish intake during pregnancy and early cognitive development of offspring', *Epidemiology* 15 (4), 394–402 (2004) さらに J. R. Hibbeln et al., 'Maternal seafood consumption in pregnancy and neurodevelopmental outcomes in childhood (ALSPAC study): an observational cohort study', *Lancet* 369 (9561), 578–85 (2007) を参照。

FTO 遺伝子関連の研究は、T. M. Frayling et al., 'A common variant in the FTO gene is associated with body mass index and predisposes to childhood and adult obesity', *Science* 316, 889–94 (2007) で発表されている。

1946 年と 58 年生まれコホートの BMI をグラフ化して比較する研究は、L. Li, R. Hardy, D. Kuh, R. Lo Conte and C. Power, 'Child-to-adult body mass index and height trajectories: a comparison of 2 British birth cohorts', *American Journal of Epidemiology* 168 (9), 1008–15 (2008). 肥満度指数と FTO および MC4R 遺伝子の相関の強さを示す研究は、R. Hardy et al., 'Life course variations in the associations between FTO Bibliography and MC4R gene variants and body size', *Human Molecular Genetics* 19 (3), 545–52 (2010) を参照。

ボイド・オール・コホートの概要は、R. M. Martin et al., 'Cohort profile: the Boyd Orr cohort ? an historical cohort study based on the 65 year follow-up of the Carnegie Survey of Diet and Health (1937–39)', *International Journal of Epidemiology* 34 (4), 742–9 (2005) を参照。手書きの原簿に関する多彩な歴史とイメージは、https://www.ucl.ac.uk/icls/publications/op/index/edit/boydorr.pdf の David Blane によるプレゼンテーションを参照。

ジョージ・デイヴィー・スミスのキャリアは、2013 年に同僚によってまとめられたファイル 'The First One Thousand: Reflections on the Publications of George Davey Smith' に愛情をこめて記録されており、そのコピーをデイヴィー・スミスからいただいた。

1991 年生まれコホートとブラジルのペロタス出生コホートで母乳育児の因果効果を比較する研究は、M.-J. A. Brion et al., 'What are the causal effects of breastfeeding on IQ, obesity and

blood pressure? Evidence from comparing high-income with middle-income cohorts', *International Journal of Epidemiology* 40 (3), 670–80 (2011) を参照。

メンデルランダム化を用いて妊娠中の飲酒の影響を解明する研究は、L. Zuccolo et al., 'Prenatal alcohol exposure and offspring cognition and school performance: A "Mendelian randomization" natural experiment', *International Journal of Epidemiology* 42 (5), 1358–70 (2013) に説明されている。

1991 年生まれコホートの子どもたちの臍帯血サンプルに関するエピジェネティックな研究は、C. L. Relton et al., 'DNA methylation patterns in cord blood DNA and body size in childhood', *PLoS ONE* 7 (3), e31821 (2012) として発表されている。1991 年生まれコホートの胎盤に関するバーカーの研究は、D. Barker et al., 'Maternal cotyledons at birth predict blood pressure in childhood', *Placenta* 34 (8), 672–5 (2013).

母親のヨウ素不足と子どもの知的発達の関連を立証している研究は、イギリスのサリー大学のマーガレット・レイマンがリーダーとなり、S. C. Bath et al., 'Effect of inadequate iodine status in UK pregnant women on cognitive outcomes in their children: results from the Avon Longitudinal Study of Parents and Children (ALSPAC)', *Lancet* 382 (9889), 331–7 (2013) として発表されている。

第 6 章　開かれる

エセックス大学の UK データアーカイブに関する経緯は、その 40 周年記念刊行物 *Across the Decades — 40 Years of Data Archiving* (2007) に記述されている。アーカイブについてそのほかの詳細は、親切にデータセンターを案内してくれたマイク・ナイトとジャック・ニーショーから教えていただいた。

ジョン・ビナーは Michael Schofield の主著 *The Sexual Behaviour of Young People* (1965) に貢献し、喫煙行動に関する彼の研究は *The Young Smoker: A Study of Smoking among Schoolboys Carried Out for the Ministry of Health* (1969) として発表されている。

1958 年生まれコホートのデータと、なぜそれが使われていないかに関するビナーの報告は、*Secondary Use of the National Child Development Study: A Report Prepared for the Economic and Social Research Council* (1984) で発表されており、彼から 1 冊いただいた。コホート研究のデータ辞書は、縦断研究センターのウェブサイト http://www.cls.ioe.ac.uk/datadictionary/default.asp で見られる。

1990 年代初期以降、コホート研究から山のように研究と公表文献が出てきており、そのほとんどは本書で取り上げきれていない。しかし、1958 年生まれコホートと 70 年生まれコホートの成人スイープでわかったさまざまなことに関する洞察は、Elsa Ferri 編 *Life at 33* (1993)、John Bynner, Elsa Ferri and Peter Shepherd 編 *Getting by, Getting Nowhere* (1997)、Elsa Ferri, John Bynner and Michael Wadsworth 編 *Changing Britain, Changing Lives* (2003) および縦断研究センターのウェブサイトに記載されている出版物を参照されたい。

コホートのデータを使った経済学者の研究の記述は、おもにインタビューにもとづいている。70 年生まれコホートの子どもたちが 22 カ月と 42 カ月で受けたテストは、縦断研究センターのウェブサイトで見られる。

レオン・ファインスタインの研究について入手しやすい説明は、L. Feinstein, 'Very early

evidence', *CentrePiece* 8 (2), 24-30 (2003) を参照。彼の研究は L. Feinstein, 'Inequality in the early cognitive development of British children in the 1970 cohort', *Economica* 70 (277), 73-97 (2003) として発表されている。本書のファインスタイン・グラフは、この論文で公表されているものにもとづいている。ファインスタインの分析に異論を唱える論文については、J. Jerrim and A. Vignoles, 'The use (and misuse) of statistics in understanding social mobility: regression to the mean and the cognitive development of high ability children from disadvantaged homes', DoQSS Working Paper No. 11-01 (April 2011) を参照。

社会的流動性についての経済学者の研究は、一連の論文で発表されているが、ここではそのうちのほんの数例しか言及していない。この成果やその後の学界での論争については、Jo Blanden, 'Big ideas: intergenerational mobility', *CentrePiece* 13 (3), 6-9 (Winter 2008/9) を参照。

1958年生まれコホートの世代間流動性を評価する研究については、L. Dearden, S. Machin and H. Reed, 'Intergenerational Mobility in Britain', *Economic Journal* 107 (440), 47-66 (1997) を参照。

1958年生まれコホートと70年生まれコホートの社会的流動性の比較については、Miles Corak 編 *Generational Income Mobility in North America and Europe* (2004) 収録の J. Blanden, A. Goodman, P. Gregg and S. Machin, 'Changes in Intergenerational Mobility in Britain' と J. Blanden and S. Machin, 'Up and down the generational income ladder in Britain: past changes and future prospects', *National Institute Economic Review* 205, 101-17 (2008) を参照。

親の所得と子どもの成績向上の関係の強まりを示す研究については、J. Blanden, P. Gregg and L. Macmillan, 'Accounting for intergenerational income persistence: non-cognitive skills, ability and education', *Economic Journal* 117, C43-60 (2007) を参照。

ジョン・ゴールドソープの論争における立場については、J. Goldthorpe, 'Understanding — and misunderstanding — social mobility in Britain: the entry of the economists, the confusion of politicians and the limits of educational policy', *Journal of Social Policy* 42 (3), 431-50 (2013) を参照。四つの出生コホートにわたる社会的流動性の分析については E. Bukodi, J. H. Goldthorpe, L. Waller and J. Kuha, 'The mobility problem in Britain: new findings from the analysis of cohort data', *British Journal of Sociology* 66 (1), (2015) を参照。6年で練りあげた経済学者の反論は、J. Blanden, P. Gregg and L. Macmillan, 'Intergenerational persistence in income and social class: the effect of within-group inequality', *Journal of the Royal Statistical Society* 176 (2), 541-63 (2013) である。

世帯所得と、のちに最上層専門職に就いた人の子ども時代の認知能力を検討する報告書は、L. Macmillan, *Social Mobility and the Professions* (2009) http://www.bristol. ac.uk/media-library/sites/cmpo/migrated/documents/socialmobility.pdf

読み書きと計算の能力に関するコホート研究は、*Now we are 50* (2008) の9章、John Bynner, 'Skills and Lifelong Learning' および縦断研究センターのウェブサイトで閲覧できる、David Budge による報告 *The Impact of Adult Literacy and Numeracy Research Based on the 1970 British Cohort Study* (2014) に要約されている。さらに詳しいことは、成人の読み書きと計算能力の研究開発センターのウェブサイトにある一連の報告書に示されている (http://www.nrdc.org.uk/)。たとえば J. Bynner, and S. Parsons, *New Light on Literacy and Numeracy* (2006) を参照。

モーザーの報告書は *A Fresh Start: Improving Literacy and Numeracy. The Report of the Working Group Chaired by Sir Claus Moser* (1999).

貧しい出自の成人の軌跡をたどるジョン・ビナーの研究は、S. Parsons and J. Bynner, *Illuminating Disadvantage: Profiling the Experiences of Adults with Entry Level Literacy or Numeracy over the Lifecourse*（2007）に要約されている。J. Bynner, 'Never too early, never too late', *Adults Learning*（2008）でも論じられている。

ライフコース説の発展に影響を与えたグレン・エルダーの本は *Children of the Great Depression*（1974）で、1999 年に刊行された 21 周年記念版は増補・改訂されている。

子どもの軌道に対する親の関心と関与の重要性を示すジョー・ブランデンの報告は、dera.ioe.ac.uk/7729/ の '*Bucking the Trend': What Enables Those who are Disadvantaged in Childhood to Succeed Later in Life?*（2006）.

第Ⅲ部　世代はめぐる

第 7 章　新世紀の子どもたち

2000年生まれコホートの始まりについては、主にインタビューからまとめたのに加えて、研究の歴史と起源に関する二つのレポート、ヘザー・ジョシから提供された *The Millennium Cohort Study Annual Report to ESRC & ONS*（2001）と、縦断研究センターのウェブサイトで見られる Kirstine Hansen 編 *Millennium Cohort Study: First, Second, Third and Fourth Surveys: A Guide to the Datasets*（2012）を参照した。

2000 年生まれコホートの子どもたちの幼年期の結果については、S. Dex and H. Joshi 編 *Children of the 21st Century: From Birth to Nine Months*（2005）と、K. Hansen, H. Joshi and S. Dex 編 *Children of the 21st Century: The First Five Years*（2010）を参照。2000 年生まれコホート研究の概要については、R. Connelly and L. Platt, 'Cohort profile: UK Millennium Cohort Study (MCS)', *International Journal of Epidemiology* 43 (6), 1719-25 (2014) を参照。

2000 年生まれコホートの子どもたちの 3 歳時および 5 歳時の認知能力に関する経済学者の分析は、*Children of the 21st Century: The First Five Years* の J. Blanden and S. Machin, 'Intergenerational inequality in Early Years assessments' の章で公表されている。リカード・サバテスとシャーリー・デックスによる 2000 年生まれコホートの子どもたちのリスク研究は、教育研究所の刊行物 *Multiple Risk Factors in Young Children's Development*（2012）にある。

ジェームズ・ダグラスによる、関心のある親と学校での好成績の関連の分析は、*The Home and the School*（1964）の第 7 章を参照。3000 人の子どもを追跡するコホート研究は、効果的な就学前、初等、および中等教育（EPPSE）研究プロジェクトで、その結果は http://www.ioe.ac.uk/research/153.html で閲覧できる、一連の報告書で発表されている。2000 年生まれコホートの子どもたちの就寝時間と行動の研究は、Y. Kelly, J. Kelly and A. Sacker, 'Changes in bedtime schedules and behavioral difficulties in 7 year old children', *Pediatrics* 132 (5), e1184-93 (2013) を参照。

貧困と子育ての両方が重要だとする 2000 年生まれコホート研究は、K. E. Kiernan and F. K. Mensah, 'Poverty, family resources and children's early educational attainment: the mediating role of parenting', *British Educational Research Journal* 37 (2), 317-36 (2011) を参照。子育てと教育に関する有益な論評は、Charles Desforges and Alberto Abouchaar, *The Impact of Parental Involvement, Parental Support and Family Education on Pupil Achievements and Adjustment: A Literature Review* (Research Report 433) (2003) を参照。

2000年生まれコホートの子どもの肥満に関する発見は、*Children of the 21st Century: The First Five Years* の L. J. Griffiths, S. S. Hawkins, T. Cole, C. Law and C. Dezateux, 'Childhood overweight and obesity' に要約されている。働く母親と子どもの肥満に関する研究は、S. S. Hawkins et al., 'Maternal employment and early childhood overweight: findings from the UK Millennium Cohort Study', *International Journal of Obesity* 32, 30–38（2008）を参照。子どもたちが加速度計を装着した研究については、L. J. Griffiths et al., 'How active are our children? Findings from the Millennium Cohort Study', *BMJ Open* 3, e002893（2013）を参照。

夏生まれの子どもについてのコホート研究は、財務研究所が発表した報告書、C. Crawford, L. Dearden and E. Greaves, *Does When You are Born Matter? The Impact of Month of Birth on Children's Cognitive and Non-cognitive Skills in England*（2011）におおむね要約されている。

2000年生まれコホートを利用した母乳育児の因果関係を検討する研究は、E. Fitzsimons and M. Vera-Hernandez, 'Food for thought? Breastfeeding and child development', Institute for Fiscal Studies Working Paper W13/31（2013）を参照。

職場における女性の役割の変化は、イギリスの出生コホートを利用して包括的に研究されており、本書の範囲を超えている。H. Joshi and P. Paci の *Now we are 50*（2008）および *Unequal Pay for Women and Men: Evidence from the British Birth Cohort Studies*（1998）で取り上げられている。教育への金銭的見返りに関する研究も、*Now we are 50* に要約されている。

主な出生および子どものコホート研究の概要は、C. Pirus and H. Leridon, 'Large child cohort studies across the world', *Population* 65（4）, 575–629（2010）を参照。縦断研究についての年次国際会議は、前述の縦断ライフコース研究協会（http://www.slls.org.uk/）の会議である。

新しい出生コホートを立ち上げる難題については、D. A. Lawlor, A.-M. Nybo Andersen and G. D. Batty, 'Birth cohort studies: past, present and future', *International Journal of Epidemiology* 38（4）, 897–902（2009）に詳しく記述されている。出生コホートの目録は http://www.birthcohorts.net/bch2 で閲覧できる。

全米子ども調査に関する情報は、https://www.nichd.nih.gov/research/NCS/Pages/default.aspx で見られる。この調査の計画は、A. E. Guttmacher, S. Hirschfeld and F. S. Collins, 'The National Children's Study — a proposed plan', *New England Journal of Medicine* 369（20）, 1873–5（2013）に概説されている。調査の起源と課題は、Jocelyn Kaiser, 'The Children's Study: unmet promises', *Science* 339（6116）, 133–6（2013）で十分に語られている。

1946年生まれコホートの65歳の誕生日を祝うきれいなパンフレットは、http://www.nshd.mrc.ac.uk/nshd/65th-birthday-brochure/ で閲覧でき、1962年に習慣が始まって以降、コホートメンバーに送られた誕生日カードすべてが、http://www.nshd.mrc.ac.uk/nshd/birthday-card-gallery/ に陳列されている。ロンドンの誕生日パーティーでのインタビューの一部が、コホートに関するNPRラジオ番組に取り上げられ、http://www.npr.org/blogs/health/2011/12/23/144192370/poked-and-prodded-for-65-years-in-the-name-of-science で読むことができる。

1946年生まれコホートの子ども時代の社会経済的地位と、60代になって受けた医学的「車検」の成績との相関を示す論文は、L. Hurst et al., 'Lifetime socioeconomic inequalities in physical and cognitive aging', *American Journal of Public Health* 103（9）, 1641–8（2013）を参照。

コホートの死亡率を検討している研究は、D. Kuh et al., 'Do childhood cognitive ability or smoking behaviour explain the influence of lifetime socio-economic conditions on premature adult mortality in a British post war birth cohort?', *Social Science and Medicine* 68（9), 1565–73（2009）を参照。1946年生まれコホートの各メンバーが患っている医学的疾患の集計については、M. B. Pierce et al., 'Clinical disorders in a post war British cohort reaching retirement: evidence from the first national birth cohort study', *PLoS One* 7（9), e44857（2012）を参照。

第8章　溝を埋める

大型施設キャピタルファンドがサポートしている印象的な科学施設は、http://www.rcuk.ac.uk/Publications/policy/lfr/ の2010年ロードマップ文書で見られる。

ファンドに向けた4ページの出生コホート研究所の売り込みは、ピーター・エリアスからコピーをもらった。新しいイギリス出生コホートおよび、コホート研究全体の科学的重要性の主張は、シンクタンクのロングビューによる有力な報告書に明確に述べられている。http://www.slls.org.uk/#!longviewreports/c8a5 で参照できる。ヘルシー・エイジング・アクロス・ライフコース（HALCYON）と呼ばれるプロジェクトの一環として、コホートを横断する研究をまとめる以前の取り組みについては、http://www.halcyon.ac.uk/ を参照。

デイヴィッド・ウィレッツは、著書 *The Pinch: How the Baby Boomers Took Their Children's Future ? and Why They Should Give it Back*（2011）で「ワンマン・シンクタンク」と評された。2012年生まれコホートへの資金提供を発表した2011年3月の彼のスピーチは、https://www.gov.uk/government/speeches/the-arts-humanitiesand-social-sciences-in-the-modern-university で閲覧できる。

1915年の Margaret Llewelyn Davies, *Maternity Letters from Working Women* は、100年前と同じく現在も強力で、女性たちが出産し、しばしば子どもをなくしていた過去の状況について、説得力のある洞察を提供している。ライフ・スタディーのウェブサイトは、http://www.lifestudy.ac.uk/homepage

フリーウェイ近くに住む子どもたちへの大気汚染の影響を記録しているコホート研究については、W. J. Gaudernman et al., 'Effect of exposure to traffic on lung development from 10 to 18 years of age: a cohort study', *Lancet* 369（9561), 571–7（2007）を参照。

出生コホート研究所は CLOSER（コホートおよび縦断研究強化措置）の名のもとに2013年に始められており、詳細は http://www.closer.ac.uk/ で見られる。引き継がれた1989–90年生まれの約1万6000人の子どもたちのコホートは、イギリス若者縦断研究（LSYPE）と呼ばれていたが、コホート研究者によって、ネクスト・ステップスと改名された。情報は http://www.cls.ioe.ac.uk/page.aspx?&sitesectionid=1246&sitesectiontitle=Welcome+to+Next+Steps+（LSYPE）で見られる。

いくつかのコホートを横断して体重を比較する研究については、W. Johnson, L. Li, D. Kuh and R. Hardy, 'How has the age-related process of overweight or obesity development changed over time? Co-ordinated analyses of individual participant data from five United Kingdom birth cohorts', *PLoS Medicine* 12（5), e1001828（2015）を参照。

1970年生まれコホートの体重に関する暫定的結果は、縦断研究センターによって Alice Sullivan and Matt Brown の報告書 *Overweight and Obesity in Mid-life: Evidence from the 1970 Birth*

Cohort Study at Age 42（2013）で発表されている。

1970年生まれコホートの42歳時スイープによる最初の結果は、*Longitudinal and Life Course Studies* 6（2）（2015）の一連の論文で報告されている。

子ども時代の楽しみの読書と、のちの学業成績の相互関係は、縦断研究センターのウェブサイトで見られるA. Sullivan and M. Brown, 'Social inequalities in cognitive scores at age 16: the role of reading'（2013）で報告されている。

1958年、70年、2000年生まれコホートに関するその他の報告、研究、および将来のスイープの計画はすべて、縦断研究センターのウェブサイト http://www.cls.ioe.ac.uk で見られる。

終 章

中年期の身体的課題と死亡率を結びつけて考える研究は、R. Cooper et al., 'Physical capability in mid-life and survival over 13 years of follow-up: British birth cohort study', *British Medical Journal* 348, g2219（2014）を参照。

有名なマシュマロ実験は、Walter Mischel, *The Marshmallow Test: Mastering Self-Control*（2014）〔邦訳　ウォルター・ミシェル『マシュマロ・テスト――成功する子・しない子』柴田裕之訳、早川書房〕に説明されている。人生行路にとっての社会的・情動的スキルの重要性の証拠は、A. Goodman, H. Joshi, B. Nasim and C. Tyler 'Social and emotional skills in childhood and their long-term effects on adult life'（2015）, http://www.eif.org.uk/wp-content/uploads/2015/03/EIF-Strand-1-Report-FINAL1.pdf に示されている。幼少期の心理的健康が長期的におよぼす影響を示した研究は、A. Goodman, R. Joyce and J. P. Smith, 'The long shadow cast by childhood physical and mental health problems on adult life', *PNAS* 108（15）, 6032–7（2011）.